信息技术与学校教育的融合研究
——基于多元视角的分析

庞红卫　著

ZHEJIANG UNIVERSITY PRESS
浙江大学出版社

图书在版编目（CIP）数据

信息技术与学校教育的融合研究：基于多元视角的
分析／庞红卫著. —杭州：浙江大学出版社，2020.12（2021.1重印）
　ISBN 978-7-308-20923-6

Ⅰ. ①信… Ⅱ. ①庞… Ⅲ. ①信息技术－应用－中小
学教育－研究 Ⅳ. ①G63-39

中国版本图书馆 CIP 数据核字（2020）第 254273 号

信息技术与学校教育的融合研究——基于多元视角的分析

庞红卫　著

责任编辑	傅百荣	
责任校对	梁　兵	
封面设计	周　灵	
出版发行	浙江大学出版社	
	（杭州市天目山路 148 号　邮政编码 310007）	
	（网址：http://www.zjupress.com）	
排　　版	杭州好友排版工作室	
印　　刷	广东虎彩云印刷有限公司绍兴分公司	
开　　本	710mm×1000mm　1/16	
印　　张	18	
字　　数	323 千	
版 印 次	2020 年 12 月第 1 版　2021 年 1 月第 2 次印刷	
书　　号	ISBN 978-7-308-20923-6	
定　　价	72.00 元	

序

学校教育,作为一种社会形态,其实一直具有双重性,盘根错节着现代与传统、传承与变革、先进与落后。纵观整个教育发展史,改革,始终是学校教育不变的旋律。

当下,信息化社会已扑面而来,新技术、新模式、新业态风生水起,极大地改变了我们的世界,相比较而言,教育的反应总给人"王顾左右而言他"的不爽。2011年,乔布斯与盖茨会面时说了一句发聋振聩的话:"为什么IT改变了几乎所有的领域,却唯独对教育的影响小得令人吃惊"——这便是著名的"乔布斯之问"。可以说,这种情况到了今天仍然没有得到根本的改观,教育的核心理念似乎没有变,教育的基本业态似乎没有改革,教育的价值评判似乎没有改革,所谓的"教育信息化"在很大程度上仍然是"皇帝的新装"。

庞红卫博士几年前就基于教育变革的视角,密切关注学校信息技术的"实然",并作为他博士学位论文的选题。在此基础上,尤其是结合教育信息化2.0时代的新进展、新视野、新理念,他撰写了《信息技术与学校教育的融合研究——基于多元视角的分析》一书,我看了以后也觉得颇有新意,尤其是对从事学校教育信息化建设的同志来说,相信会开卷有益。

这本书最大的特点是不再局限于对学校教育信息化的"实然"描述,而是诉诸现代信息技术与学校教育的深度融合,诉诸在此种融合过程中学校教育自身的变革与创新。教育部于2018年4月印发了《教育信息化2.0行动计划》,将教育信息化作为教育系统性变革的内生变量,希望通过信息化"推动教育理念更新、模式变革、体系重构,使我国教育信息化发展水平走在世界前列",并提出了发挥技术优势,推进新技术与教育教学从融合应用向全方位创新转型的要求。在这个方面,这本书作了很好的探索,虽然在一些具体的关切上有可能会产生某种程度的争议,但总体上,作者的认识和分析是值得充分肯定的。

本书提出了两个十分重要的命题:技术教育化和教育技术化。从信息技术与学校融合来看,这是一个问题的两个唇齿相依的方面。如果信息技术的开发以及与学校教育的融合不关注教育的需求,不研究教育的规律,信息技术没有实现"教育化",那么,这种融合至多是"形似",或者说是"点缀",当前学校在信息化建设过程中出现的片面追求"高大上"现象,出现的盲目购置设备设施而忽视实际使用效果现象,多半源于此。同样,传统教育倘若固步自封,不愿利用信息技术的理念和手段进行"自我革命",逆袭"教师中心"的教育模式,实现学校教育的生态圈重构,那么,就难以避免"东施效颦"的窘境。教育技术化的核心指向只能是学校教育的"自我革命",只能是奋力实现"因材施教"的千年教育梦想,只能是不断建构、完善以人为本、以学生发展为本的教育新技术、新模式、新业态。事实上,如何在课堂教学中应用并融合现有信息技术,努力探索学教方式的深度变革,业已成为教育信息化 2.0 行动的重大关切。

是为序。

方展画

2020 年 3 月 8 日于翠峰居

前　言

21世纪无疑是一个信息化的时代,信息技术"一路高歌猛进",移动互联、大数据、云计算、物联网、人工智能"闪亮登场",移动学习、增强现实、悦趣学习、创客空间、学习分析"迭代更新"。信息技术极大地改变了社会生活和学校形态,似乎也让我们相信,技术推动教育变革触手可及。但认真考察信息技术变革学校教育的现状,我们惊奇地发现,到目前为止,信息技术对学校教育的影响仍是局部和有限的,无论是在欧美日韩等国,还是在中国,信息技术对学校教育的革新远远低于预期。信息技术并没有带来预想中翻天覆地的教育变革,我们理所当然地将信息技术与学校教育变革相连,并满怀希望地等待颠覆性变革的来临,其结果很可能只是"竹篮子打水——一场空"。

信息技术勾画的美好教育场景与惨淡现实的巨大落差,引发了本书作者在攻读博士学位期间对信息技术变革学校教育过程与机制的研究兴趣,并在导师方展画教授的指导下确立了《信息技术与学校教育的整合研究——基于教育变革的视角》学位论文研究方向,重点关注信息技术变革学校教育的"实然状态",试图通过对以下三个问题的回答揭开信息技术变革学校教育的迷雾:(1)信息技术能否改变学校教育?(2)信息技术能在多大程度上改变学校教育?(3)信息技术如何改变学校教育?

当前,我国正从教育信息化1.0时代走向教育信息化2.0时代,信息技术正从"应用、整合"阶段跨向"融合、创新"阶段。因此,本书作者在博士学位论文的基础上将研究重心从"应用、整合"前移至"融合、创新"阶段,并在以上三个问题研究的基础上进一步确立以下三个新的研究点:(1)信息技术能否与学校教育融合?(2)信息技术如何与学校教育融合?(3)信息技术与学校教育的融合如何推进教育变革?围绕以上三个研究点,本书以信息技术的教育应用为逻辑起点,以"融合"为研究核心,基于多元视角对信息技术与学校教育的融合展开研究,主要的研究内容与结论有以下五方面:

1. 基于技术发展的视角对信息技术的产生与发展,以及信息技术在学校教育中的应用与融合进程进行了考察。本书认为,信息技术在学校教育中的应用大致经历了以下三个阶段:作为工具阶段——作为内容阶段——作为环境阶段,教育信息化建设是信息技术的教育应用进入第三阶段的典型标志。本书认为,教育信息化建设的核心就在于信息技术与学校教育的融合,到目前为止,我国大部分地区仍处于信息技术的普及与应用阶段,而欧美等国有部分地区、部分学校已开始进入信息技术与学校教育的融合与创新应用阶段。但总体而言,信息技术与学校教育的融合仍远远落后于我们的预期,信息技术与学校教育的真正"融合"并未大规模发生。

2. 基于哲学观的视角对信息技术与学校教育的融合进行了理论上的探讨。从技术哲学和教育哲学的视角出发,本书找到了信息技术与学校教育的共同基础——技术的特性,同时,本书也发现了信息技术与学校教育的共同主题,那就是人。因此,以技术为基础,以人为切入点,本书从哲学观的视角确立了信息技术与学校教育融合的可能性。在此基础上,本书将信息技术与学校教育的融合解读为技术教育化与教育技术化的过程,并发现这两个过程实际上是同一过程的两个方面,统一于信息技术与学校教育的融合过程中。

3. 基于技术教育化的视角对信息技术与学校教育融合的机制进行了研究。本书发现,从技术教育化的视角来看,信息技术与学校教育的融合过程实际上就是信息技术在学校教育中的扩散过程,同时也是信息技术接受学校教育的改造过程,是学校教育对信息技术的选择、应用与创造过程。本书认为,技术教育化的过程既在学校层面发生,也在教师个体层面发生。学校采纳技术的决定并不会必然导致教师个体的实际采用行为,同样,教师个体采纳某项新技术的决定也不能左右学校是否采用某项新技术的决策。因此,本书分别从学校层面与教师个体层面对信息技术与学校教育融合的运作模型展开理论建构,并对典型案例进行剖析研究。

4. 基于教育技术化的视角对信息技术与学校教育融合的机制进行研究。本书发现,从教育技术化的视角来看,信息技术与学校教育的融合过程实际上就是信息技术的属性、结构、功能等技术因素通过某种方式作用于学校教育,进而使学校教育发生技术化的变化过程。因此,本书运用生态学的观点对信息技术的融合与学校教育的变革过程进行了剖析,本书认为,信息技术通过入侵学校生态系统,重构了学校的技术生态圈。这一新的学校技术生态圈改变了知识的传播方式以及教育的交往方式,从而为学校的系统特征、学校教育的功能以及学校教育教学方式的变革提供了可能性。

5. 基于未来发展的视角对信息技术的发展以及学校教育的未来进行展望与分析。本书根据《地平线报告》(2004—2019 年)的分析,对未来有可能在学校中运用的信息技术进行了讨论,基于信息技术的未来发展趋势展望未来的学校教育。最后,本书从媒介环境学派的观点出发反思信息技术的应用对人可能产生的影响,剖析信息技术的发展所带来的知识碎片化、思考浅表化以及虚拟社会对人的异化现象,同时对信息社会中仍将作为教育主体存在的学校教育所面临的挑战以及所需要承担的新使命进行了思考和研究。本书认为,信息化时代学校将面临巨大的挑战,同时也需承担重大的使命,信息化时代学校教育的最大挑战就是技术对人的异化,而最重要的使命则在于如何关注人的真实存在,唤起人在信息社会中的主体性。

教育信息化是21世纪世界各国的教育制高点,也是我国教育研究者关注的热点。特别是近几年来,我国教育信息化的战略地位不断升级,已然提升为国家战略。2010年5月5日,国务院通过《国家中长期教育改革和发展规划纲要(2010—2020年)》,明确指出,信息技术对教育发展具有革命性影响,要用信息化带动教育的现代化。2018年4月13日,教育部《教育信息化2.0行动计划》的印发,标志着我国的教育信息化已经进入到以融合和全面提高为主的教育信息化2.0时代。教育信息化已成为新世纪加快我国从教育大国向教育强国迈进的重大战略抉择。

因此,本书的出发点正是在我国进入教育信息化2.0阶段(融合和全面提高阶段),一个坚定的教育研究者对信息技术所发出的诘问:信息技术与学校教育的融合如何才能真正实现?信息技术与学校教育的融合如何推动学校教育的变革?信息技术与学校教育融合过程中的动力与阻力是什么?在教育信息化2.0时代,未来学校的发展前景如何?我们又该担心什么?对这些问题的回答显然是困难和极具挑战的,但对于即将到来的教育信息化2.0时代而言,却又是极其重要的。正是基于对教育信息化2.0时代的回应,基于对教育研究的热情以及对教育变革的期盼,使我能够在师长的激励下,在家人、兄弟姐妹的支持下勇敢地踏上艰难的险途,最终完成本书的写作。希望本书对信息技术与学校教育融合的回答与探索能为我国教育信息化2.0时代的教育变革提供一些启发与思考,能够为推动我国教育信息化2.0时代的进程贡献一分力量与智慧。

庞红卫

2020年2月20日于杭州

目　录

这个世界正受到历史性的第三次浪潮文明变化的威胁。

——[美]阿尔文·托夫勒

第一章 导 论

第一节 研究缘起

一、技术应用的透视——信息化时代的来临

有关科技发展的研究表明,在人类文明史上,技术的发展经历了三个大的发展阶段:以手工技术为基础的技术体系、以机器技术为基础的技术体系和当代以信息技术为基础的技术体系。[①] 每一个阶段的技术发展都给人类社会带来了巨大而深远的冲击,不但动摇了原有的价值观以及政治经济制度,同时也深刻地影响了人类的生活方式,并产生了全新的文明形态。

以手工技术为基础的技术体系开始于公元前一万年左右,它对应的是人类文明史上的第一次浪潮——农业革命。在第一次浪潮(即农业革命)出现之前,人类基本上生活在经常迁徙的小团体中,以游牧、渔猎、放牧为生。大约在一万年前的某一时刻,植物栽培和动物驯养技术的出现和发展,使人类开始摆脱完全依赖自然界野生食物的寄生生活,开始从原始、野蛮的渔猎时代进入以农业为基础的社会。在手工技术的推动下,农业革命开始缓慢地越过整个世界,并逐步形成了村庄、部落、耕地,以及"田园牧歌"式的农村生活方式。

18世纪60年代,以蒸汽机为标志的工业革命爆发,标志着以手工技术为基础的技术体系开始失势,以机器技术为基础的技术体系(从蒸汽机到电气技术)开始占据主导地位,人类文明史上的第二次浪潮——工业革命继之而起。第二次浪潮(工业革命)在短短几个世纪里改造了欧洲、北美和其他许多地方

---

① 郑永柏.从技术的发展看教育技术过去、现在和未来[J].电化教育研究,1996(4):8-14.

的生活,给人类社会带来了全新的变化:①强有力的科技、大城市、快捷运输以及整齐划一的教育等等。全新的工业化方法以更快的速度蔓延到各个国家,并进而席卷了整个世界,许多仍以农业为基础的国家开始兴建钢铁厂、汽车厂、纺织工厂、铁路和食品加工厂。在机器技术的推动下,工业文明开始主宰地球,大工厂、烟囱、装配线以及无数一模一样的产品开始充斥全球。

20世纪50年代,新的历史性转折点再次出现。电子计算机的诞生以及通信技术的发展,标志着当代以信息技术为基础的技术体系开始形成,进而推动工业社会开始向信息社会转变。在信息技术的推动下,一个有别于工业文明的、新文明形态开始在我们生活中成形,它带来了崭新的生活方式(数字化生存),崭新的生产方式(以信息为依托),淘汰了大多数工厂的装配线,并产生了被称为"电子住宅"的新机构以及未来完全不同的学校和企业。②

对于这个新文明,布热津斯基(Zbigniew Brezezinski,1970)称之为"电子技术时代",尼葛洛庞蒂(Negroponte,1997)称之为"数字化生存",而阿尔文·托夫勒(Alvin Toffler,2006)则视之为人类文明的"第三次浪潮"。托夫勒认为:"这一事件的意义正如一万年前农业革命掀起了第一次浪潮,工业革命带来了惊天动地的第二次浪潮一样,我们是下一次浪潮变化'第三次浪潮'的子女。这个新文明将为我们制定新的生活规范,带领我们超越标准化、同步化、集中化……可以成为历史上第一个具有真正人性的文明。"③

而今天,我们则更加通俗地将这个新文明称为"信息化时代",并且,我们越来越明确地感受到"信息化时代"已扑面而来,热浪滚滚。

二、技术能否改变教育——信息技术影响教育的理论纷争

从教育的发展史来看,技术一直与教育"形影相随"。语言与文字是最早在教育中应用的传统技术,也是教育与技术的最早联姻。这两种传统技术为教育提供了基本的交往形式,并催生了教育最初的两种组织形式——非形式化教育与形式化教育。可以说,语言与文字奠定了学校教育的基本格局,对学校教育的产生与发展具有重要的意义。

继语言和文字之后,给教育领域带来巨大影响的是印刷术。印刷术使文字得以广泛的传播,为大众获取知识提供了极大的便利性,进而为教育的普及

---

① [美]阿尔文·托夫勒.第三次浪潮[M].黄明坚,译.北京:中信出版社,2006:3.
② [美]阿尔文·托夫勒.第三次浪潮[M].黄明坚,译.北京:中信出版社,2006:3.
③ [美]阿尔文·托夫勒.第三次浪潮[M].黄明坚,译.北京:中信出版社,2006:3-4.

奠定了基础。

　　到 19 世纪末,在工业革命的推动下,科学技术迅猛发展,一些新的科技成果,如照相技术、幻灯机、无声电影等开始出现,并在直观教学理论的推动下开始引入教学领域。技术的迅猛发展及其所催生的令人惊叹的科技产品,激发了人们对新技术的狂热。如托马斯·爱迪生(Thomas Edison,1913)在电影诞生后不久就曾宣布:"不久,书本在学校中将变得过时,教学将通过眼睛来进行。利用电影来教授人类知识的每一个分支是有可能的。"①几年后,托马斯·爱迪生(Thomas Edison,1922)进一步宣布:"我认为,电影将注定革新我们的教育系统,并且,在接下来的几年内,电影将在很大程度上,如果不是完全的,取代书本的使用……我认为,未来的教育将通过电影媒介来开展。"②

　　到了 20 世纪 60 年代,加拿大学者马歇尔·麦克卢汉(Marshall McLuhan,1965)提出了"媒介即是讯息"的著名论断,他认为媒体技术决定并限制了人类进行联系与活动的规模和形式。因此,麦克卢汉断言:"信息的加速走向极端之后,教室和课程的专门化现象又一次消失了……由于电子技术使人在瞬息之间提取信息成为可能,千百年来专注于教与学和资料排列的倾向随之结束。"③

　　此后,随着广播电视、卫星通信、多媒体计算机和网络等新技术不断进入教育领域,新技术彻底改变或取代教师、课本或学校教育的观点又一次次流行起来。这类观点在教育未来学中形成了"学校消亡论"和"教师取消论"④。这些观点和言论可以说与麦克卢汉的观点一脉相承。

　　对新技术的狂热受到了部分学者的批判。如郑永柏(1996)认为:"诚然,新技术的发展能带来解决教育问题的新的机会和希望,对每一种新技术的进展人们都抱以很大的热情,这是可以理解的……但爱迪生的故事也启示我们对新技术不能狂热,而对人的因素——理论、思想观念、方法等应给予足够的重视。"⑤李芒(2008)也指出:"教学中教师和学生经常需要做出何时使用技

---

　　①　Cuban,L. Teachers and Machines:the Classroom Use of Technology Since 1920[M]. New York:Teachers Collge Press,1986:11.

　　②　Cuban,L. Teachers and Machines:the Classroom Use of Technology Since 1920[M]. New York:Teachers Collge Press,1986:9.

　　③　[加]M.麦克卢汉.人的延伸——媒介通论[M].何道宽,译.成都:四川人民出版社,1992:414-415.

　　④　李康.教育技术学概论——基本理论的探索[M].广州:广东教育出版社,2005:113.

　　⑤　郑永柏.从技术的发展看教育技术过去、现在和未来[J].电化教育研究,1996(4):8-14.

术,怎么使用技术的决定。使用了信息技术不一定会产生好结果,……总之,将教育的振兴和发展希望寄托在纯物质因素基础之上的倾向是十分危险的。"①

但有关信息技术改变教育的论断总体上获到了普遍的认同。如,国内有学者认为,"以计算机为代表的第三代生产工具是导致人类社会发展的决定性因素,信息技术的深入发展将导致整个经济基础和上层建筑的彻底变革"②。这个结论的逻辑是:信息技术是当今先进科学技术的代表。既然科学技术是第一生产力,那么信息技术也是生产力,它也能使社会的经济基础和上层建筑发生彻底变革,因而它也能使教育发生根本变革。

从实践层面来看,有关技术改变教育的乐观论调也赢得了许多政府的"青睐"。如,美国总统科技顾问委员会组织的一个教育技术专家组于 1997 年就如何应用现代教育技术,特别是计算机与因特网提出了一个专门报告。该报告建议:应保障教育技术的实际投资,至少将全国每年教育开支的 5%(约 130 亿美元)用于教育技术。③ 而英国政府自 20 世纪 70 年代以来也已投入巨额资金推动信息技术的发展,总金额已达到数亿英镑。而从 1998—2002 年,英国政府又投入了 900 万英镑以使学校与国家学习网相连,并提供相关的职业发展以确保这种连接是有效的。④

除了美国与英国外,世界各国也纷纷加大教育领域的信息技术基础设施建设,推动教师与学生在教与学的过程中使用技术,为教师有效使用技术进行教学提供专业发展方面的支持,建设资源等等。所有这些也都基于一个前提性认识:技术在教育领域的应用能促进教育改革。⑤

三、技术真的改变了教育吗——信息技术影响教育的现状分析

毋庸置疑,技术为我们描绘了美好的教育场景,但在长期的实践与应用过程中,国内外的大量研究发现,技术好像并未对教育产生根本性的影响,技术不但没有取代学校、教室、课本与教师,也并未深刻地改变教育,技术支持者所描绘的技术深刻改变教育的美好"蓝图"并没有出现。

① 李芒.对教育技术"工具理性"的批判[J].教育研究,2008(5):56-61.
② 李康.教育技术学概论——基本理论的探索[M].广州:广东教育出版社,2005:113.
③ 张俐蓉.信息技术与学校教育关系的反思与重构[M].北京:教育科学出版社,2007:23.
④ David Reynolds,Dave Treharne and Helen Tripp. ICT-the hopes and the reality[J]. British Journal of Educational Technology,2003,34(2):151-167.
⑤ 张俐蓉.信息技术与学校教育关系的反思[D].上海:华东师范大学,2004:1.

如，皮格卢姆等人（Pelgrum ＆ Plomp,1991；Pelgrum ＆ Anderson,1999）、加德纳（Gardner et al.,1993）、威特森（Watson,1993）、斯帝文森（Stevenson,1997）、威廉姆斯（Williams et al.,2000）、汤姆·康伦与马丽·斯帕森（Tom Colon ＆ Mary Simpson,2003）以及约翰·鲍尔与杰夫利·肯顿等人（John Bauer ＆ Jeffre Kenton,2005）在他们各自的研究发现，无论在美国、英国还是在其他地方，信息技术对学校的影响依然保持"绝对的令人失望"。

1996 年，哈特维与雷斯高特（Hativa ＆ Lesgold,1996）的研究发现[1]，尽管在普遍意义上过去十年的计算机革命对学校教育产生了重大的影响，但这一影响的本质看起来仅限于信息的获取与提炼，而非促进教学方法的改善或学校与课堂结构的革新。

2003 年，汤姆·康伦与马丽·斯帕森（Tom Colon ＆ Mary Simpson,2003）比较了苏格兰与美国两地信息技术对学校教育的影响。他们发现[2]，在苏格兰与美国两地，信息技术对学校的影响有惊人的相似：信息技术较多地被学生与教师在家里作为一种工具来促进学生的学习与教师的职业活动。学生与教师认为信息技术满足了他们对信息的获取需求，交流、设计与管理等社会目的，以及创作与呈现家庭作业的目的。然而，在学校里，信息技术在这些方面的影响充其量是微小的，而在最差的情况下，则可能是无效的。

2005 年，莫里森和劳瑟（Gary R. Morrison ＆ Deborah L. Lowther,2005）也在其研究中发现，尽管早在 1987 年博克（Bork）就曾预言，微型计算机将会使学校发生根本性的变革，但是时至今日，不断涌入学校的最新技术并没有给学校带来大规模的效益，预言中的根本性的变革并未发生。[3]

国内也有大量的研究发现，信息技术对课堂变革的效果有限，并且从某种程度上看，信息技术应用于中小学不但没有革新传统的教学，反而是固化乃至深化了传统的教学。

安涛（2006）对课堂教学中信息技术的应用研究发现[4]：课堂教学模式形

---

① Rodney,S. Earle. The integration of instructional technology into public education: Promises and Challenges[J]. ET Magazine,2002,42(1): 5-13.

② Bauer,J. ＆ Kenton,J. Toward technology integration in the schools: why it isn't happening[J]. Journal of Technology and Teacher Education,2005,13(4): 519-546.

③ ［美］Gary R. Morrison ＆ Deborah L. Lowther.计算机技术与课堂教学的整合[M].顾小清,等译.北京:中国轻工业出版社,2005:2.

④ 安涛.信息技术在教育中应用效果的研究——保定 X 中学教育信息化技术建设和应用的个案研究[D].保定:河北大学,2006:25.

式单一,教学过程中,教师始终采用班级教学形式,面向全班学生进行授课,未采用小组学习和合作学习的形式,教学目标、教学内容和传统课堂教学相比没有什么区别;师生角色未发生转变,课堂中教师语言占 81.16%,其中讲授型语言占 64.09%,学生语言占 6.28%;信息技术只是起到演示工具作用,情景创设的作用有限。从整体上看,信息技术在课堂中应用仍然处于"封闭的、以知识为中心的课程整合阶段"。

何克抗(2006)对南方局部地区的抽样调查发现,目前我国中小学校园网的应用状况大致如下[①]:80%以上只用于开设"信息技术教育"必修课,没有其他的教育教学应用;在其余 20% 已开展"信息技术教育"必修课以外的应用中,有一部分用于教育行政管理(如校长办公系统、电子图书馆、财务报表、学生成绩统计等);另有一部分则用于辅助教学(大多停留在多媒体加 PPT 的应用水平)。真正能在各个学科的教学中,通过开展信息技术与课程的有效整合实现教育深化改革的学校不到 5%。

郑太炎(2010)的研究发现,在我国信息技术主要还是作为教师呈现知识的工具,较少地作为促进学生积极建构知识的工具。尽管有教师将信息技术用于帮助学生进行问题解决和知识探索与协商的实践案例,但总体上相对较少。信息技术通常是"以和学校组织方式相一致的方式被利用"的。[②]

而一项关于电子白板应用于课堂的研究(2010)也证实了信息技术的应用并没有革新传统的教学,而是使得教学由"人灌"变成了"电灌"。[③] 该研究通过对 28 节课堂录像的分析,证明了教师并没有应用这一技术来改变自己的教学方法和策略,电子白板在课堂上主要是作为黑板或"黑板+PPT"的替代品,其支持交互教学和合作学习的优势和潜能远未发挥出来。

王艺晓(2012)调查发现,很多教师为了上好一节课而付出了很多的努力,往往需要花几个小时才能做出一个课件,有时遇到较为复杂的课件。同时,花费了很大功夫制作出来的课件,在质量上也并非上乘。这不仅占用了教育教学时间,如果在课堂教学中因技术原因而处理不当,反而影响课堂教学质量的提供;反之,有的教师则认为自己不会做,就不再用信息技术进行教学,依旧传统地凭"一支粉笔、一本教材走天下"而进行课堂教学。[④]

---

① 何克抗.信息技术与课程深层次整合的理论和方法[J].中国信息界,2006(2):47-56.
② 郑太炎.应用信息技术推进教学革新为何效果有限——系统观的分析与思考[J].现代远程教育,2010(5):23-27.
③ 陈曦.交互式电子白板的课堂应用研究[D].上海:华东师范大学,2010.
④ 王艺晓.信息技术在中小学教学中的应用现状及对策分析[J].电脑与电信,2012(4):64-65.

胡砥、李枞枞(2016)对我国中部地区五个教育大省的教育信息化发展水平调研发现[①],安徽、江西、河南、湖北、湖南五省基础教育信息化发展水平一般,绝大部分学校未建有校本资源库,且优质数字资源与教材配套情况较差,信息化教学应用重视程度虽逐步提高,但尚未引入至教育教学各环节中,教育最新的研究,管理信息化还处于起步阶段,教育管理信息化普及与应用情况有待加强。

贺保平(2019)的观察也发现,随着国家对教育现代化的投入,农村学校实现了"班班通",安装了交互式电子白板。但在课堂教学中,仍以以往的教学手段为主,对信息技术应用不高,获取与加工信息的能力较低,一些老师只把电子白板当作教学用具用来搜索教学资源或者当作屏幕代替板书进行演示,白板的一些功能没有得到有效利用,"交互"功能更是无从谈起。我们经常看到,一些教师只在公开课、示范课展示时才大量使用信息技术。[②]

尴尬的现实给高涨的技术热情重重一记"勾拳",让我们在感受疼痛的同时,也开始反思自己的"草率"。我们发现,信息技术并没有、也不会必然地带来教育变革。我们理所当然地将信息技术与教育变革相连,并安心地等待教育变革的来临,其结果可能是一厢情愿的"空欢喜"。要真正理解信息技术与教育变革的关系,我们必须关注信息技术变革学校教育的"实然状态",厘清信息技术影响学校教育的过程与阶段,并从根本上回答以下两个问题:信息技术能否改变学校教育? 信息技术如何改变学校教育?

第二节 文献综述

基于以上思考,本书将主要围绕以下三方面对国内外相关研究文献展开梳理:一是教育技术的哲学研究;二是信息技术的教育应用研究;三是信息技术与教育变革研究。

---

① 吴砥,李枞枞,周文婷,卢春.我国中部地区基础教育信息化发展水平研究——基于湖北、湖南、江西、河南、安徽5省14个市(区)的调查分析[J].中国电化教育,2016(7):1-9
② 贺保平.农村学校信息技术应用现状浅析[J].文教资料,2019(6):150-151.

一、国内有关研究文献回顾

1. 教育技术的哲学研究

我国的"教育技术"一词源于欧美的"视听教育",在 20 世纪 90 年代以前,一直被称为"电化教育"。后来,受国外教育技术的影响,为便于开展国际交流,对外一致使用教育技术(Educational Technology)的名称,同时,考虑到电化教育有鲜明的民族特色,并且已有较长的实践历史和很广泛的群众基础,对内电化教育和教育技术两个名称并用。①

我国的"电化教育"统一称为教育技术后,开始与国外研究对接,积极吸收国外教育技术的理论、方法和技术,特别是将个别化教学、教学系统设计和系统方法纳入教育技术的理论框架中,大大突破了原有"电化教育"的范畴。

在突破教育技术研究范畴的同时,国内有学者开始从哲学层面探讨教育技术。李芒是国内较早对教育技术进行哲学思考的学者。1998 年,李芒在《关于教育技术的哲学思考》一文中,从技术哲学的角度分析了教育技术的构成要素,将教育技术的构成要素划分为三大类:经验形态的技术、实体形态的技术和知识形态的技术。在此基础上,李芒认为,可以把现代教育技术的结构看作由教育技术的三大要素组成的有机整体,这个整体是三项技术结构,也就是说在现实的教学中,三大要素同时并存。就教学领域而言,知识技术与经验技术的成分具有强烈的人类学习和教学的特征。而就教育技术的实体来看,它在教学领域的应用是依赖其他两个要素来实现的。因此,现代信息技术用于教学之中,必须得到教学经验和教学知识理论的支撑。

2008 年,李芒又对教育技术的"工具理性"进行了批判。李芒认为,教育技术如果接受"工具理性"的统治,后果将是灾难性的。"工具理性"带给人们的是一种对教育技术的肤浅认识和盲从态度。但教育技术不仅仅是工具,它也是一种意识形态,技术问题不可能只依靠技术手段来解决,人的思想、经验、意志、道德等因素在决定教学的效果方面也将发挥重要作用。无论何种技术,其与目的都具有内在逻辑关系,"目的理性"应该得到张扬。在另一篇论文《论教育技术视阈中"人与技术"之关系》(2008)中,李芒对人与技术的关系进行了探讨。他认为,人与技术的关系应该是和谐共生的关系。应该最大限度地张扬人的主体性而防止和克服"信息异化"现象的出现,人不是技术的奴隶,人决定信息技术的命运,而不是相反。

---

① 何克抗,李文光.教育技术学[M].北京:北京师范大学出版社,2004:62.

桑新民(1999)在《技术—教育—人的发展——现代教育技术学的哲学基础》一文中对教育技术观进行了探讨,他认为教育技术的发展不仅要遵循技术发展的规律,同时也要遵循教育发展的规律。他将技术哲学和教育哲学融为一体形成现代教育技术观,并以此出发来考察我国教育技术观念中存在的诸多问题:如,重"电"轻"教",甚至姓"电"不姓"教";重硬不重软,见物不见人;重机不重网;重教不重学等。

吴遵民与张媛(2007)在《教育技术与人的主体关系之辨析》一文中对教育技术与人的主体性关系进行了辨析,他们认为,如何正确认识教育技术,对教育技术的普及与推广具有重要意义。他们建议,面对信息技术,教师不仅应自觉转变态度,同时也应主动地接受培训,更为重要的是,教师在现代技术的实际应用中,应牢牢把握主体地位,让现代教育技术服务于人,而不是人成为现代技术的附庸或奴隶。

单美贤(2011)在《论教育场中的技术》一书中将技术置于教育场中进行考察,探讨了教育场中技术的哲学基础,并从历史语境的角度考察了教育与技术的关系,同时对教育中的技术本质、价值以及技术教育化的过程进行了探讨。单美贤认为,在技术、人、教育的关系中,人是目的,教育是手段,技术是条件。人为了生存和发展需要教育,技术服务于和服从于教育发展的需要,而教育又为人的活动和技术发展提供了空间。技术、人、教育在其相互关系中各得其所。

颜士刚(2011)在《技术的教育价值论》一书中探讨了教育领域中的技术价值观,重点论证和分析了"教育技术化"和"技术教育化"两个关于技术教育价值实现和技术教育价值创造的过程,并以四次教育革命为参考点,分析历次信息技术变革对教育产生的影响,探讨当下现代信息技术对教育带来的机遇和挑战以及技术异化给教育带来的负面影响。

顾建军(2018)在《技术的现代维度与教育价值》一文中指出,"作为人工物的技术""作为过程的技术""作为知识的技术""作为意志的技术""作为意识形态的技术"等视角日益多元,不断地改写和刷新着人们认识技术的维度。关于技术的现代维度,我们可以从技术的物性、人性、活性、知性等方面加以把握。我国各级各类的技术教育应当重新审视技术的现代维度,构建与其相适应的教育价值体系,以全面提高学生技术素养,促进人的全面发展,满足国家战略需求,实现与新一轮技术革命相匹配的教育变革。

张务农(2019)在《现代教育技术工具与生活世界的关联及其伦理旨趣——基于芬伯格工具化理论的视角》一文中,以通过对生活世界中教育问题的分析,讨论教育技术工具实践所面临的社会文化困境,进而为教育技术工具的合理运用构建相应的伦理原则:就伦理起点层面而言,教育技术工具是"因变量"而非"自变量",因而成就了教育技术工具的乐观主义;就伦理中介层面而言,价值中介在教育技术工具实践的过程中具有调节作用,因而要充分认识到教育技术应用主体的创造性空间;就伦理实现层面而言,教育技术工具作用的发挥需接受生活世界意义结构的筛选,因而也不应对技术变革教学抱过高期望。

此外,张仲秋的学位论文(2007)《教育技术的本质探究——技术的哲学视角》、王岳的学位论文(2008)《技术哲学视野下教育技术的价值思考》、左明章的学位论文(2008)《论教育技术的发展价值——基于技术哲学的审视》、高洪(2007)的学位论文《现代教育技术的哲学思考》等都从哲学视角对教育技术的价值及本质进行了探讨。

2. 信息技术的教育应用研究

我国教育界对信息技术的应用研究最初发轫于教育技术的相关研究。如,在《教育技术学》(何克抗、李文光,2002)中,信息技术不仅应用于学习资源的设计中(如多媒体计算机、因特网、虚拟现实技术、教学代理技术等在教学中的应用)以及教学系统的开发中(如基于 Web 的网络教学系统、自适应的超媒体学习系统、基于 WEB 的协作学习系统等),同时在学习资源与学习过程的评价中也开始考虑运用信息技术开展辅助评价(如 CAA——计算机辅助评价)。在《教育技术的理论与实践》(张立新,2009)中,信息技术不仅被用于学习资源的设计与开发(数字化的学习资源),同时也被进一步用于学习环境的设计(信息化的学习环境)。

2002 年以来,随着国内信息技术的发展以及国外教育信息化研究的推进,作为教育信息化核心的信息技术与课程整合,开始受到广泛关注。不仅有大量的著作涌现,如《信息技术与课程整合》(孙杰远,2002)、《信息技术与课程整合:网络时代的教学模式与方法》(余胜泉,2005)、《信息技术与课程整合》(张剑平,2006)、《信息技术与课程整合》(何克抗,2007)、《信息技术与课程深层次整合理论》(何克抗,2008)等,同时还有多篇学位论文聚焦信息技术与课程整合,如《信息技术与课程整合研究》(刘兆伟,2005)、《信息技术与课程整合的理论与实践研究》(王晓兵,2004)、《课程视野中之信息技术与课程整合研究》(柯俊,2005)、刘成新(2006)《整合与重构:技术与课程教学的互动解析》、林洋(2008)《信息技术与课程整合视阈中美国中小学教学实践探索》、周可可(2008)《中小学信息技术与课程整合的发展策略研究——基于河南省部分中小学的现状调查》。

国内有关信息技术与课程整合的研究主要从以下几方面展开：一是从信息技术与课程整合的基础（包括目标、内涵以及整合的方法），如南国农（2002）、余胜泉（2002）、何克抗（2006）等；二是信息技术与课程整合的理论依据（包括建构主义理论、多元智能理论等），如余胜泉和吴娟（2004）、何克抗和吴娟（2007）等；三是信息技术与课程整合的设计及教学模式，如余胜泉和吴娟（2004）、何克抗和吴娟（2007）等。此外，钟绍春和姜雁秋（2003）、解月光（2004）对信息技术的整合模型、模式进行了研究。刘兆伟（2005）在学位论文中分析了高中阶段信息技术与课程整合的特点，并尝试构建高中阶段信息技术的应用模式。

除了信息技术与课程的整合外，也有部分研究者对信息技术与教育的整合进行了研究。如刘儒德（1996）研究了计算机在学校中的应用展望，他认为，计算机在学校中的应用大致要经历这四个阶段：①在第一阶段，人们将计算机看作是一种独特的对象，旨在提高学生的计算机素养；在第二阶段，计算机能辅助教学或管理；在第三阶段，以计算机为基础的课程改革；在第四阶段，以信息技术为基础，进行整个教学体系的全面改革。刘儒德和陈琦（1997）进一步认为②，计算机与教育相整合的关键在于要把计算机在教育中的三种用途（作为学习对象、学习工具和教学工具）有机地融合为一体，以新的学习理论为基础，创设出许多前所未有的教学和学习模式，从而充分发挥计算机在教育中的独特潜力。

苗逢春（2003）认为，从学校教学的层面看，信息技术与中小学教学的整合应是一个以符合教学和学习需求的方式，高效地应用信息技术，不断优化教学和学习过程，促进学生全面发展的过程。③ 在此基础上，苗逢春提出了"专业引领下的校本实践"的信息技术与教学整合模式。该模式可以概括为下述前后相继的行为链：④"教师在专业引领下进行系统教学设计——在系统教学设计基础上的校本实践——在校本实践过程中开展教学反思并与同行进行交流研讨——新一轮教学设计基础上的校本实践"，以此推进校本层面的信息技术

---

① 刘儒德.计算机在学校中应用的未来展望[J].中国电化教育,1996(8):11-14.

② 陈琦,刘儒德.信息技术教育应用[M].北京:人民邮电出版社,1997:62.

③ 苗逢春.信息技术与中小学教学的整合[J].北京师范大学学报(社会科学版),2003(4):87-96.

④ 苗逢春.信息技术与中小学教学的整合[J].北京师范大学学报(社会科学版),2003(4):87-96.

整合。

张翠凤(2003)在学位论文《中美信息技术与学校教育之整合的比较研究》中比较了中美两国信息技术与学校教育的整合现状,并重点以美国 ACOT 项目为例纵向分析了信息技术与学校教育整合的发展阶段,以个案研究论述了教师在这一变革中的内心冲突与成长历程,揭示了信息技术与学校教育整合中需要关注的一些问题。

除了在理论层面探讨信息技术的教育应用外,近几年来,国内研究者开始从实践层面关注信息技术的应用现状与效果。这方面的研究大致可以分为三类:第一类是从比较的角度来研究信息技术的应用。如,范胜英的学位论文《中美信息技术应用的比较研究》(2004)从中美两国信息技术的比较中指出我国信息技术在教育应用中的问题,如网络教育环境构建问题,网上教育资源建设问题、教学支持服务体系建设问题,信息时代教育模式、教育结构、教学方式、学习方式的变革问题以及教育观的转变问题等。第二类是以个案的方式来研究信息技术的应用。如安涛的学位论文《信息技术在教育中应用效果的研究——保定 X 中学教育信息化技术建设和应用的个案研究》(2006)与柯贤根的学位论文《高中信息技术应用的现状与对策——以阳新一中为例》(2010)分别以学校个案研究的方式阐述了信息技术的应用现状,并对信息技术的应用效果进行了分析。

第三类是从大规模的调查研究中来研究信息技术的应用。如祝智庭(2003)在《中国基础教育信息化进展报告》中对我国教育信息化的发展状况进行了回顾,总结了中国基础教育信息化近期的成果:基础设施建设(包括"校校通"工程、城域教育网建设、教育软件资源建设)发展迅速,配套项目(包括"现代远程教育工程资源建设基础教育项目"、推进中西部教育信息化的若干项目)进展顺利,信息化教育(包括信息技术课程、信息技术课程教材等)。祝智庭认为,从总体上看,我国基础教育信息化尚处于起步阶段,在发展过程中还存在许多问题,诸如观念陈旧、师资短缺、发展不均、整合困难、效益低下、资源匮乏等,需要引起各方的关注。

王珠珠、刘雍潜、黄荣怀、赵国栋、李龙(2004)在《中小学教育信息化建设与应用状况的调查研究》报告中运用教育信息化评价指标体系(Index System of Education Informatization,简称 ISEI)评测工具对我国教育信息化状况进行了调查发现,21 世纪以来,我国教育信息化建设已取得了很大的成绩,特别是在教育信息化的基础设施建设、信息资源建设、信息技术课程开设方面发展迅速,同时在基础教育信息化 ICT 应用以及基础教育信息化管理方面也取得了较大发展。但我国教育信息化进程中也存在着诸多问题,如重硬件环境建设,轻资源建设和人员培训;重建设、轻应用;资源不能共享;使用效益不高;在旧的教育观念影响下使用新的技术等。

此外,张俐蓉(2004)在学位论文《信息技术与学校教育关系的反思与重构》中对信息技术的应用进行了反思。张俐蓉认为,信息技术在学校教育的应用中所面临的困境,根本原因就在于人们没有认清信息技术与学校教育的关系。因此,张俐蓉认为,我们应从整体性教育改革的角度出发,处理好信息技术与学校教育的关系,信息技术在学校教育的应用要超越技术、学校的视野,从社会文化变迁的角度来看待信息技术与教育的关系。

3. 信息技术与教育变革研究

国内研究者普遍认为,当代计算机与通信网络技术的发展,将人类推向了一个崭新的信息时代,它必将对现代教育带来巨大影响,这种影响是全方位的,是从教育观念、内容、模式到方法的一系列变革。

桑新民(1997)最早论述了信息技术对教育的影响。他认为,当代信息技术的发展和普及,将成为人类文化发展中的第三个里程碑。信息技术的发展在传统文化教育的三大基础(阅读、写作、计算)中引发了一场强大的裂变,以此来回应教育如何应对信息时代的挑战。[①]

毛祖恒(1999)认为,信息技术的发展使教育技术进入了一个全新的发展阶段,信息技术对人类教育的影响是全面而深刻的,其影响是前三次教育技术革命无法比拟的。毛祖恒从教育变化的速度、教育的功能、学生的知识来源、教学模式、教学组织形式、教学中的时空观、师生关系、教育普及关系等十个方面分析了信息技术对传统教育的影响。[②]

宗秋棠(2001)认为,随着现代信息技术的发展,计算机及网络在教育中的作用应从一种辅助手段(CAI)跃升为一种基础手段,即 WBI(Web-Based Instruction)。[③] 如果说,CAI 是一种静态的改良,那么 WBI 就是一种动态的变革。基础(Based)和辅助(Assisted)虽然只有一词之差,但其中却蕴涵着一种重大的观念创新。现代信息技术在教育中的作用从辅助地位提升到基础地位,将会教育资源的整合、教育内容的优化、教育方式的更新、师生关系的改

---

① 桑新民.当代信息技术在传统文化——教育基础中引发的革命[J].教育研究,1997(5):17-22.

② 毛祖恒.论信息技术对传统教育模式的影响[J].北京科技大学学报(社会科学版),1999(2):74-78.

③ 宗秋荣.基于现代信息技术的教育改革与创新[J].教育研究,2001(5):41-45.

善、学校体制的变革以及教育功能的拓展。

周艳萍(2000)、胡一杰(2001)、曹红霞(2001)、王佑镁(2003)、张秀芳和吴欣明(2004)、程军和徐芳(2008)、张红梅(2009)等人则分别从信息技术的内在特性出发,论述了信息技术对教育观念、教学模式、教学方式、学习方式、学习环境、交流互动、学校、教师与学生等方面的影响。他们认为,信息技术的发展将带来教育资源更大范围的共享,通过卫星、电视和电脑,教育将突破传统的学校空间,走向社会、家庭,走向一切存在信息技术的地方。信息技术所提供的技术基础的变化,将会催生新的教育理论和思想,也必将带来教学模式的变革。

除了关注信息技术对教育的影响外,也有研究者开始关注信息技术对组织变革的影响,如陈亚兵、李敏强和王以直(1999)从组织模式变革的概念入手,围绕信息技术与组织变革的关系进行了深入探讨①。他们并认为,随着信息技术的深入应用,它对组织的各方面属性也将产生了显著影响。在此基础上,研究者从学校变革视角解读了信息技术对学校整体变革的影响。如王子平(2002)以学校变革的理论为基础解剖美国传播与教育协会指导下的Futrue Mind项目,为我国推进以教育技术为基础的学校改革提供启示。② 也有研究者进一步关注了信息技术对学校运行体系及管理机制的影响。如,王昌海和陶斐斐(2009)在《中国教育信息化研究》一书中认为,信息技术不仅影响到学校的主要教学与科研活动,带来传统教学、科研的巨大变化,同时也会给学校现行的运行体系与管理机制提出挑战,推动其变革。

祝智庭(2006)则从另一视角回应了信息技术对教育的影响。③ 他认为,信息技术改变教育关键在于如何使用信息技术,而如何使用信息技术则需要从了解学生的学习入手,应根据学习的需求(而不只是技术的特性),有效利用信息技术,促进教学形态由低投入(被动型)转向高投入(主动型),从而实现利用技术来支持教学改革的目的。

近几年来,国内研究者开始尝试从系统观、生态观的视角来研究信息技术与教育变革的关系,为我们提供了新的启示。如,郑太年(2010)在论文《应用信息技术推进教学革新为何效果有限——系统观的分析与思考》中,从课堂、

① 陈亚兵,李敏强,王以直.基于信息技术的组织模式变革[J].系统工程理论与实践,1999(10):1-7.

② 王子平.教育技术支持下的学校系统整体变革——Future Mind项目解读[D].保定:河北大学,2010.

③ 祝智庭.信息技术改变教育[J].教育与职业,2006(3):104-106.

学校和学校所处的社会环境三个层面来分析信息技术用于课堂教学革新时的系统结构,并从价值观、组织方式和现实条件三方面对于每一个层面进行分析研究,由此揭示出不同系统中对信息技术应用方式产生影响的要素和途径。吴庆伟(2009)在学位论文《信息技术在中小学应用的教育生态学解析》中,应用生态学的理论分析学校生态系统和信息技术因子的特性,探讨信息技术在中小学校的应用。他认为,信息技术在基础教育中的有效应用是一个"缓慢"的进化过程,需要学校与信息因子之间长期的相互适应、相互选择。

　　杨宗凯(2014)在《论信息技术与当代教育的深度融合》一文中指出,信息技术与教育的融合经历了"起步""应用""整合"和"创新"四个阶段。信息技术不仅革新了传统教育模式,而且营造了全新学习环境。我国信息技术与教育的融合发展还处于初步应用整合阶段,推进信息技术与当代教育深度融合应通过解放思想、制度创新、对外开放、创建协同创新中心等途径加速我国教育现代化进程。

　　纵观国内有关信息技术的研究,国内学者总体上比较重视信息技术的应用研究,从最初关注信息技术在教育中的应用,到教育信息化提出后重点关注信息技术在课程教学中的应用,关注信息技术与课程的整合,国内有关信息技术的研究自始至终打上了鲜明的应用倾向烙印。但进一步分析国内有关信息技术的应用研究可以发现,这些研究较多关注信息技术在课程教学微观层面的应用,并未真正揭示信息技术影响教育的运作机制,也未能从宏观的教育变革视角或多元视角来理解信息技术对教育变革的意义。因此,总体而言,这些研究未能真正回答信息技术如何进入教育,以及如何改变教育。

　　尽管,近几年来有研究者开始从系统观、生态观的视角关注信息技术的应用,如郑太炎、吴庆伟等人,但这些研究也普遍缺少对信息技术应用教育的运作机制以及影响过程研究,难以令人信服地回答信息技术能否影响学校教育,以及信息技术如何影响学校教育等问题。

二、国外有关研究文献回顾

1. 教育技术的哲学研究

　　从国外教育技术的发展史来看,美国 20 世纪初期兴起的"视觉教学"运动是教育技术研究的开端,并由此掀开了教育技术快速发展的序幕。美国的教育技术不但产生时间最早,发展脉络清晰完整,在世界上影响也最大,其他国家如日本、英国、加拿大等国均以美国的教育技术理论模式为借鉴。可以说,美国是国外教育技术发展的典型代表。

　　在美国教育技术的发展过程中,源于欧美等国的技术哲学研究传统为其奠定了良好的理论基础。技术哲学是诞生于上个世纪末的一门新的哲学分支学科,它产生的时间虽然不长,却已深刻地影响了哲学、社会学术以及人们的价值观、人生观乃至生活方式。特别是近些年来,随着信息技术在教育领域中的应用与扩散,技术哲学的观念与理论开始对教育技术哲学研究发挥重要的引领作用。

　　人们一般认为,在教育技术领域中最早涉及教育技术哲学研究的专家是美国教育技术的先驱——詹姆斯·芬恩(James Finn),而最早明确提出教育技术需要形成一种自己的哲学,并对这一问题进行深入研究的人则是美国的教育技术专家——唐纳德·伊利(Donald Ely)。伊利曾于 1970 年在《英国教育技术》杂志上发表一篇关于教育技术哲学的文章《迈向教学技术的哲学》,算是最早探讨教育技术哲学理论的先驱。

　　在《迈向教学技术的哲学》一文中,伊利对教育技术的哲学思想进行了系统的梳理,他认为由查特斯—戴尔—霍本—芬恩构成的学术谱系为教育技术贡献了大部分的哲学思想。[1] 在《迈向教学技术的哲学》一文,伊利关注的是北美教学技术的实践以及发展趋势,他对当时教学技术哲学研究的梳理主要从以下四方面进行[2]:(1)教学技术还是一个研究领域,不是一门学科;(2)教学技术更多的是作为一种行为科学的概念,而不是物理科学的概念;(3)技术的概念将关系到教学技术的发展,以及其向学科的转变;(4)教学技术的哲学研究正处于不断的发展之中。

　　1999 年,伊利又应《英国教育技术》杂志主编的邀请,发表《迈向教学技术的哲学:30 年的发展》一文,探讨欧美等国 30 年来教育技术的哲学发展。在《迈向教学技术的哲学:30 年的发展》一文中,伊利不仅关注到北美教学技术的发展趋势,同时也关注欧洲以及世界其他地方教学技术的发展趋势。并且,为了对比 30 年来教学技术哲学的发展变化,伊利同样从以上四方面对 30 年来教学技术的哲学发展进行了梳理与概括。[3]

　　(1)关于教学技术的性质。教学技术的哲学研究表明,教学技术还是一个

---

　　[1]　Donald Ely:Toward a philosophy of instructional technology [J]. British Journal of Educational Technology,1970,1(2):81-94.

　　[2]　Donald Ely:Toward a philosophy of instructional technology:thirty years on[J]. British Journal of Educational Technology,1999,30(4):305-310.

　　[3]　Donald Ely:Toward a philosophy of instructional technology:thirty years on[J]. British Journal of Educational Technology,1999,30(4):305-310.

研究领域,不是一门学科。伊利认为,作为一门学科,有其固定的研究范式、一致的基本理念、推断以及一些普遍的原则来界定学科的范围与框架。而在教学技术的研究中,"教学技术"与"教育技术"这两个术语通常是交叉使用的,但在正式的概念界定中这两个术语又是有所不同。同时,信息技术的发展也在不断拓展教学技术领域的理论基础:除了交互理论、系统理论以及学习理论外,目前信息加工理论以及管理理论也开始影响教学技术领域。因此,伊利认为,信息技术的发展表明教学技术还够不上一门学科的地位。

(2)关于教学技术的概念。教学技术的哲学研究表明,教学技术更多的是作为一种行为科学的概念,而不是物理科学的概念。在这里,行为科学指的是学与教的心理学,也是指教学系统的设计,而物理科学指的是传递教育与训练的硬件或软件配置。伊利发现,与30年前相同的是,有越来越多的证据表明,运用教学设计的程序与方法将促进学习的改善,而与运用的硬件与软件无关。因此,教学技术应更多地关注学与教的心理学,也就是教学系统的设计,而不是关注硬件与软件的配置。

同时,目前的教学技术哲学正面临着建构主义与行为主义的争论。伊利发现,尽管建构主义与行为主义的争论将持续进行,但在一定范围内也能实现和解。因为,有越来越多的研究者认同,对于某些类型的目标(如技能目标)而言行为主义的方式更加有效,而对于另一些目标(如认知结果)而言建构主义的策略可能更加恰当。因此,教学技术哲学观的选择关键就在于根据教学的目标来选择恰当的途径与方法。

(3)关于技术的概念。教学技术的哲学研究表明,技术的概念将关系到教学技术的发展,以及其向学科的演进。伊利总结了芬恩(Finn,1960)与海涅克(Heinich,1968,1984)有关技术的观点,认为"技术是系统地运用科学的以及有组织的知识来解决现实的任务"[1]。根据这一技术定义,研究者应更多地关注教学系统设计,而不是错误地将技术标识为硬件或软件。但在教学实践中,伊利发现,技术更多的是被视为机器与设备。这种对技术的错误标识必将会影响教学技术的发展,以及教学技术向学科的演进。

(4)关于教学技术哲学的发展。教学技术的哲学研究表明,教学技术哲学正处于不断地发展之中。尽管与30年前相比,教学技术哲学有共同的理论基础:交互理论、学习理论以及系统论,但随着新的信息技术的出现以及与原有

---

① Donald Ely: Toward a philosophy of instructional technology: thirty years on[J]. British Journal of Educational Technology,1999,30(4): 305-310.

理论的结合,教学技术哲学正处于不断地发展与变化之中。伊利认为,教学技术哲学的生命力就在于不断地发展与变化之中,如果教学技术哲学不能从新的信息技术的发展中汲取能量,那么这一领域将走向消亡。

伊利认为,教学技术哲学的发展将最终使我们赋予技术更多的人文价值,所有教学技术的发展都是指向学习者,并且是以学习者为中心的。

2. 信息技术的教育应用研究

国外有关信息技术的教育应用研究,大致涉及以下三方面:一是早期的信息技术应用研究;二是教育信息化的相关研究(重点关注信息技术与学校教育的整合或融合研究);三是对信息技术的教育应用效果的研究。

最早在教育领域研究信息技术应用的是美国麻省理工学院终身教授西蒙·派珀特(Seymour Papert,1980)。西蒙·派珀特认为,学习者在丰富的、有强有力的学习软件的计算机环境中,可能可以发展对抽象概念的理解,这就对皮亚杰的研究提出了质疑。而英国政府也在 20 世纪 80 年代启动了大量政府项目来支持大学以及其他一些研究中心与教师合作共同设计与开发一些针对学校的应用软件,并为课程统整以及软件的应用提供职业发展的支持。

国外有关教育信息化的研究则是伴随着美国"国家信息基础设施"(National Information Infrastructure,NII)建设计划的提出而出现的。1993年 9 月,美国克林顿政府正式提出"国家信息基础设施"(NII)建设计划,俗称"信息高速公路"(Information Superhighway)。其主要内容是发展以Internet 为核心的综合化信息服务体系和推进信息技术在社会各领域的广泛应用,特别是把信息技术在教育中的应用作为实施面向 21 世纪教育改革的重要途径。教育信息化概念由此产生。因此,无论从概念上还是内涵上来看,教育信息化从一开始都与信息通信技术(ICT)保持着紧密的关系。

国外在教育信息化的推进过程中一直将信息技术与学校教育的融合作为一个研究的重心。有研究发现,技术是否能够改变教育,以及能在多大程度上改变教育,关键不在于技术是否在教育系统中使用,而在于技术能在多大程度上融合进入教育系统。技术的价值取决于其使用方式,这一观点在许多研究中被反复提及。任何教学媒体的价值在很大程度上取决于"如何使用教学媒体"。这个论断会在其后产生的新媒体中同样得到了证实,例如在收音机、电视、程序性教学以及计算机辅助教学中都得到了证实。①

---

① [美]艾伦·贾纳斯泽乌斯基,迈克尔·莫伦达.教育技术:定义与评析[M].程东元,王小雪,刘雍潜,译.北京:北京大学出版社,2010:135.

国外大量的研究发现，要使技术真正能对教育教学发挥作用，就需要使技术融合进教育教学中。这种融合的方法有别于只是在教学中偶尔使用媒体和技术的做法，例如那种利用投影仪讲解某个知识点的做法。从更为全面的角度来看，融合意味着将教学环境、学习者需求与兴趣、课程内容、教学目标、评价方法、教师素质、硬件与软件资源以及教学支持系统等因素全面地结合在一起。① 成功融合的基本目标就是构造一个以学习者为中心的学习环境，在这个环境中，教学资源（技术）能够被高效地选择和应用，以支持那种使学习者能更好地理解问题和解决问题的学习活动。

国外有关信息技术融合教育的研究大致可以分为以下三类：

一是信息技术融合教育的现状研究。如，安·贝洛、凯特克姆克等人（Ann E. Barron, Kate Kemker, Christine Harmes & Kimberly Kalaydjian, 2003）在美国最大的学区中选择了 2156 个样本，调查与国家学生教育技术标准中所指出的技术整合相关的教师教学模式。② 约翰·鲍尔与杰夫利·肯顿（John Bauer & Jeffrey Kenton, 2005）美国南部一州选取了一个人口稠密的城区，抽查四所学校（包括两所小学、一所初中和一所高中）调查信息技术融合教育教学的现状。③

二是信息技术融合教育的过程与阶段研究。国外有较多研究关注到了信息技术融合教育的阶段与机制研究。如，迈克尔·莫伦达（Michael Molenda, 2010）认为，④技术的使用实际上包含了三个层次，首先是选择合适的过程和资源（技术）——不管这种选择是教师完成的，还是学生完成的——正是"使用"环节的第一步。接下来便是学习者与学习资源（技术）的"相遇"，这经常是在一定环境中，在教学者的指导下，沿着一定的步骤发生的。对这个过程的设计和实施就是"使用"。如果教师以一种恰当的方式把这些新的资源纳入他们的课程方案之中，那么这种方法就被称为"融合"。

胡珀和里伯（Hooper & Rieber, 1999）描述了教师利用技术的五个阶段，

① ［美］艾伦·贾纳斯泽乌斯基，迈克尔·莫伦达. 教育技术：定义与评析［M］. 程东元，王小雪，刘雍潜，译. 北京：北京大学出版社，2010：135.

② Ann E. Barron, Kate Kemker, Christine Harmes, Kimberly Kalaydjian: Large-Scale Research Study on Technology in K-12 Schools: Technology Integration as It Relates to the National Technology Standards ［J］. Journal of Research on Technology in Education, 2003, 35 (4): 489-507.

③ John Bauer, Jeffey Kenton: Toward Technology Integration in the Schools: Why It Isn't Happening ［J］. Journal of Technology and Teacher Education, 2005, 13 (4): 519-546.

④ ［美］艾伦·贾纳斯泽乌斯基，迈克尔·莫伦达. 教育技术：定义与评析［M］. 程东元，王小雪，刘雍潜，译. 北京：北京大学出版社，2010：135.

(a)熟悉,(b)利用,(c)整合,(d)调整,(e)变革。① 他们认为,教师通常在利用阶段止步不前。在利用阶段,教师过早地满足他们有限的技术利用,但缺少一个对技术的积极承诺,并且在一遇到困难时就乐于放弃技术。但真正的变化发生在整合,或突破阶段。在整合阶段,教师有意识地安排一定的任务,并对技术负责,以至于如果技术失败了,课程也失败了。作为一个例子,他们将计算机比喻作黑板——没有它,大多数教师可能难以进行教学。

道斯(Dawes,2001),克姆伯(Comber et al,1998),托莱多(Toledo,2005)等人也分别研究了技术的应用模式。美国 CEO 论坛的标准对教师信息技术融合水平的划分是一种被普遍认可的划分方法。CEO 论坛将信息技术的融合阶段划分为五个不同连续阶段:进入(学生学习使用技术),采用(教师运用技术来支持传统的教学),适应(技术被用于丰富课程),恰当(技术被整合),以及创造(发现技术的新用途)(CEO,1999)。教师在教学与学习中运用信息技术的质量,职业发展,管理工作等决定了他们的整合阶段。②

丹尼尔·苏里、大卫·英斯明格与梅里莎·哈布(Daniel W. Surry,David C. Ensminger & Melissa Haab,2005)通过对相关文献的分析、问卷调查以及个人的变革经历构建了一个将教学技术融合于高等教育的模型。③ 这个模型缩写为 RIPPLES,该模型的因素包括:资源(财政资源)、设备(包括硬件、软件、设备以及网络基础)、人员(指技术运用人员的需求、希望、价值、技能以及经历等)、政策(指的是利用新技术所需要的组织政策与程序)、学习(指的是管理者需要将技术视为一种完成特定学习目标的方式)、评估(指的是对技术的持续评估)、支持(包括培训、技术支持、教学支持以及管理领导能力)。

新加坡的王奇云(Qiyun Wang,2008)以建构主义学习理论、交互性的设计以及有用性的理念为基础,提出了一个信息技术融合教学的通用模式。④ 这个模式包括三个基本的要素:教学、社会互动以及技术。王奇云认为,合理

---

① Hooper,S. , & Rieber,L. P. (1995). Teaching with technology[EB/OL]. http：// www. d11. org/LRS/PersonalizedLearning/Documents/Hooper＋and＋Reiber. pdf

② Cemil YUCEL,Ismail ACUN,Bulent TRMAN,Tugba METE. A Model to Explore Turkish Teachers'ICT Integration Stages[J]. The Turkish Online Journal of Educational Technology,October 2010，9(4)：1-9.

③ Daniel W. Surry,David C. Ensminger and Melissa Haab. A model for integrating instructional technology into higher education[J]. British Journal of Educational Technology,2005，36(2)：327-329.

④ Qiyun Wang. A generic model for guiding the integration of ICT into teaching and learning [J]. Innovations in Education and Teaching International,2008,45(4)：411-419.

设计这三个要素将可以帮助教师以有效的方式将信息技术到他们的课程教学中。

此外，罗德尼·厄尔（Rodney S. Earle，2002），大卫·托尔布恩（David Thorburn，2004），西奥多·克普卡（Theodore J. Kopcha，2010），杰米尔（Cemil Yucel，2010）等人分别对信息技术融合的障碍、策略与阶段进行了研究。

三是信息技术融合教育的案例研究。托德、库帕特与纽豪塞特（J. Todeur，M. Coopert & C. P. Newhouset，2010）开展了一项长达四年的研究，从学校发展的视角来检验课程协调在将信息技术融合初等学校过程中的作用。[①] 他们在澳大利亚确定了七所学校，通过向学校提供额外的信息技术相关资源与人员开展长期的干预研究。同时，他们开发了一个简称为学习结果与教学态度的量表（LOPA），并以图表的方式来呈现七所学校四年间的数据变化。研究发现，协调员的角色以及学校领导在一般意义上在信息技术融合学校的复杂过程中扮演了重要的、但是各不相同的作用。

埃米·斯特普斯、玛伦·帕盖茨与海姆斯（Amy Staples，Marleen C. Pagach & Dj Himes，2005）从美国中西部的三所城市小学的案例研究中来反思技术融合的挑战。[②] 这一定性研究的数据来源包括参与观察者的田野笔记和日记条目，学校个人访谈，技术相关的大事及活动时间表与纪事，以及学生与教师的技术产品。研究发现，有三个因素显然对技术的整合有重大的影响，并重新定义了技术融合的挑战：与课程/任务的一致性，教师的领导作用，以及技术识别的公众/个人作用。

斯克拉特、斯克莱与韦德等人（Jennifer Sclater，Fiore Sicoly，Philip C. Abrami & C. Anne Wade，2006）对加拿大魁北克所有配备笔记本电脑的英语学校开展了一项年度研究。[③] 该研究从实验学校群体中选择了 403 名小学生以及 270 名初中生，并从对照组学校中选择了 330 名学生。研究发现，实验

① J. Tondeur, M. Coopert & C. P. Newhoset. From ICT coordination to ICT integration: a longitudinal case study [J]. Journal of Computer Assisted Learning, 2010, 26(4): 296-306.

② Amy Staples, Marleen C. Pugach & Dj Himes. Rethinking the Technology Integration Challenge: Cases from Three Urban Elementary Schools[J]. Journal of Research on Technology in Education, 2005, 37(3): 285-311.

③ Jennifer Sclater, Fiore Sicoly, Philip C. Abrami & C. Anne Wade. Ubiquitous technology integration in Canadian public schools: Year one study [J]. Canadian Journal of Learning and Technology, 2006, 32(1): 221-247.

组与对照组在成绩得分的差异性。实验组的初中生在 CAT-3 阅读测试中得分更高,并且在他们的英语课中,计算机技术的使用频率有六倍之多,显示了一个可能的影响效果。相反,无论是否有高水平的计算机运用,对照组的数学得分更高。

此外,林雪平(Cher Ping Lim,2007)研究了新加坡学校的信息技术融合案例,并提供了相关的教学与政策建议。[①]

在各国政府投入大量经费大力推进教育信息化的同时,有关信息技术的应用效果的研究也随之而来。因为,信息技术对政府而言是一笔大额的投资,教育家以及政策制定者都希望研究能为这些经费的投入提供强有力的理由。拉布雷尔(Roblyer,2004)也指出[②],如果技术是答案,那么什么是问题? 她认为在应用技术之前首先应该回答,为什么我们在教学中应用技术?

尽管有大量的研究证明信息技术对学生学习成绩的积极影响(如,Watson,1993;Bliss,1994;Liao,1999;Cox & Abbott,2004),对学生动机的积极影响(如,Gardner et al.,1994;Cox,1997a;Hennessy et al.,2005),以及对转变教学方式的积极影响(如,Cox,1997b;Loveless & Ellis,2001;Webb,2002;Cox & Webb,2004;Sutherland et al.,2004;Pearson & Naylor,2006)。但安德伍特(Underwood,2004)指出,由支持与反对研究群体所陈述的观点,各方都引用证据来支持自己的观点,表达了一个令人迷惑的有关信息技术对教育价值的观点。卡克斯(Cox,2007)也认为[③],信息技术对各种学生学习结果是否有显著的影响仍然是令人怀疑的,因为,各种研究中有不同的假设,并且一些研究方法也缺少可信性。

卡克斯和马歇尔(Cox & Marshall,2007)对信息技术与学业成绩的文献分析发现,运用信息技术促进学生学习最有力的证据来自那些关注具体信息技术应用的研究。[④] 而一项由密尔肯基金会(Milken Foundation)资助的研究(Archer,1998)也发现,学生在国家教育进展评估(NAEP)中的高成绩得分是

---

① Cher Ping Lim. Effective integration of ICT in Singapore schools: pedagogical and policy implications[J]. Education Tech Research Dev,2007(55):83-116.

② M. D. Roblyer. Integrating Educational Technology into Teaching [M]. Upper Saddle River, New Jersey,2003:10.

③ Margaret J. Cox,Gail Marshall. Effects of ICT:Do we know what we should know[J]. Educ Inf Technol,2007(12):59-70.

④ Margaret J. Cox,Gail Marshall. Effects of ICT:Do we know what we should know[J]. Educ Inf Technol,2007,30(12):59-70.

与某种技术在特定的年级运用相关的。① 密尔肯的研究印证了许多研究者一贯的论调:仅仅让学生用计算机并不会提高成绩,影响来自于运用的类型,特别是对于那些要求更水平的思考。拉布雷尔(Roblyer,2003)认为,合理运用信息技术将具有以下方面的优势:促进学生的动机(包括引起学生的关注、通过产品的制作让学生参与、增进对控制的感知等)、独特的教学能力(包括将学习者与信息及教育资源相连、帮助学习者将问题及解决方法可视化、记录学习者的进步等)、支持新的教学方法(包括合作学习、多元智能、问题解决以及高水平的技能等)、提高教师的创造性(包括释放时间、提供更快更准确的信息、允许教师制作更漂亮、更适合学生的材料等)、提供信息时代所要求的技能等(包括技术素养、信息素养、视图素养等)。②

　　总体而言,国外教育技术研究比较重视应用性研究,而在基础性研究方面的成果相对较少。如,吕巾娇(2006)对美国从 1995 年到 2004 年产生的 935 篇教育技术学博士学位论文的摘要进行分析发现③:十年的博士论文中,设计与开发范畴的文章最多,共 575 篇,占总数的 61.5%;其次是利用、管理、评价范畴的,共 234 篇,占总数的 35.51%;关注教育技术学自身领域的文章最少,只有 8 篇。这也在一定程度上折射出了美国教育技术的研究取向,他们不十分关注于自身学科的发展,正如温(Winn,1989)所说:"就目前而言,教育技术学研究人员将研究重心与兴趣置于应用性研究,而不是基础性研究。"④

3. 信息技术与教育变革的相关研究

　　在国外有关信息技术与教育变革的研究中,一直渗透或伴随着两种针锋相对的论调:一是技术的乐观主义论调,一是技术的悲观主义论调。

　　英国教育通信与技术委员会(the British Educational Communications and Technology Agency,BECTa)分析了教育标准办公室(Office for Standards in Education,OfSTED)与资格及课程局(Qualifications and Curriculum,QCA)有关初等学校的国家数据发现,那些被教育标准办公室判

①　M. D. Roblyer. Integrating Educational Technology into Teaching [M]. Upper Saddle River, New Jersey,2003:11.

②　M. D. Roblyer. Integrating Educational Technology into Teaching [M]. Upper Saddle River, New Jersey,2003:11-14.

③　徐荫福,孟祥增.挑战、机遇与发展:应用教育技术促进教育创新[M].济南:山东人民出版社,2009:43.

④　徐荫福,孟祥增.挑战、机遇与发展:应用教育技术促进教育创新[M].济南:山东人民出版社,2009:43.

断为有较好信息技术资源的学校比那些缺少信息技术资源的学校有更好的成绩表现(BECTa,2002)。[1] 并且,无论在同等的社会经济环境下,或是在其他各种不同的社会经济环境下,有较好信息技术资源的学校趋向于有更好的成绩表现。

乐观主义的论调认为,信息技术将提高学生的学业标准。[2] 如大卫·谷莱尔(David Guile,1998)毫不怀疑信息技术在学校的潜能,他认为,"信息技术能带来学生学习的巨大收获,例如,在考试或法定测试行为的显著提升,以及各种形式的社会、文化与智力能力的发展。"而一项来自英格兰与威尔士中等学校的研究发现,那些认定信息技术应用以及所感知的影响为重要的或巨大的学校的学生取得了显著的进步。

与乐观主义的论调相反的是来自于各个方面的悲观主义论调。有一种悲观主义的论调是从根本上反对在学校里运用任何形式的计算机技术。这些悲观主义者从他们对社会应如何发展、社会的目标以及道德基础的认识出发论述了他们的观点。美国儿童联合会的一份报告也表达了这一观点(Cordes & Miller,2000)。[3] 他们认为,父母与教师在引入技术的压力下,偏离了提供儿童基本的需求——与他人以及他们周边的自然世界的接触,生长与发展的空间以及作为儿童的时间,他们强加给儿童成人的坐位模式,智力取向的发,如互联网研究。他们认为,强制这种"久坐"的学习形式可能导致了肥胖,并且这种与电脑工作的孤独方式将剥夺儿童所需要的与他人的情感联系。作者警惕教育者落入企业陷阱的危险——他们提醒读者商业在提供技术方面千丝万缕的关系。

20世纪80年代以来,科学研究已经提出了一系列的证据来反驳乐观主义者的论调。科学研究人员以及悲观主义论调者都认同这样一个观点:[4]没有充足的理由来认为早期信息技术的运用能为学生将来生活的信息世界做好准备。他们认为,在任何情况下,目前的技术到今天的孩子们进入工作世界的

---

① David Reynolds,Dave Treharne and Helen Tripp. ICT-the hopes and the reality[J]. British Journal of Educational Technology,2003,34(2):151-167.

② David Reynolds,Dave Treharne and Helen Tripp. ICT-the hopes and the reality[J]. British Journal of Educational Technology,2003,34(2):151-167.

③ David Reynolds,Dave Treharne and Helen Tripp. ICT-the hopes and the reality[J]. British Journal of Educational Technology,2003,34(2):151-167.

④ David Reynolds,Dave Treharne and Helen Tripp. ICT-the hopes and the reality[J]. British Journal of Educational Technology,2003,34(2):151-167.

时候都将过时。美国儿童联合会指出,"我们国家对学前儿童及初等教育中计算机的痴情……是被成人对他们自己能否跟上技术与文化变化的步伐的害怕所推动的。"

与上述观点相应的是,美国教育技术总统委员的一份报告指出[①],"技术可能真正具有在转变小学与初中教育过程中扮演重要角色的潜能",但同时也认为学校与教师应该"关注基于技术的学习,而不是学习技术"(Abrami,2000)。信息技术应该被用作一个工具来教现行的课程,而不是自身作为一个学科被教,这是许多研究文献中都认同的首要原则。

在国外有关信息技术与教育变革的研究中,有许多关注教育变革的影响因素以及教育变革发生过程的研究。如福兰(Fullan,1992)认为,技术的改变应该被认为是一个重大的变革,而不是一个微小的变化。大卫·托尔布恩(David Thorburn,2004)认为[②],对于教育变革而言,有许多障碍导致一些变革要远远小于实质上能实现的可能。技术的变革也不例外。技术变革的最大阻力来自于组织结构,令人惊奇的是,同样的障碍已经存在了很长时间,而没有克服它们的组织结构的成功。巴特勒和塞尔布姆(Butler & Sellbom,2002),莱格特与帕斯切特(Leggett & Persichitte,1998),罗杰斯(Rogers,2000)的研究发现,影响技术整合的因素主要有:缺少时间、缺少接入、缺少资源、缺少专家以及缺少支持。[③] 同样的障碍一直维持至今可能在于这些障碍一直是以孤立的方式被处理。例如,一个克服这些障碍的单一策略可能是仅仅将其移离。然而,这通常没有导致技术在学校的恰当的或更多的使用。

巴特勒和塞尔布姆(Butler & Selbom,2002)、切兹玛和威廉姆斯(Chizmar & Williams,2001)肯定了上述障碍的存在,并增加了可靠性作为另一个障碍。[④] 他们同时认为,教师的态度也对技术如何被整合有重要的影响。

---

① David Reynolds, Dave Treharne and Helen Tripp. ICT-the hopes and the reality[J]. British Journal of Educational Technology,2003,34(2):151-167.

② David Thorburn. Technology Integration & Educational Change: Is It Possible[DB/OL]. http://etad.usask.ca/802papers/thorburn/.

③ David Thorburn. Technology Integration and Educational Change: Is It Possible[DB/OL]. http://etad.usask.ca/802papers/thorburn/.

④ David Thorburn. Technology Integration and Educational Change: Is It Possible[DB/OL]. http://etad.usask.ca/802papers/thorburn/.

凯特克(Katic,2008),阿尔金山(Alev,Altun & Yigit,2009)等人认为[①],除了对教师进行信息技术的培训,教师的态度,对充足性/不充足性的感知,自我效能感以及管理的支持对于推动教师信息技术的整合同样重要。

罗伯特·海涅克(1967)借助"行业结构"来形容教学,他指出[②],当前的组织结构赋予了教师选择教学媒体和教学方法的权利,教师会很自然地拒绝使用那些可能取代教师地位或将教师置于次要地位的媒体。例如,教师在选择教科书时,会选择那些将教师作为教学主体的教学材料,而不愿意使用那些不需要教师参与,而自身就能够完成教学任务的材料,例如程序教学材料。

海涅克认为,教师为了保全他们在教学中的传统角色以及在教学组织中的地位,通常会"将各种媒体在教学的地位降低到辅助性的位置",并且拒绝使用那些需要对教学权利、角色以及结构进行系统调整的技术。[③] 因此,海涅克(1967)认为,为了进一步在教育中利用技术,应该将教育作为一个系统,进一步划分教学任务,同时,应将教师的工作(如,课程设计、练习编排、与学习者的日常互动等任务)进一步分解,被分配给不同的人,共同致力于在低成本的前提下获得更高效率的学习。

罗德尼·厄尔(Rodney S. Earle,2002)认为[④],技术融合的驱动力包括新发展的能量与潜力,快捷的可用性,创造性,网络接入,交流的便利性,或者对影响学习的承诺。抵制力包括障碍与限制,如技术支持,教师的专业能力,设计的时间,或教学应用等。罗德尼·厄尔认为,增加驱动力相对来说最为容易,因为我们控制着这些驱动力,但研究证明,这种方式是低效的,因为这些努力将会导致紧张的增加,并伴随着快速返回原来的状态。因此,关注减少限制力可能是一个更加有效的方式。

彼得·圣吉(Peter Senge,1990)也指出[⑤],当改革者改变系统的一部分

① Chonyacha Suebsin, Nathasit Gerdsri. Key Factors Driving the Success of Technology Adoption: Case Examples of ERP Adoption[DB/OL]. http://ieeexplore.ieee.org/xpls/abs_all.jsp?arnumber=5261818

② [美]艾伦·贾纳斯泽乌斯基,迈克尔·莫伦达. 教育技术:定义与评析[M]. 程东元,王小雪,刘雍潜,译. 北京:北京大学出版社,2010:138.

③ [美]艾伦·贾纳斯泽乌斯基,迈克尔·莫伦达. 教育技术:定义与评析[M]. 程东元,王小雪,刘雍潜,译. 北京:北京大学出版社,2010:138.

④ Rodney S. Earle. The Integration of Instructional Technology into Public Education:Promises and Challenges[J]. ET Magazine, 2002, 42(1): 5-13.

⑤ Rodney S. Earle. The Integration of Instructional Technology into Public Education:Promises and Challenges[J]. ET Magazine, 2002, 42(1): 5-13.

时,系统通常将恢复原状,除非这些解决方案从对症性的变化转向一个系统的根本性的变化。如果,希望技术能够成为课堂与课程的一个有机的部分,教师与学生的行为变化必须,也必然,是对系统的根本性的变化,而非一种只关注表面症状的快速修补或创可贴式的解决方案。

经济合作与发展组织(OECD,2001)通过对 16 个成员国的问卷调查来了解信息技术在学校的应用情况,并探究哪些因素促进了以信息技术为基础的学习质量的提高,该研究报告指出,我们不应当仅仅限于安装硬件,也不是用信息技术以不同的方式来做传统的事情,学校必须学会变革,必须转向新的学习方式。[①]

纵观上述,国外有关信息技术的研究延续了教育技术研究的传统取向,重在应用性研究,而不是基础性研究。在这些海量的应用性研究中,国外有关信息技术的研究有三个关注点:一是关注信息技术的应用效果(基于教育投资与教育政策的考虑);二是关注信息技术与教育的融合(将之视为信息技术应用的关键环节);三是关注信息技术与教育的变革(将信息技术视为教育变革的影响因子)。与国内有关信息技术的应用性研究不同,国外有关信息技术的应用性研究比较重视从内部的影响因素与运作机制来探讨信息技术的应用过程与阶段,并注重从教育变革理论、系统论等视角来分析信息技术对教育变革的推动作用。这些研究为我们理解信息技术与教育变革的关系提供了新的启示。

从国外有关信息技术的研究文献分析中,我们可以发现:(1)技术的价值取决于其使用方式;(2)技术的使用包括熟悉、利用、整合、调整与变革五阶段,真正的变化在整合阶段;(3)技术是否能够改变教育,以及能在多大程度上改变教育,关键不在于技术是否在教育系统中使用,而在于技术能在多大程度上融合进入教育系统。

因此,本书认为要回答信息技术如何推动教育变革,就要深刻理解"融合"这一关键词。"融合"不是在教学中偶尔使用媒体和技术的做法,而是意味着将信息技术作为一个常规的教学应用。国外大量的研究告诉我们,信息技术的"融合"并不是自然的,也不是一蹴而就的,实际上,信息技术在融合进入学校教育的过程中将遭遇强大的阻力。我们必须了解这些阻力,并且了解破除这些阻力的机制,才能从根本上推进信息技术与教育的融合。可以说,教育的

---

① 经济合作与发展组织.学会变革:学校中的信息技术[M].王晓华,彭欣光,译.北京:教育科学出版社,2008.

变革一方面是由信息技术与教育的融合所驱动,但另一方面,教育的变革又是推进信息技术与教育融合的基础,教育的变革将反过来进一步推进信息技术与学校教育的整合。

近几年来,国内有关信息技术的研究也开始关注到"融合"这一关键词,但在教育信息化1.0时代,有关信息技术的融合主要还是从课程这一微观层面入手,较多停留在整合阶段,关注的是信息技术在课程教学中的整合与应用。在进入教育信息化2.0时代之后,信息技术的"融合"重要性开始备受关注,但少有专家从宏观的教育视角或多元视角来把握"融合"这一关键词。总体而言,目前国内有关研究在很大程度上忽视了信息技术与学校教育融合的理论基础研究、融合的过程与阶段研究,以及融合所带来的教育影响研究,因而也难以从根本上回答信息技术与教育变革的关系。

因此,在教育信息化2.0时代,在互联网+上升到国家战略的大背景下,要利用信息技术推动教育变革,必先了解信息技术与学校教育融合的"实然状态",必先推进信息技术与学校教育的融合。基于此,本书将从信息技术与学校教育融合的现状与理论入手,探讨信息技术与学校教育变革的关系,并基于宏观的多元视角来回答以下两个问题:(1)信息技术能否改变教育? (2)信息技术如何改变教育?

第三节　概念界定与研究构想

一、概念界定

1. 信息技术

对信息技术的理解需要从技术的历史发展视角切入。技术是一个历史的范畴,在技术的历史发展过程中,技术的概念也同样经历了一个不断演变发展的过程。因此,透过技术发展的历史脉络,可以更好地把握技术的概念。在西方的语言体系中,技术一词源自希腊文 lechne,意为"工艺、技能"。在汉语中,技术一词出自《史记·货殖列传》:"医方诸食技术之人。"包括生产工具和其他物资设备,以及生产的工艺过程和作业程序。①

在技术发展的早期阶段,技术主要是基于个人经验的,个人的技能和技巧

① 哲学大辞典[M].上海:上海辞书出版社,1992:779-780.

在工具的制造和使用中有着突出的作用。因此,早期的技术定义强调的是技能和技巧,主要指的是人们制造、使用手工工具的经验和知识等技能。如在西方哲学史中,亚里士多德首先将科学和技术加以区分,他把技术和人们的实际活动联系起来,将技术界定为人类活动的技能。[①]

随着近代科学的发展,技术的发展进入了一个新阶段,原先那些基于个人经验的技术可以由机器生产轻易完成。因此,在近代的技术定义中突出了机器、设备等工具手段。如,18 世纪法国的哲学家狄德罗将技术定义为:"技术是为某一目的共同协作组成的各种工具和规划体系。"这里的规划体系指的是对各种工具的使用手段与方法。此时,技术就出现了两个含义,一个是活动方式(技能),另一个是代替人类活动的装置。[②]

进入现代社会以来,随着科学与技术的飞速发展,科学和技术出现了一体化的趋势,科学技术化和技术科学化成为现代技术时期的重要特征。现代技术,如电子计算机与通信技术,莫不是由知识密集化与系统的知识体系而构成。因此,现代技术的定义突出了技术知识化特征。[③] 如 1977 年,邦格在《技术的丰富哲理》中,给技术下了这样的定义:"为按照某种有价值的实践目的用来控制、改造和产生自然的事物、社会的事物和过程,并受科学方法制约的知识总和。"[④]

信息技术的出现始于 20 世纪 40 年代,是以电子计算机的发明与使用为标志的。从目前来看,世界各国对信息技术的表述有一定差别。如:在英国基础教育中原先称之为 IT(Information Technology),后改为 ICT (Information and Communication Rechnology),而在法国则称为 TIC (Technology of Information and Communication)。但总体而言,ICT 是国际教育领域比较流行的说法。

尽管国内外学者对信息技术的界定不尽相同,但有学者认为,现阶段的信息技术主要是指以计算机为基础的数字化技术,[⑤]并以微电子技术和信息材

---

① 李芒.关于教育技术的哲学思考[J].教育研究,1998(7):69-72.
② 杨瑛霞,田爱奎,夏天,张际平.从技术哲学看教育技术的内涵与本质[J].电化教育研究,2007(3):17-21.
③ 杨瑛霞,田爱奎,夏天,张际平.从技术哲学看教育技术的内涵与本质[J].电化教育研究,2007(3):17-21.
④ 转引自杨瑛霞,田爱奎,夏天,张际平.从技术哲学看教育技术的内涵与本质[J].电化教育研究,2007(3):17-21.
⑤ 祝智庭.教育信息化:教育技术的新高地[J].中国电化教育,2001(2):5-8.

料技术作为支撑和基础技术,计算机和通信技术是目前现代信息技术的主要研究领域与核心内容。本研究中的信息技术取其狭义上的定义,主要是指现代信息技术,是以计算机技术为基础的技术体系,但其核心内容不但包括计算机技术,同时包括通信技术。因此,本书所指的信息技术不等同于计算机技术,计算机技术仅仅是信息技术中的一种。如,英国的信息技术原先称之为IT,后来改为ICT,就在于强调包括因特网在内的现代信息技术在发展学生的个人能力、通信交流能力和参与社会的竞争力方面的综合作用。

2. 学校教育

对学校教育的理解可从教育的概念入手。我国汉代许慎在《说文解字》中注道:"教,上所施,下所效也","育,养子使作善也"。把这两个字结合起来成"教育"一词,可以理解为是上对下、成人对儿童的一种影响,其目的是受教者成善,手段是模仿。[①] 在古希腊语中,"教育"一词与"教仆"一词相关,教仆是对专门带领儿童的奴隶的称呼。从两种文字的"教育"词源分析中可以看出,它们的共同含义是人类社会中抚育新生一代这种特殊活动的概括,涉及人类社会的活动。[②]

对于这种社会活动,古今中外的教育家、思想家和政治家等都从各种不同的角度进行了不同的论述与界定。美利坚百科全书《教育》条中将"教育"解释为:"从最广泛的意义上来,教育就是个人获得知识或见解的过程,就是个人的观点或技艺得到提高的过程。"[③]我国 20 世纪 80 年代出版的《中国大百科全书·教育》卷中对"教育"的表述为:"凡是增进人们的知识和技能、影响人们的思想品德的活动,都是教育。"[④]叶澜教授将"教育"定义为:"教育是有意识的以影响人的身心发展为直接目标的社会活动。"[⑤]董纯才、刘佛年、张焕庭将"教育"定义为"教育是培养人的一种社会现象,是传递生产经验和社会生活经验的必要手段"[⑥]。

纵观上述有关教育的定义,尽管表述不尽相同,但一般所指的都是广义的教育,与此相对的就是狭义的教育,即学校教育。[⑦] 学校教育是一种形式化的

---

① 叶澜.教育概论[M].北京:人民教育出版社,1995:3.

② 叶澜.教育概论[M].北京:人民教育出版社,1995:3.

③ 吕千飞,张曼真等译.世界教育概览[M].北京:知识出版社,1980:1.

④ 转引自叶澜.教育概论[M].北京:人民教育出版社,1995:7.

⑤ 叶澜.教育概论[M].北京:人民教育出版社,1995:8.

⑥ 董纯才,刘佛年,张焕庭.中国大百科全书·教育[M].北京:中国大百科全书出版社,1985.

⑦ 叶澜.教育概论[M].北京:人民教育出版社,1995:9.

教育,对应的是一种非形式化的教育,如家庭教育、社会教育。从定义上看,"学校教育是由专职人员和专门机构承担的有目的、有系统、有组织的,以影响入学者的身心发展为直接目标的社会活动"①。叶澜教授指出,学校教育与其他教育最主要区别有两方面:②第一,学校教育是目的性、系统性、组织性最强的教育活动,因此也是可控性最强的。不仅各级学校内部是这样,各级学校之间的关系也体现了这个特征。第二,学校教育是由专门的机构和专职人员承担的,学校的任务是专门培养人,这些人是取得入学资格的。满足了这两方面要求的教育活动可以被称为学校教育。

本书中学校教育主要指的是中小学教育,包括幼儿园教育与中等职业教育,但不包括高等教育。

3. 从整合到融合

"整合"在汉语中有多重含义,如综合、融合、集成、一体化等,但其主要含义是"整合"(有宝华,2002),即由系统的整体性及其在系统核心的统摄、凝聚作用而导致的使若干相关部分因素合成为一个新的统一整体的建构、程序化的工程。③ 因此,从词义上看,"整合"与"融合"有共通之义。

但在我国教育信息化的过程中,"整合"和"融合"被赋予了不同的涵义。在我国教育信息化的进程中,大致分为三个阶段④:第一阶段是试点阶段,以基础设施建设为主线;第二阶段是普及阶段,以应用为主线;第三阶段是提高阶段,以全面融合、全面提高教育教学质量和管理水平为主线。从总体上来看,目前我国大多数地区的教育信息化处于应用普及阶段,个别地区正在走向融合和全面提高阶段,少数地区还处于从刚完成基础建设正走向应用阶段。在我国教育信息化的第二阶段,即普及与应用阶段,强调是信息技术与学校教学的"整合"。这里"整合"指的是在教育教学中要用到信息技术作为工具和手段,而第三阶段"融合"则包含着互不分离、互相渗透、互相作用、一体化的过程,强调有机的结合、无缝的连接。

因此,在教育信息化的背景之下,"整合"与"融合"分别代表着教育信息化的不同阶段,其不同之处在于"整合"是把信息技术作为教学过程的工具和手段,而"融合","它有别于'整合',要求实现教育系统的结构性变革,而其内涵

① 叶澜.教育概论[M].北京:人民教育出版社,1995:9.
② 叶澜.教育概论[M].北京:人民教育出版社,1995:9.
③ 李芒.论信息技术与课程整合的含义、意义及原则[J].电化教育研究,2004(5):58.
④ 祁靖一,阮滢.从起步、应用到融合、创新——中央电教馆王珠珠馆长谈我国未来十年基础教育信息化工作[J].中小学信息技术教育,2012(1):8-11.

就是实现课堂教学结构的根本变革。""融合"是指将信息技术融入全部教学过程中,包括课上的教与学和课下的各类活动中。而"深度融合"是指这种融合要触及教育的根本性变革,而并非停留在技术应用的表面,要为教育带来新的理念与动力。潘克明认为:"'深度融合'是将信息技术既作为意识,又作为内容、工具、方法和手段,融入教学之中,从而改变教与学的过程,有效地促进人的终身发展。"①

本书关注的是信息技术从整合走向融合的过程。本书中的"融合"包括"深度融合"指的是信息技术作为一个要素与学校教育系统组合成为一个整体的过程,是信息技术天衣无缝地融进了教育、教学的过程。这种"融合"的方法有别于只是在教育、教学中偶尔使用技术的做法,例如利用电脑与投影仪讲解某个知识点的做法。从更全面的角度来看,"融合"意味着将教学环境、学习者需求与兴趣、课程内容、教学目标、评价方法、教师素质、硬件与软件资源以及教学支持系统等因素全面地结合在一起。②

因此,本书中的"融合"不是意味着将硬件置于教室之中,而是意味着对技术的超越,关注的是内容及有效的教学实践。"融合"不能以使用的技术数量与类型来界定,而应以为什么使用技术,如何使用技术来界定。"融合"在英文中的表述对应为"integration",源于拉丁文 integrare,使成为整体的意义,包括了整体性与完整性的意义,以及通过将教学过程中所有的基本要素(包括技术,作为其中一个要素,而不是唯一的要素)组合在一起,根据需要来克服人工分离的意义。③

成功的"融合"必然是超越技术,指向问题的解决。从这个意义上来看,"融合"实际上是一种持续的革新进程,用于满足教与学的需求。技术的"融合"将使得教师重新思考他们已有的教学理念以及教学的传统角色,并最终导致教师教学理念的革新(Rober,1992)。④ 因此,"融合"的目的不在于技术本身,而在于教学,即通过技术的融合来实现更加有效的教与学的目的。"融合"是使技术适应教育教学,而非教育教学适应技术。

---

① 潘克明.信息技术与学科教学深度融合的研究[J].教育信术技术,2015(22):4-8.
② [美]艾伦·贾纳斯泽乌斯基,迈克尔·莫伦达.教育技术:定义与评析[M].程东元,王小雪,刘雍潜,译.北京:北京大学出版社,2010:135.
③ Rodney S. Earle. The Integration of Instrcutional Technology into Public Education: Promises and Challenges[J]. British Journal of Educational technology, 2002, 42(1): 5-13.
④ [美]艾伦·贾纳斯泽乌斯基,迈克尔·莫伦达.教育技术:定义与评析[M].程东元,王小雪,刘雍潜,译.北京:北京大学出版社,2010:135.

二、研究假设

本书的研究基于以下两个假设：

（1）教育信息化建设的核心在于信息技术与学校教育的融合，信息技术与学校教育的融合是信息技术变革学校教育的关键。

信息技术并没有、也不会必然地带来颠覆性的教育变革。要理解信息技术与教育变革的关系，必须从多元的宏观视角来分析与研究信息技术变革学校教育的"实然状态"。这个实然状态的核心就是信息技术应用的不断推进以及教育变革逐步发生的过程，其内在实质就是信息技术与学校教育的融合过程。

（2）信息技术与学校教育的融合过程，既是信息技术接受教育改造的过程，同时也是教育被信息技术改变的过程。

信息技术与学校教育的融合是一个双向的过程。从技术教育化的视角以及教育技术化的视角对信息技术与学校教育的融合过程展开研究，能够揭示信息技术如何被学校教育接纳与改造，以及学校教育如何被信息技术所改变，从而让我们真正理解信息技术变革学校教育为何不能发生，以及如何才能发生。

三、研究构想

本书关注的是信息技术的融合如何推动学校教育变革，在研究过程中，我们首先将这一研究主题转化为以下三个问题：（1）信息技术能否改变学校教育？（2）信息技术能在多大程度上改变学校教育？（3）信息技术如何改变学校教育？基于"融合"在信息技术变革学校教育过程中的重要作用，本书将从信息技术与学校教育的融合入手探讨信息技术如何推动教育的变革。

本书的逻辑起点是信息技术的教育应用，逻辑终点是学校教育的变革，研究的核心是信息技术与学校教育的融合。在具体研究过程中，本书将以上三个问题具体化为以下三个研究点，力图从多元视角（技术发展的视角、哲学的视角、技术教育化的视角、教育技术化的视角、未来发展的视角）展开对以下三个研究点的研究，揭示信息技术与学校教育的融合过程，并进而回答信息技术如何推动学校教育的变革。见图1.1。

（1）信息技术能否与学校教育融合？单纯地使用技术并不会带来任何根本性的变化，真正的变化将从融合开始。本书将从信息技术在学校教育的应用与融合现状的考察开始，从技术哲学与教育哲学的视角来探讨信息技术能否实现与学校教育的融合,能否改变学校教育。

(2)信息技术如何与学校教育实现融合? 信息技术与学校教育的融合过程,既是信息技术接受教育改造的过程,同时也是教育被信息技术改变的过程。本书将从技术教育化与教育技术化的视角对信息技术与学校教育的融合过程展开研究,分析信息技术如何被学校教育接纳与改造,以及学校教育如何被信息技术所改变。

(3)信息技术与学校教育的融合如何推动教育变革? 本书将在理论建模的基础上,运用生态学的观点对信息技术的融合推进学校教育变革的真实案例进行了剖析,寻找信息技术变革学校教育的内在逻辑与轨迹。

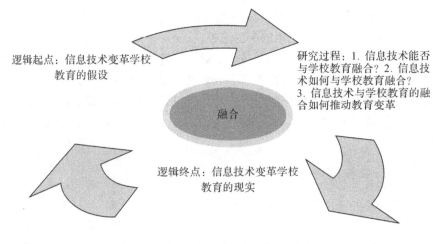

图 1.1　研究构想图

1. 研究方法

研究过程中,本书主要采用的研究方法是文献分析法与案例研究法。文献分析法主要基于国内外相关研究文献的分析,重点关注两类研究文献:一是教育变革理论,二是生态系统变革理论。案例研究法主要通过对 3 所实验学校(温州实验中学、嘉兴实验小学、嘉兴南溪中学)的观察与研究,以及相关典型案例的分析,关注已发生的信息技术与学校教育的融合案例,通过对这些案例的剖析与研究,梳理信息技术变革学校教育的现实途径与轨迹。

2. 技术路线

见图 1.2。

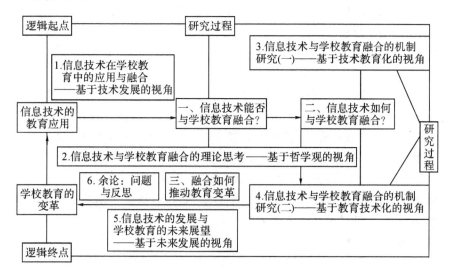

图 1.2 研究路线图

四、研究的主要内容及创新意义

1. 研究的主要内容

本书共分七章,四个部分,其中:

第一部分包括导论及信息技术与学校教育融合的历史与现状考察。

本书第一章是研究的导论,主要介绍研究缘起,文献综述、主要的研究概念与研究假设、研究构想。

本书第二章从技术发展的视角来探讨信息技术的产生与发展,分析信息技术在学校教育中的应用与融合现状。在这一章中,本书将以三次信息技术革命为线索来梳理信息技术的发展历程,重点对信息技术的教育应用进行研究,分析信息技术在教育应用的发展历程与阶段,并重点考察目前世界各国信息技术与学校教育的融合现状。

第二部分包括第三至第五章,这是本书的核心部分。这部分将重点探讨信息技术与学校教育融合的理论基础以及运作机制。

在这一部分中,本书将从技术哲学和教育哲学的视角探讨信息技术与学校教育融合的理论基础,分析信息技术与学校教育融合的可能性,并从哲学观的视角探讨信息技术与学校教育融合的实质。在此基础上,本书将重点从技术教育化与教育技术化两个视角对信息技术与学校教育的融合展开研究。

一是从技术教育化的视角对信息技术与学校教育融合的运作机制进行研究,分析信息技术在学校教育中的扩散过程,以及学校教育对信息技术的选择、应用与创造过程,探讨这一过程中的推动力与抵制力。在此基础上,本书从学校层面以及教师个体层面对信息技术融合学校教育的运作模型进行理论建构。

二是从教育技术化的视角对信息技术与学校教育融合的运作机制进行研究,运用生态学的理论来分析信息技术的属性、结构、功能等技术因素如何作用于学校教育生态系统,并进而使学校教育生态系统发生技术化变化的过程。

第三部分是信息技术的发展与学校教育的未来展望。

这一部分是本书的第六章。本章通过对 2004—2019 年《地平线报告》的分析,来探讨未来有可能在学校中运用的信息技术,展望未来的学校教育:未来的学校、未来的教室以及未来的学习。

第四部分是问题及反思

这一部分是本书的余论。本章从媒介生态学派的观点反思信息技术可能带来的影响,剖析信息技术的发展所带来的知识碎片化、思考浅表化以及对人的异化,同时思考学校教育在新技术背景下所面临的挑战以及需要承担的新使命。

2. 研究的创新性

本书根据国内外有关信息技术变革学校教育的"惨淡"现状,将研究的关注点从信息技术变革学校教育的"应然状态"转向"实然状态",试图通过对以下三个问题回答揭开信息技术变革学校教育的迷雾:(1)信息技术能否改变学校教育?(2)信息技术能在多大程度上改变学校教育?(3)信息技术如何改变学校教育?在前期的研究基础上,本书以"融合"作为切入点,将以上三个问题进一步转化为以下三个研究点:(1)信息技术能否与学校教育融合?(2)信息技术如何与学校教育融合?(3)信息技术与学校教育的融合如何推动教育变革?围绕以上三个研究点,本书以"融合"为研究核心,以信息技术的教育应用为研究的逻辑起点,以学校教育的变革为研究的逻辑终点,从多元视角展开研究。本书的创新性主要体现以下方面。见图 1.3。

(1)从哲学观的视角对信息技术与学校教育的融合进行了理论上的探讨。从技术哲学和教育哲学的视角出发,本书找到了信息技术与学校教育的共同基础所在——技术的特性,同时,本书也确立了信息技术与学校教育的共同主题,那就是人。因此,以技术为基础,以人为切入点,本书找到了信息技术与学

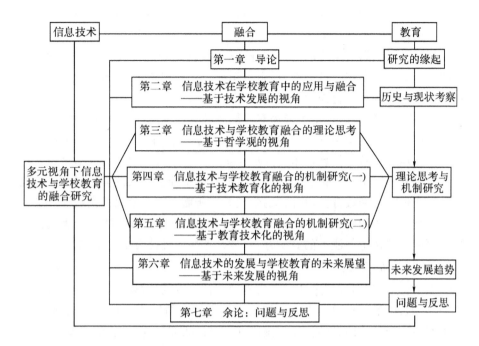

图 1.3　本书框架图

校教育融合的可能性。在此基础上,本书将信息技术与学校教育的融合理解为技术教育化与教育技术化的过程,并将这两个过程视为同一过程的两个方面展开研究。

(2)从技术教育化的视角对信息技术与学校教育融合的运作机制进行了研究。本书从技术教育化的视角将信息技术与学校教育的融合过程解释为信息技术在学校教育中的扩散过程,也是学校教育对信息技术的选择、应用与创造过程,并从学校层面与教师个体层面对这一过程进行了理论分析。在此基础上,本书分别从学校层面与教师层面对信息技术与学校教育融合的运作模型进行了理论建构与案例分析,在典型案例分析中展示信息技术与学校教育的融合过程。

(3)从教育技术化的视角对信息技术与学校教育融合的机制进行了研究。本书从教育技术化的视角将信息技术与学校教育的融合过程解释为信息技术的属性、结构、功能等技术因素通过某种方式作用于学校教育,并进而使学校教育发生技术化的变化过程。在此基础上,本书运用生态学的理论对信息技术的融合与学校教育的变革进行了研究,将学校视为一个生态系统,将信息技术视为一个外来的生命种群,本书认为,信息技术与学校教育的融合过程实际上就是信息技术对学校生态系统的入侵过程。本书发现,信息技术通过重构学校的技术生态圈为学校的系统特征、学校教育的功能以及学校教育教学方式的变革提供了潜在的可能性,如虚拟学校、慕课、翻转课堂、智能学习等就是将信息技术的特性转化为学校现实的典型案例。

(4)从未来发展的视角对未来有可能在学校中运用的信息技术进行讨论,并基于信息技术的未来发展趋势展望未来的学校教育。最后,本书从媒介环境学派的观点出发对信息技术对人的可能影响进行了反思,剖析信息技术的发展所带来的知识碎片化、思考浅表化,以及虚拟社会对人的异化,同时,对在信息时代仍将作为教育主体存在的学校教育所面临的挑战以及需要承担的新使命进行了思考和研究。本书认为,信息时代学校教育所面临的最大挑战与最重要使命就在于关注人的真实存在,唤起人在信息社会中的主体性。

3. 研究的意义

本书认为,要回答信息技术如何推动教育变革,关键要理解"融合"这一关键词。"融合"不是在教学中偶尔使用媒体和技术的做法,而是意味着将信息技术作为一个常规的教学应用。国内外大量的研究告诉我们,信息技术的"融合"并不是自然的、也不是一蹴而就的,实际上,信息技术在融合进入学校教育的过程中将遭遇强大的阻力。我们必须要了解这些阻力,并且了解破除这些阻力的机制,才能从根本上推进信息技术与教育的融合。可以说,在信息化时代,教育的变革一方面是由信息技术与教育的融合所驱动,但另一方面,教育的变革又是推进信息技术与教育融合的基础,教育的变革将反过来进一步推进信息技术与学校教育的融合。

(1)学术价值和理论意义。从国内的研究与实践来看,目前我国大多数地区仍处于教育信息化应用的第二阶段,即"应用与整合"阶段,尽管近几年国内有关信息技术的研究开始关注到了"融合与创新阶段",但少有研究从宏观角度与"突然状态"来把握"融合"这一关键词。同时,这些研究在很大程度上也忽视了信息技术与学校教育融合的理论基础、融合的过程与阶段,缺少对融合所可能带来的教育变革过程的深入研究,因而也难以从根本上回答信息技术与教育变革的关系。

本书试图将"融合"视为理解信息技术变革学校教育的关键,并通过对信息技术与学校教育融合的内在机制研究,以及融合所带来的教育变革过程研究,揭开信息技术变革学校教育的迷雾。因此,本书的研究在推动教育信息化从应用与整合阶段走向融合与创新阶段,充实信息技术应用的理论研究与实践案例方面具有较大的学术价值和理论意义。

（2）应用价值和实践意义。在人工智能和互联网＋上升到国家战略的大背景下，要利用信息技术推动教育变革，必先推进信息技术与学校教育的融合进程，而要推进信息技术与学校教育的融合，必先剖解信息技术与学校教育融合的"实然状态"。基于此，本书从信息技术与学校教育融合的现状与理论基础入手，探讨信息技术与学校教育变革的关系，具有鲜明的应用价值和实践意义。

本书试图破解目前普遍存在的信息技术变革学校教育的"应然"假设，将研究的焦点转向信息技术变革学校教育的"实然"过程的剖析，试图从教育变革的视角来研究信息技术与学校教育融合的过程与机制，从多元视角来探讨信息技术与学校教育的融合，进而推动信息技术与学校教育的融合进程，最终推进教育的变革。因此，本书的研究对于推动信息技术与学校教育的深度应用与深度融合，以及推进教育变革具有重大的应用价值和实践意义。

第二章　信息技术在学校教育中的应用与融合

——基于技术发展的视角

技术作为人类改造世界能力的标志在本质上是一个历史性的范畴,在不同的历史时期被赋予了不同的内容。有关科技发展的研究表明,在当代以信息技术为基础的技术体系出现以前,人类文明史上就曾先后出现过以手工技术为基础的技术体系、以机器技术为基础的技术体系。

人类文明史上的三大技术体系分别对人类社会产生了巨大而深远的影响,相继催生了农业社会、工业社会与信息化社会。一般来说,当技术作用于社会系统时,首先作出互动反应的是经济系统层次,如指南针的发明是为了航海,计算机的发明是为了进行繁复的计算等。[①] 之后技术才会逐步波及社会系统的其他层次,如政治、文化等,最终会在全球范围内形成一个全新的文明形态。而教育作为一个具有典型人文特性的领域,一般被认为是使用技术最少、变化最慢的领域。[②]

但技术进入教育领域的尝试却一直未曾中断。如,手工技术体系基础上口语与文字传递技术的进入,不仅为教育提供了基本的交往形式,同时也推动了新的教育形式的产生与发展。机器技术体系基础上媒体技术的进入则进一步弥补与矫正了片面的文字和口头说教的缺陷,更使得教育过程的复制成为可能。而信息技术作为一个新兴的技术种群,不仅其自身处在不断地发展与进化过程中,同时,其进入教育领域的尝试也正在不断地推进及深化。

第一节　信息技术的产生与发展

许多研究者、科学家以及哲学家都认为思想以及人造事物都像有生命体

---

① 单美贤.论教育场中的技术[M].北京:教育科学出版社,2011:48.
② 单美贤.论教育场中的技术[M].北京:教育科学出版社,2011:48.

一样不断进化着。① 例如,道金斯(Dawkins,1989)将文化与基因进行了类比,并认为"文化的传承与基因的传承有类似之处,尽管基因传承很稳定,但这种类比也能够为文化的传承提供一种解释形式"②。波普尔(Popper,1972)也指出,科学知识的进步是一个进化的过程,如同基因变异和自然选择相互作用一样,科学知识的进步是伴随着实验性理论的提出与错误的不断修正。③

同样,技术的发展也被认为是一种进化的过程。赵勇等人认为,尽管技术并非与生物完全一样,但他们都基本遵循着类似的进化过程。④ 人类的多种需求、经验和智慧促成了各种技术的发展。新的技术进入到人们的生活之后,又进行重新组织,并再次进入人们的生活。因此,这些技术实际上是在不断进化过程中实现着自我的发展。有些技术被应用者认为优于其他技术而留存了下来,有些技术则被认为不适用而遭淘汰。因此,新的需求引发"最适合当前需要"的技术的产生,这些技术是在原有技术上发展进化而来的。

同样,作为一个技术种群,信息技术也存在着一个不断进化演变的过程,这一演变的过程既是信息技术自身完善的需要,也是适应外部系统的需要。

一、电子计算机的出现与发展

20世纪40年代,电子计算机的发明掀开了信息革命的序幕,阿尔文·托夫勒所描述的"第三次浪潮"来临了。"第三次浪潮"最终在全球范围内确立了以信息技术为基础的技术体系,并进而推动工业社会向信息社会转型。见图2.1。

1944年,第一代计算机 Mark Ⅰ诞生了,它由一些用电流控制开与关的机械开关组成,长约16米,宽约2米,包括1000个组成元件和500多米长的电线。大约在同一时间,格雷斯·霍普(Grace Hopper)和其他人开始开发计算机语言。⑤ 计算机技术的第二次重大发展是电子数值积分器和计算机(Electronic Numerical Integrator and Computer,ENIAC)的出现。1946年,

---

① 赵勇,雷静,肯尼斯·弗兰克.计算机技术在学校环境中传播的生态学分析[J].教育技术通信,2006(3):23-27.

② 赵勇,雷静,肯尼斯·弗兰克.计算机技术在学校环境中传播的生态学分析[J].教育技术通信,2006(3):23-27.

③ 赵勇,雷静,肯尼斯·弗兰克.计算机技术在学校环境中传播的生态学分析[J].教育技术通信,2006(3):23-27.

④ 赵勇,雷静,肯尼斯·弗兰克.计算机技术在学校环境中传播的生态学分析[J].教育技术通信,2006(3):23-27.

⑤ [美]加里·G.比特,简·M.莱格西.课堂中的技术应用[M].余泰,刘娜,王其冰,译.北京:中国人民大学出版社,2011:20.

莫奇利和埃克特联合设计开发了 ENIAC,其最初的设计目的是应用于军事。ENIAC 通过开关和连接的方式来编程,运行速度比 Mark I 快千倍,即每秒运算 5000 个计算结果。但 ENIAC 重达 27000 公斤,包括 2000 个真空管,所以它需要耗费巨大的电能而且会释放出大量的热。[①]

第一代计算机在 1951—1959 年间得到了蓬勃发展,以真空管技术为主要特征。尽管在那个时候,这种计算机是一种令人惊奇的设备,但它们体积庞大、操作代价昂贵(运作与制冷均需耗费巨大的电能),而且要求持续地维护才能正常运作,因此,它们主要被用于科学计算。此后,随着晶体管技术、集成电路技术的发展,电子计算机不断发展,体积越来越小,运作速度越来越快,计算机才进入商业与大众的应用。

第二代计算机从 1959 年开始直到 1964 年一直在扩展功能,以晶体管技术为主要特征。晶体管具有真空管所具有的功能且占用的空间非常小,因而操作元件的距离大大缩短,运行速度明显提高。同时,晶体管的温度比真空管低很多,所以可以大幅降低那些配备在计算机机房中的空调所要耗费的制冷费用。更为重要的是,这一时期出现了 FORTRAN 和 ALGOL 等高级程序语言。[②] 因此,这一阶段的计算机除了科学计算之外,还广泛用于数据处理,同时也开始用于过程处理。

第三代计算机从 1964 年一直持续到 1975 年,以集成电路技术为主要特征。中小规模集成电路代替了晶体管,成为组成计算机系统的基本器件,使计算机的数据处理技术取得了一个巨大飞跃,不仅速度和可靠性大大提高,而且能量消耗也大幅降低。计算机变得越来越小且价格便宜,越来越多的人开始拥有电脑,电脑开始进入普及时代。

第四代计算机从 1975 年 20 世纪 90 年代中期,以大规模集成电路技术为主要特征。大规模集成电路不仅大幅提高了计算机的数据运算与处理能力,同时也推进了单片计算机的革新,对计算机的普及起了重要作用。1971 年,英特尔公司的制造商把计算机所有的子系统压缩到约 55 平方厘米的范围内,于是世界上第一个微处理器(CPU)诞生了。

微处理器再加上存储器和接口等其他芯片,即可构成一个微型机。它在性能、价格、体积和使用方便性上都远远超出了早期的计算机。在此基础上,

---

① [美]加里·G.比特,简·M.莱格西.课堂中的技术应用[M].余泰,刘娜,王其冰,译.北京:中国人民大学出版社,2011:20.

② 陈琦,刘儒德.信息技术教育应用[M].北京:人民邮电出版社,1997:3.

1977 年,苹果公司设计出了 Apple Ⅱ微机,这是一个桌面计算机,很快就被商业、家庭和学校所接受。1981 年,IBM 个人微机问世。计算机开始进入了一个大规模的普及时代。

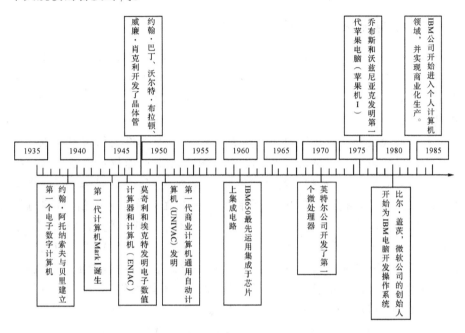

图 2.1 现代计算机发展时间表①

第五代计算机从 20 世纪 90 年代中期至今,以超大规模集成电路(Very Lagrge-Scale Integrated,VLSI)技术为主要特征。这种超大规模集成电路进一步提高了计算机的运行速度,每秒钟可进行数万亿次的运算。第五代计算机进一步发展了多核处理技术(即一个计算机同时运行几个程序),并且已具备声音识别、语言翻译、光纤网络以及光盘。

目前,第五代计算机已变得更小,而硬盘和内存则变得更大。同时,许多计算机系统现已配备触摸屏以及手写识别软件,允许用户使用一个像铅笔一样的手写笔作为输入装置,并可以实现计算机与打印机的无线交流。此外,计算机的人工智能、逻辑推理以及同步处理等技术也得到了进一步发展。

从 20 世纪 40 年代第一台数字计算机出现到 20 世纪 90 年代中期之前,

---

① 根据 Douglas H. Clements. Computers in early and primary education[M]. New Jersey: Prentice-Hall, Inc,1985:11 改编.

信息化建设可归结为以单机应用为主要特征的数字化阶段（可称为信息化1.0时代），而始自20世纪80年代个人计算机的大规模普及应用则最终将这次信息化进程演变为一场庞大的信息化浪潮，即第一次信息化浪潮。

二、信息高速公路的建设与推进

在20世纪的信息革命中，计算机技术极大地提升了人类的信息处理能力，标志着第一次信息革命的开始。而信息通信技术，特别是20世纪70年代开始的信息高速公路建设，则极大地提升了人类的信息传递能力，标志着第二次信息革命的来临。

信息高速公路的建设得益于计算机技术，特别是光纤通信技术和卫星通信技术的快速发展。20世纪60年代以来，随着光纤通信技术和卫星通信技术的出现与发展，计算机技术与媒体传输技术（如电视、电话、收音机等）之间出现了相互交叉、融合的趋势，它所带来的结果就是数字化通信、有线电视（1950年）和计算机互联网（1980年）的出现。最终，随着 ISDN 技术（Integrated Services Digital Network，综合数字化通信系统，能将现有的电信网络、邮政网络、传真网络等集于一身，以数字方式进行传播）的出现与发展，原来各种各样分散的信息系统终于可以联成一个整体网络，这种网络就是我们所说的"信息高速公路"的雏形。见图2.2。

最初将"信息高速公路"转化成技术构想的是国际电子通信协会及其咨询委员会和国际标准组织（International Standards Organization，ISO）。20世纪70年代，为解决知识爆炸与信息传递之间的严重矛盾，国际电子通信协会及其咨询委员会和国际标准组织开始从技术理论上建立一整套数字电子通信新标准。其目标是全球卫星、光缆数字电子通信的大联网。其特征是以数字传输、数字处理等数字电子技术为基础，向全社会提供普遍适用、多功能、多媒体的综合服务，并且是高度人工智能化的。[①]

美国率先启动了信息高速公路的建设。1993年9月，美国克林顿政府正式提出"国家信息基础设施"（National Information Infrastructure，简称 NII）的建设计划，俗称"信息高速公路"（Information Superhighway），其主要内容为发展以 Internet 为核心的综合化信息服务体系和推进信息技术在社会各领域的广泛应用。为了在20年内建成这个通信系统，克林顿政府放弃了冷战时期以军事为目的的科技竞争计划，放弃星球大战计划，停止超导超级的对撞机

---

① 陈琦，刘儒德.信息技术教育应用[M].北京：人民邮电出版社，1997：5.

的实验,并且缩减了自由号空间站的规模,把对这三个项目投资的钱省下来,用 4000 亿至 5000 亿美元,组织大批人力进行铺设。

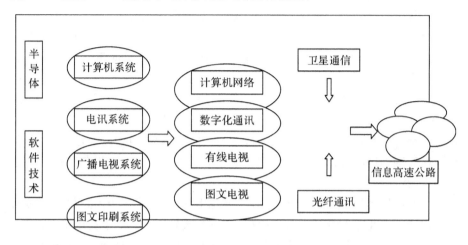

图 2.2　信息高速公路的演进①

　　美国的这一举动,引起了各国政府和科技教育界的普遍关注。欧共体首先提出,要投资 1500 欧元,建设欧洲信息空间,接着日本、加拿大、巴西、韩国、新加坡也提出要投资建设信息高速公路。我国也准备在 2020 年之前,基本建成覆盖全国的国家高速信息网。到目前为止,世界上已有 20 多个国家宣布有意或将要建立自己的信息高速公路。在此基础上,美、日、欧最近又呼吁把各国的光纤通信网与卫星通信网连接起来,构筑成全球信息高速公路,与此相应,一项旨在实现信息高速公路国际联网的国际技术标准也在酝酿、研究之中。②

　　信息高速公路以计算机为心脏、以光纤电缆干线为信息传输通道、以多媒体终端为接收装置,把计算机技术、通信技术和声像技术融为一体,利用先进的计算机网络等作为综合传输通道,基于数字技术进行传送、接收和处理文字、图像等信号,从而将电视、电话、电脑等信息媒介融为一体,形成了覆盖一个国家乃至全球的高速化的多媒体的信息传输、接收和处理系统。"信息高速公路"的建设推动了人类由工业社会向信息社会转型,并进而将人类带入一个信息化、数字化的生存时代。

　　①　崔保国.技术创新与媒介变革[J].当代传播,1996(6):23-33.
　　②　陈琦,刘儒德.信息技术教育应用[M].北京:人民邮电出版社,1997:5.

随着信息高速公路的全面推进,我们正在进入一个完全不同于书本的世界——数字化的屏幕世界。信息高速公路所依托的数字化技术可以比特的形式将各种信息(如声音、图像、动画等)数字化,即简化同样的 1 和 0,使信息传播的时空障碍完全消失。同时,信息高速公路中的互联网技术则使得网上任意地点储存的档案之间建立简单的联系成为可能,并且使得信息的传递由单向转向多向传递。①

在信息高速公路中,由于传统媒体传播的不同种类的信息——文字、数字、声音、图像、视频——全都可以转换成为数字代码,因此,这些信息都能"被计算",都可以简化为 0 和 1 组成的数字串,并通过计算机加以处理、传输和播放。而互联网则将数以万计的计算机和数据库相互连接,彻底将我们引导进入一个"数字化生存时代"。

由互联网和数字化技术开启的"数字化生存时代"将逐步消融并取代书面文字在主流文化中的统治地位,计算机——台式机、上网本、手提电脑、掌上电脑——日渐成为我们形影不离的伙伴,互联网将成为我们存储、处理并分享文本在内的各种信息的首选媒体,并开始通过不断扩展的终端(手机、IPAD 等)进入我们的学校、课堂。

因此,从 20 世纪 90 年代中期开始,以美国提出"信息高速公路"建设计划为重要标志,互联网开始了大规模的商用进程,带来了信息化建设的第二次浪潮,即以互联网应用为主要特征的网络化阶段(可称为信息化 2.0 时代)。互联网开始渗透到人类社会的方方面面,并产生深远的影响。如我国从 1994 年10 月 20 日第一次开始联通互联网,2008 年网民数量首次超过美国跃居世界第一。2015 年我国网民总量已达 6.68 亿人,一半中国人已经开始使用互联网。

三、云计算、大数据和人工智能时代的来临

当前,信息化时代的第三次浪潮正扑面而来。过去 20 余年信息科技和信息化的井喷式发展推动信息技术的使用成本不断降低,互联网及其延伸带来了无处不在的信息技术应用,宽带移动、泛在互联驱动着人机物的广泛连接,云计算模式驱动了数据大规模的汇聚,信息技术和互联网的新进展衍生了数据类型的多样性和规模的指数增长,积累了规模巨大的多源异构数据资源,产生了"大数据现象"。以此为标志,信息化时代正在开启一个新的阶段,即以数

---

① [美]尼葛洛庞帝.数字化生存[M].胡泳,范海燕,译.海口:海南出版社,1997:4

据的深度挖掘与融合应用为主要特征的智慧化阶段(可称为信息化 3.0 时代)。

信息化 3.0 时代与以下技术的发展密切相关,云计算、大数据、移动互联、物联网以及人工智能。云计算、大数据、移动互联为信息化 3.0 时代奠定了基础,而物联网及人工智能则在信息化 3.0 时代获得了新的发展契机,并最终推动了信息化 3.0 时代的进程。

1. 云计算

云计算的兴起和网络应用的转型密不可分。随着 Web 2.0 时代的来临,紧密的、高维护成本的网络正转换为松散的、低维护成本的网络模式。对网络应用提供商来说:维护一个大型的可以赚钱的网站往往意味着维护一个从硬件维护人员到市场分析、服务设计人员的大团队,并且公司必须对硬件、软件问题完全负责。而最终赚取利益的网络服务可能只是这个巨大系统金字塔的顶上的小部分。这种不平衡的特征极大地阻碍了网站的进一步发展。[1]

正是在此背景下,云计算应运而生。云计算就是将应用以服务的方式通过因特网进行发布,以及实现这些服务所涉及的硬件以及系统软件。其中"云"这个词特指硬件以及系统软件,而服务则是云用以服务用户,赚取商业利益的关键。[2] 因此,云计算平台可以将底层平台的基础设施的建设与维护中解放出来,利用虚拟化技术,云计算平台可以实现按需提供服务,这一方面降低了云的成本,另一方面保证了用户的需求得到满足。此外,云计算平台基于大规模的数据中心或者网格,可以提供高性能的计算服务。目前,全球范围内比较成熟的云计算平台有:微软的云计算平台,全称 Azure Service Platform, Google 的云计算技术,Amazon 的 EC2(弹性计算云),还有国内的阿里云技术。

云计算技术与大数据相互依存。大数据就像漂浮在海洋里的冰山,云计算就是挖掘数据冰山、开发数据价值的"破冰船"。可以说,云计算让大数据成为可能。在云计算出现之前,传统的计算机是无法处理如此量大、并且不规则的"非结构性数据"。以云计算为基础的信息存储、分享和挖掘手段,可以高效地将这些海量的、非结构的、多变化的终端数据存储下来,并随时进行分析与

---

① 王佳隽,吕智慧,吴杰,钟亦平.云计算技术发展分析及应用探讨[J].计算机工程与设计,2010(31):4004-4009.

② 王佳隽,吕智慧,吴杰,钟亦平.云计算技术发展分析及应用探讨[J].计算机工程与设计,2010(31):4004-4009.

计算。通过云计算对大数据进行分析、开发，可以释放出更多的数据隐藏价值，获得更加全面、完整、系统的数据，将会使企业与政府的行为更理性，决策更为精准。可以说，云计算为大数据时代的来临奠定了技术基础。

2. 大数据

2008 年 9 月，《耶路撒冷公告》宣称："我们正在进入一个物理、生物、环境、社会和经济系统的信息高速产生的时代。信息的记录、存取、数据挖掘和传播将在今后一些年里对人类知识的进步产生重大影响。科学家们应当设计、探索和验证各种存取和利用这些信息的协议，以便最大程度地利用信息和促进研究，同时，保护和尊重作为信息本身一部分的私有属性。"[①]这是国际性组织最早对大数据时代的到来发出的预言。

随着互联网技术的发展，可以预见，物理、生物、环境、社会和经济系统都将产生大量的数字化的信息，对这些信息的存储、挖掘和利用就是大数据技术。大数据借助互联网技术在数据量、数据特性、数据来源和应用领域等方面都发生了重大的飞跃，表现出了明显的特征，也有很多文献将这些特征归结为 4 个"V"，即 Volume（数据量）、Velocity（数据产生速度）、Variety（数据类型）和 Value（数据价值）。

大数据首先在早期商业智能方面进行了成功应用，向人们展示了数据的威力。在见识数据的巨大威力后，目前世界各国都非常重视大数据方面的研究，并分别从国家战略层面相继推出了自己的研究计划。以美国为例，2012 年 3 月美国白宫科技政策办公室发布的《大数据研究和发展倡议》提出，将提升美国利用收集的庞大而复杂的数据资料提炼真知灼见的能力，协助加速科学、工程领域创新步伐，强化美国国土安全，转变教育和学习模式。该倡议还承诺将在科学研究、环境保护、生物医药研究、教育以及国家安全等领域利用大数据技术进行突破。与此同时，美国总统办公室发布了《遍及联邦政府的大数据》，披露了 12 个国家部门制订的大数据发展计划，旨在应对大数据革命的挑战并抓住它所带来的机遇，推进本部门的工作并促进长远的科学发现和创新。[②]

除了政府的推动之外，美国工业界和学术界同样高度重视大数据。市场研究公司 IDC 预测的 2013 年九大科技发展趋势，其中第七个趋势就是"大数据将发展壮大"。IDC 表示，大数据市场的年增长率将达到 40%，2012 年该市

---

① 倪光南.大数据的发展及应用[J].信息技术与标准化,2013(9):6-9.
② 倪光南.大数据的发展及应用[J].信息技术与标准化,2013(9):6-9.

场的规模约为 50 亿美元,到 2013 年规模为 100 亿美元,到 2017 年规模将达到 530 亿美元。咨询公司麦肯锡的全球研究所也认为,大数据是下一个创新、竞争和生产力提高的前沿。2012 年,遍及全美的大数据研究者们发布了联合白皮书《大数据的机遇和挑战》,书中指出,针对大数据的研究问题不仅是适时的,而且有可能在今后一些年里对美国经济产生巨大的经济价值,如果正确地引导在大数据上的重要投入,不仅可以产生重大的科学进步,而且可以为下一代科学、医学和商务的发展打下基础。[①]

早期的大数据技术主要在大型互联网企业中使用,用于分析网站用户数据和用户行为等。现在,传统企业、公用事业机构等有大量数据需要处理的组织和机构,也在越来越多地使用大数据技术完成各种功能需求,除了常见的商业智能和企业营销外,大数据技术也开始较多地应用在社会科学领域,并开始在这些领域发挥巨大的影响力。大数据现象的出现以及数据应用需求的激增,使大数据成为全球关注的热点和各国政府的战略选择,大数据蕴藏的巨大潜力被广泛认知,正引发新一轮信息化建设热潮。

3. 移动互联

移动互联技术,指的就是在智能手机、平板电脑、智能穿戴设备等方面进行的网络互联技术,移动互联技术是在 4G 网络兴起后发展起来的。移动设备小巧方便、易于携带的特点受到广大用户的欢迎,为人们的生活提供了便利。2001 年,我国的 GsM 移动网络用户已经超过 1 亿,我国的移动通信网络,成为世界最大的 GsM 网络。另一方面,互联网的网络规模正在以惊人的速度不断扩大,互联网已经深入到人们生活的每一个方面。人们不仅仅满足于通过固定的网络设备接入互联网,随着个人流动性的增强,如何通过移动终端接入到互联网的需求日益变得迫切。[②] 近几年来,我国移动通信技术与互联网技术发展的突飞猛进,加快推进我国进入移动互联时代。如何让人们随时随地方便地接入互联网,成为当前无线通信和互联网技术研究中的一个热点。2011 年,我国手机网民数量首次超越计算机网民,我国已经全面进入移动互联网时代。

如果说云计算、大数据、移动互联为第三次信息化浪潮奠定了技术基础,那么,物联网及人工智能则借助第三次信息化浪潮,迎风起舞,获得了更大的发展动力,并最终进一步推动了信息化浪潮的进一步发展。

---

① 倪光南.大数据的发展及应用[J].信息技术与标准化,2013(9):6-9.
② 李玉清,李伟,廖建新.移动互联技术及其发展[J].通信世界,2002(3):40-44.

4. 物联网

物联网的概念兴起于 1999 年，其英文为"The Internet of Things"。目前，物联网被世界公认为是继计算机、互联网与移动通信网之后的世界信息产业第三次革命。[①] 物联网目前还没有统一的概念，总体来说，它是一个将各种信息传感设备（如射频识别装置、红外感应器、全球定位系统、激光扫描器等）与互联网结合起来而形成一个巨大网络，就像电脑插上网卡、WIFI 等上网设备，让所有的物品都能通过射频自动识别（RFID）电子标签等技术联系在一个庞大的网络之中，实现智能化的监控、识别和管理。

从字面上看，物联网就是"物物相连的互联网"。而从本质上看，物联网是现代信息技术发展到一定阶段后出现的一种聚合性应用与技术提升，将各种感知技术、现代网络技术和人工智能与自动化技术聚合与集成应用。[②] 这里有两层意思：第一，物联网的核心和基础仍然是互联网，是在互联网基础上延伸和扩展的网络；第二，其用户端延伸和扩展到了任何物品与物品之间，并能进行信息交换和通信。[③] 因此，物联网实际上就是借助各种信息传感设备把任何物品与互联网相连接，并进行信息交换和通信，以实现对物品的智能化识别、定位、跟踪、监控和管理的一种网络。

目前，物联网已开始被用于管理商品、监控公共安全、检测人体健康以及确保食品安全等领域。如，为了增强安全，新西兰的奥塔哥博物馆安装了一台功能强大的"收音机"，通过它来追踪馆内所有物件。[④] 另如，为确保食品安全，IBM 同挪威最大食品供应商 Nortura 附属的 IT 公司 Matiq 达成了一项协议：使用射频识别技术，"从农场开始，贯穿供应链，直到超市货架"，跟踪家禽和肉类产品，以保证肉类和禽类产品"在供应链内保持最优状况"。[⑤] 同时，物联网在建构智能化教学环境、丰富实验教学、辅助教学管理、拓展课外活动方面也开始发挥重要的作用。

虽然目前物联网的发展还面临很多的挑战，但是毫无疑问，物联网不仅在商业领域，同时在教育领域也拥有广阔的应用前景。如，2012 年由美国新媒体协会（NMC）与美国高等教育信息技术协会（EDUCAUSE）联合发布的《地

[①] 同方软件.ezM2M 物联网业务平台——迎接信息革命第三次浪潮[M].软件世界,2010(2):57-58.

[②] 程琳.2012 地平线报告:值得关注的 6 项技术[J].上海教育,2012(3):6-13.

[③] 程琳.2012 地平线报告:值得关注的 6 项技术[J].上海教育,2012(3):6-13.

[④] 张诗潮,吴丽君.《地平线报告》:创新技术推动教育发展[J].中国教育网络,2012(12):33-35.

[⑤] 郑文钵."物联网"——人类历史上的第三次信息革命[J].地理教育,2010(6):15.

平线报告》将物联网技术视为未来 4~5 年内有可能在学校中运用的技术。

作为新兴战略性产业的代表,物联网将与媒体互联网、服务互联网和企业互联网一起,构成未来的互联网,并被视为是下一个推动世界高速发展的"重要生产力"。[①] 毋庸置疑,物联网的出现将会引领第三次信息革命,并促进教育信息化的进一步发展,带来更多的教育创新应用和服务。

5. 人工智能

1956 年夏季由麦卡锡(McCarthy J)、明斯基(Minsky M L)、罗彻斯特(Lochester N)和香农(Shannon C E)共同发起,并邀请其他 6 位科学家,在美国达特茅斯(Dartmouth)大学举办了一次研讨会,讨论用机器模拟人类智能问题,首次使用"人工智能"这一术语。这是人类历史上第一次人工智能研讨会,标志着国际人工智能学科的诞生,具有十分重要的历史意义。发起这次研讨会的人工智能学者麦卡锡和明斯基,则被誉为国际人工智能的"奠基者"或"创始人"(The founding fath,有时也称为"人工智能之父")。[②]

从 1956 年达特茅斯会议首次定义"人工智能"(Artificial Intelligence, AI)开始,人工智能研究经历了几次历史浮沉。20 世纪 50—70 年代是人工智能的黄金时代:1966 年,美国麻省理工学院(MIT)的魏泽鲍姆发布了世界上第一个聊天机器人 ELIZA。ELIZA 的智能之处在于她能通过脚本理解简单的自然语言,并能产生类似人类的互动;1966—1972 年期间,美国斯坦福国际研究所研制出机器人 Shakey,这是首台采用人工智能的移动机器人。20 世纪七八十年代,人工智能研究跌入低谷。20 世纪 70 年代初,人工智能遭遇了瓶颈。当时的计算机有限的内存和处理速度不足以解决任何实际的人工智能问题。研究者很快发现,要求程序对这个世界具有儿童水平的认识,这个要求太高了。1970 年没人能够做出如此巨大的数据库,也没人知道如何让程序学习如此丰富的信息。由于缺乏进度,对人工智能提供资助的机构(如英国政府、美国国防部高级研究计划局和美国国家科学委员会)对无方向的人工智能研究逐渐停止了资助,人工智能研究跌入低谷。

在一次次的高潮和低谷的交替中,人工智能的理论和实践扎实推进,人类对于人工智能的理解与研究也进一步加深。20 世纪 90 年代,人工智能研究开始重新迎来春天。1997 年,IBM 公司的电脑"深蓝"战胜国际象棋世界冠军卡斯帕罗夫,成为首个在标准化比赛时限内击败国际象棋世界冠军的电脑系

---

① 程琳. 2012 地平线报告:值得关注的 6 项技术[J]. 上海教育,2012(3):6-13.
② 蔡自兴. 中国人工智能 40 年[J]. 科技导报,2016(34):12-31.

统,举世震惊。2011 年,Watson(沃森)作为 IBM 公司开发的使用自然语言回答问题的人工智能程序参加美国智力回答节目,打败两位人类冠军,赢得了 100 万美金的奖励。2012 年,加拿大神经学家团队创造了一个具备简单认知能力、有 250 万个模拟"神经元"的虚拟大脑,命名为"Spaun",并通过了最基本的智商测试。

2013 年以来,人工智能迎面赶上第三次信息化的浪潮。深度学习算法开始被广泛运用到产品开发中,从而在全世界范围内又掀起了一个人工智能的研究热潮。2016 年,Google 人工智能 AlphaGo 完胜围棋世界冠军李世石,让人工智能正式被世人所熟知,整个人工智能市场也像是被引燃了导火线,开始了新一轮爆发。与以往不同的是,这次的研究热潮同时伴随着人工智能商业化浪潮,实验室成果很快就进入工业界,并获得了政府领导的关注和重视,工业界甚至政府领导在这股人工智能的热潮中也站在了学术研究的前沿。

如 2016 年以来,美国总统奥巴马多次为人工智能站台,参与会议讨论并接受媒体采访,阐述对人工智能的认识并展望其未来对经济社会发展的影响。2016 年 5 月,美国白宫推动成立了机器学习与人工智能分委会(MLAI),专门负责跨部门协调人工智能的研究与发展工作,并就人工智能相关问题提出技术和政策建议,同时监督各行业、研究机构以及政府的人工智能技术研发。①同年,美国白宫科技政策办公室接连发布《为人工智能的未来做好准备》《国家人工智能研究和发展战略计划》和《人工智能、自动化与经济报告》3 份报告,这是在奥巴马政府的大力推动下研究编制而成,更凸显出人工智能在美国国家发展中的战略地位正不断提升。

近几年来,中国的人工智能也已发展成为国家战略。2015 年十二届全国人大三次会议上,李克强总理在政府工作报告中提出:"人工智能技术将为基于互联网和移动互联网等领域的创新应用提供核心基础。未来人工智能技术将进一步推动关联技术和新兴科技、新兴产业的深度融合,推动新一轮的信息技术革命,势必将成为我国经济结构转型升级的新支点。"②2015 年 7 月,"人工智能"被写入《国务院关于积极推进"互联网＋"行动的指导意见》。2016 年 3 月,"人工智能"被写入"十三五"规划纲要;2016 年 5 月,国家发展改革委员会等四部门联合下发《"互联网＋"人工智能三年行动实施方案》。2017 年 12

① 尹昊智,刘铁志.人工智能各国战略解读:美国人工智能报告解析[J].电信网技术,2017(2):52-57.
② 李克强作的政府工作报告(摘要)[N].人民日报,2015-03-06.

月,工信部出台的《促进新一代人工智能产业发展三年行动计划(2018—2020年)》,以信息技术与制造技术深度融合为主线,明确了未来三年产业发展的重点和目标,加快中国制造向中国智造转变。以上种种迹象表明,人工智能已然上升为国家战略,这也充分可以印证我国对人工智能的重视程度。

在信息化时代的第三个阶段,互联网无论从技术能力本身,还是应用的深度和广度均实现了从量变到质变的跨越,进入一个新的阶段。互联网的新阶段正是催生信息化 3.0 时代的核心因素和主要驱动力。该阶段呈现出三方面的新特征:一是互联网作为基础设施,计算和网络通信能力得到极大提升足够强设备和技术的成本迅速降低,云计算公用事业化,互联网范围从计算设备向万物互联进而人机物融合拓展。二是从应用视角,从个人/企业运用互联网的基数和能力两个方面看,互联网的人口渗透率已跨过临界值。三是大数据新思维和人工智能逐渐被广泛接受,开始影响社会经济生活的方方面面。

第二节　信息技术在学校教育中的应用

在信息技术的发展历史中,20 世纪 70 年代微型计算机的出现是一道分水岭,自此计算机开始进入大规模的普及阶段。因此,以微型计算机的出现为标志,可以将信息技术在教育中的应用大致划分为两大阶段[①]:一是研究试验阶段,自 20 世纪 50 年代到 70 年代,主要是在大型主机上探索计算机的教育应用;二是开发应用阶段,20 世纪 70 年代至今,微型计算机开始应用于教育。

一、信息技术在学校教育中的研究与试验

1950 年,美国麻省理工学院最先在教学中使用计算机,教师们利用一个计算机飞行模拟器来训练飞行员。1959 年,纽约城市小学最先在中小学使用计算机,利用一台 IBM650 计算机帮助小学生学习二进制运算。20 世纪 60 年代开始,国外(主要是美国)有许多研究机构在大型主机上开发了大量计算机应用系统,探索计算机在教学中的应用。其中最为著名的有 CAI、PLATO 以及 Logo。

1. CAI

1963 年,斯坦福大学的休伯斯(Patrick Suppes)与阿特金森(Richard

---

① 陈琦,刘儒德.信息技术教育应用[M].北京:人民邮电出版社,1997:14.

Atkinson)研究与开发了用于数学与阅读的 CAI,即计算机辅助教学程序。计算机辅助教学程序让学生参与计算机的教学活动中,计算机出示问题,学生做出反应,计算机会快速反馈结果。

休伯斯与阿特金森的 CAI 程序最初是为大型主机而开发的,但到目前为止,这些软件在微机中仍被广泛使用。20 多年来,人们一直在改进和测试这种程序。休伯斯与阿特金森的产品更被认为是操练与练习、个别辅导计算机软件的典范,出版这类软件的开发者们常常把它奉为圭臬。

2. PLATO 项目

1960 年,伊利诺斯大学的唐·贝泽(Don Bitzer)与他的专家团队开发了第一代自动教学操作的编程逻辑(Programmed Logic for Automatic Teaching Operations,PLATO)的教学系统。此后,PLATO 教学系统在开发人员的努力下,不断实现升级与完善。

1961 年,PLATO Ⅱ 开始运用分时(Time-Shared)教育系统,可同时供两个学习者使用。

1963—1966 年,PLATO Ⅲ 开始建立第一个基于计算机的在线教育社群,可以同时处理 20 个电脑终端,并配有一个被称为"辅导者"(Tutor)的课程编辑系统。

到 20 世纪 80 年代为止,开发人员先后为 PLATO 教学系统设计了包括 100 门学科、15000 个小时的课程单元。

PLATO 教学系统被公认为第一个专门的计算机辅助教学系统。在 PLATO 教学系统中,每个学习者可以自定步调学习个别化的课程,并有 PLATO"辅导者"(Tutor),提供即时的反馈。同时,PLATO 系统使用了大量当时最先进的计算机技术,可以追踪记录学习者与计算机交互结果,便于教师追踪和分析学习者的学习过程。此外,PLATO 系统还创建了第一个基于计算机的大型社区,可允许学习者和教师之间、甚至任何 PLATO 用户之间实现在线交流。因此,PLATO 教学系统在早期计算机教育工作者中享有广泛的声誉,即使在微机出现后,也有不少 PLATO 材料仍被移植到微机上继续使用。

3. Logo 项目

20 世纪 70 年代早期,麻省理工学院的西蒙·佩伯特(Seymour Papper)在大型主机上开发了一种称之为 Logo 的程序语言,鼓励学生通过计算机思考数学。在此基础上,佩伯特及其同事对计算机如何最好地用于教育提出了一套新的理论。在《大脑风暴》(Mind Storms)一书中,佩伯特构想了计算机应用于教育的未来。佩伯特强调计算机环境的创造力,在计算机环境里,学生能把计算机作为一种思维工具,一种操纵信息和检验自己观点的工具。佩伯特的观点最初是在 20 世纪 70 年代提出,到了 20 世纪 90 年代初,这种观点对开发由学生控制的计算机学习环境的软件产生了重要影响。①

二、信息技术在学校教育中的开发与应用

20 世纪 70 年代以来,随着微型计算机的出现与广泛应用,信息技术在教育领域中开始进入开发应用阶段。在这一阶段,信息技术在教育中的应用大致经历了三个交叉的、跨越性的发展阶段:计算机辅助教学(Computer-assisted Instruction,CAI)——信息技术教育(Information Communication Technology Education, ICTE)——教育信息化(Educational Informatization,EI)(如图 2.3 所示)。

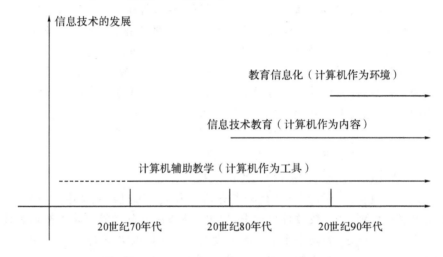

图 2.3　信息技术在教育中的应用演进图

1．CAI——计算机作为工具阶段

这一阶段自 20 世纪 70 年代开始。1977 年,斯蒂芬·乔布斯(Steve Jobs)与斯蒂芬·沃兹尼亚克(Steve Wozniak)引入了苹果电脑的完全组装版——Apple Ⅱ计算机。从此,教学中应用的计算机开始从大型机转向桌面电脑(即微型计算机)。微型计算机在教育中的普遍应用,推动了教育软件制

---

①　陈琦,刘儒德.信息技术教育应用[M].北京:人民邮电出版社,1997:16.

造商的出现。20 世纪 80 年代初,美国明尼苏达教育计算机联盟(The Minnesota Educational Computing Consortium,MCC)在国家自然科学基金的资助下,成为美国最大的微型机软件提供商,开始大量生产和提供课件,接着其他教育软件公司也相继出现。

与此同时,许多学校教师也深感教育软件的不足,主动参与了教育软件的设计,如,美国等许多发达国家在 20 世纪 80 年代初兴起了一股教师参与编写教育软件的高潮。当时,美国有许多中小学教师开始运用如 Pilot 以及 Superpilot 编写程序设计教育软件。[①] 但很快,教师编写教育软件的热情开始减退,因为,教师们发现编写有用的课件需要花费大量的时间与精力,同时,编写课件对专业的知识要求也较高。相反,他们发现购买套装的软件更加有效。除美国之外,法国、英国等国家也都在政府的支持下开始了小范围的在学校中应用计算机的试验。

这一阶段信息技术在教育中的应用主要是将计算机作为一种教学辅助工具,借助教学软件或课件协助教学开展教学,主要路径是继承了第一阶段在大型主机上进行计算机辅导教学程序的研究成果,将计算机辅助教学程序移植到微型计算机上,并进行开发利用。这一阶段的主要成果是开发了大量的 CAI 课件,利用计算机的快速运算、图形动画和仿真等功能辅助教师解决教学中的某些重点、难点,协助教师开展教学。因此,这一阶段计算机在教育领域中的应用模式基本上与教学机器如出一辙,主要是为了解决教与学过程中的"个别化问题",应用定位基本上是功能更为强大的教学机器。

2. ICTE——计算机作为内容阶段

这一阶段自 20 世纪 80 年代初期开始。由于计算机在社会中广泛使用,人们普遍认识到,在学校教育目标中,让学生掌握一定的计算机基本知识和技能必不可少。于是,各国中小学开始开设大量的计算机课程,最初大多用来教程序设计语言,后来改为信息技术课程,关注信息技术的应用。

计算机教育的构想最初来自于对计算机素养(后改为信息素养)的关注。1972 年,阿瑟·列尔曼(Arthur Luehrman)在美国波士顿教育大会上第一次面向中小学提出"计算机素养"。当时的计算机素养主要包括编程技能及诸如文字处理等其他计算机操作技能,其中计算机编程在计算机素养中占有重要

---

　　① Douglas H. Clements. Computers in early and primary education[M]. New Jersey: Prentice-Hall, Inc, 1985: 23

地位。① 但由于教育软件的限制与不足,刚开始的计算机教育主要是教 BASIC 程序语言,随后不久才出现了 Logo 语言。

1974 年,美国信息产业协会主席泽考斯基(Zurkowski,Paul G.)正式提出了信息素养(Information Literacy)的概念。信息素养的概念扩大了计算机素养的内涵,引导人们从单纯重视学习计算机的程序编程,到关注如何利用计算机等信息技术获取信息,并通过信息加工处理问题(包括教学和学习中遇到的问题)。因此,信息技术的提出使得编程和计算机历史等内容纷纷让位于文字处理、数据库和电子表格等应用软件教学,计算机开始慢慢贴近学生和教师的学习和生活。

美国是世界上最早开设计算机课程的国家。20 世纪 80 年代初期,美国就开始正式在中学开设计算机课程。到 20 世纪 80 年代末,美国基本上所有的中小学都开设了计算机教育课程。许多学校的计算机课程是以计算机的应用作为主要内容,例如教学生使用计算机来进行文字处理、电子报表生成、编辑组织数据库等,培养学生的应用能力和使用计算机来解决问题的意识。当然,也有许多学生学习各种程序设计语言,这些语言种类较多,常用的有BASIC、LOGO、PASCAL 等。②

为明确信息技术教育标准,提升学生的信息技术素养,1998 年,美国教育技术国际协会(the International Society for Technology in Education,ISTE)出版了面向学生的国家教育技术标准(National Educational Technology Standards,NETS)。面向学生的国家教育技术标准划分了六方面的技术能力:基本操作与概念;社会,道德与人性问题;技术绩效工具;技术交流工具;技术研究工具;技术问题解决与决策制定工具。这个分类为各个年级提供了与标准相匹配的行为指引框架,为美国中小学开展信息技术教育提供了标准指引。

2000 年,美国教育技术国际协会在面向学生的国家教育技术标准的基础上出版了面向教师的国家教育技术标准(National Educational Technology Standard for Teachers,NETS-T)。2002 年,美国教育技术国际协会又出版了面向学校管理者的教育技术标准(the Technology Standard for School Administrators,TSSA)。并且,美国教育技术国际协会的国家教育技术标准

---

① Douglas H. Clements. Computers in early and primary education[M]. New Jersey: Prentice-Hall, Inc, 1985: 24

② 黄德群.美国中小学教育技术应用研究[J].电化教育研究,2002(4):67-72.

还随着技术的不断发展而更新,除了体现标准的与时俱进之外,也规划了清晰明确的发展蓝图。[①] 美国教育技术国际协会先后出版的三个国家教育技术标准不仅为美国中小学开展信息技术教育提供了清晰的课程标准,同时也对教师和学校管理者提出了明确的专业要求,极大地推动了美国中小学信息技术的开展,值得世界各国借鉴。

2003 年 3 月,美国已经有 29 个州将教育技术国际协会的标准作为对学生的要求,有 30 个州将教育技术国际协会的标准作为对教师的要求(ISTE,2003)。在一些州,如亚拉巴马州与北卡罗来纳州,学生在毕业前必须通过一个计算机技能考试。在另一些州,如特拉华州、马里兰州、南卡罗莱纳州、田纳西州以及得克萨斯州,则要求学生通过一个技术课程(作为他们课程的一部分)(Burke,2001)。

英国也是较早开设信息技术课程的国家。1988 年,英国通过《教育改革法案》,制定了统一的国家信息技术课程标准,要求在中小学的"技术"(Technology)课程中增加"计算机和媒体技术"的内容。1994 年,英国修订的国家课程标准有了一系列明显的变化:原有只是作为技术课程一个组成部分的"计算机和媒体技术"内容,如今综合概括为信息技术课程,被放在突出的重要位置上。[②]

2000 年,英国再次修订国家信息技术课程标准,把信息技术(IT)课程改名为信息与通信(ICT)课程,并将 ICT 课程作为 5 到 16 岁中小学生的一门必修课,列为与核心课程同等重要的地位。在英国,所有完成义务教育的学生都必须取得合格的 ICT 课程学习成绩。英国《信息技术能力——2000 课程标准》(Information Technology Capability Curriculum 2000)(见表 2.1)将中小学信息技术课的内容分成五个大的部分:信息的交流与共享、信息查询技术、通过模拟环境,培养学生的和能力、通过控制设备培养学生的智能控制意识、发展性学习,每一部分针对学生的不同年龄段分别提出了不同的要求。英国《信息技术能力——2000 课程标准》作为指导英国中小学开展信息技术课程的教学大纲,对学校要开设哪些课程,在学生的不同年龄阶段应达到怎样的运用信息技术能力水平都作出了具体而明确的规定,极大地推动了中小学信息技术教育的开展。

---

① ［美］加里・G. 比特,简・M. 莱格西. 课堂中的技术应用［M］.余泰,刘娜,王其冰,译.北京:中国人民大学出版社,2011:4.

② 张舒予.英国英格兰教育改革与学校信息技术教育［J］.外国教育研究,2003(2):33-36.

表 2.1　英国信息技术能力——2000 课程标准[①]

组成部分	内容要求	水平1 学前班	水平2 二年级	水平3 四年级	水平4 六年级	水平5 初中或有特殊能力的小学生
		基本训练	早期使用	独立使用	扩展使用	发展能力
交流和共享信息	文字、图片、声音处理能力	配合图片或字表达一个意思	创建一段文字、一张图片或一段音乐,进行编辑、存储、调阅和打印	能够以想象的读者为对象进行信息的复合,能够在文件夹中存储、查找、调入与打印,使用电子邮件	为特殊的对象制作多媒体软件或站点信息。和世界上其他地区的人进行通信和交流	决定利用最好的通信方式向给定的对象传送信息,选择最合适的软件制作一个文本,显示对或WEB站点信息
查询信息	分析数据、检索 CD2ROM 盘、进行 IN2TERNET 检索	进行屏幕操作、浏览 CD2ROM 光盘、和成人一起浏览 WEB 站点	能够从大量资料中查找一个图片,在 CD-ROM 与 WEB 站点中进行导航操作	能够通过简单的操作,在数据库、CD2ROM 和 WEB 站点上进行信息检索	通过执行复杂的分析和搜索,在数据库、CD-ROM 和 WEB 站点上进行信息检索	创建一个新的数据库以回答一些问题。使用有效的方式以高效地在 CD2ROM 和 WEB 站点上检索信息
通过模拟环境,培养学生的意识和能力	进行真实的或想象的场所与事件模拟	利用一个简单的游戏或活动,通过鼠标器操作,使某些事件发生变化	利用一个简单的游戏,探索一个环境并发现有什么事件发生	使用一个复杂的游戏或模型,决定做什么,并观察所发生的事件。使用电子表格	寻找一些关系和规律。在计算机模拟过程中,通过改变变量或输出量了解因果关系。	使用电子表格分析一个计划、事件或现象。做一些假设,并测试它们以寻找最适合导致结果的条件

① 郭绍青,张筱兰,吴宏伟.关于英国的 ICT 教育与中国信息技术教育的比较研究[J].电化教育研究,2001(6):67-71.

续表

	水平 1	水平 2	水平 3	水平 4	水平 5
通过控制设备培养学生的智能控制意识	控制个别设备和观察物理变化	利用一些设备,通过设备上的按钮或开关,使某些事件发生变化(例如:录音机)	编制一个机器人的程序,使它按照希望的方式进行运动	编制一个机器人程序和控制屏幕上的物体使其按要求移动,如果有条件控制一台真正的设备。	使用自动化程序控制一个屏幕对象或一个真实的模型,观察最终结果。使用传感器检测物理变化。	创建更复杂的控制系统,仔细观察效果和反应
发展性学习	考虑 IT 在当今世界中的角色与作用	谈谈你自己如何使用信息技术	注意信息技术在其他地区和国家的应用	比较自己使用信息技术与外部世界的差异	比较使用信息技术的多种途径做同一件事情	分析使用信息技术在自己学习和未来的价值性

　　2013 年 2 月,英国教育部公布新的国家课程方案,将 ICT 课程改名为 Computing 课程,课程名称的改变体现出英国政府对于信息通信技术认识的进一步加深,课程重心由应用能力培养转向操作思维培养,并于 2014 年 9 月正式开始实施。英国的 Computing 课程的目的是通过在不同阶段开展与学生认知水平相适宜的教学,培养学生的计算思维和创造力,同时提高学生的信息素养,使学生能够通过 ICT 表达自己的想法,以适应未来工作,并成为数字社会的积极参与者。[①]

　　新一轮的英国信息技术课程变革将计算思维理论作为指导性理论,倡导学生像计算机专家一样的思维,并将计算思维作为新 Computing 课程的核心目标。在这个近乎全新的信息时代,教育信息化被赋予了新的含义,英国国家课程中 ICT 更名为 Computing,表现出新的国家课程将计算思维作为指导性理论,核心目标就是能让学生通过计算思维来理解和改变世界。[②]

　　综观上述,英国的信息技术课程经历了三个发展阶段,第一阶段是将信息技术作为技术课程的一个组成部分,尚未作为一门课程进行设置;第二阶段,随着信息技术逐渐受到重视,重要性日益凸显,英国政府将信息技术从技术课程中独立出来,作为一门单独的课程进行设置,并在信息技术中加入通信技

---

① 王浩,胡国勇.英国基础教育信息化研究:成效、问题及启示[J].外国中小学教育,2019(11):69-76.

② 王浩,胡国勇.英国基础教育信息化研究:成效、问题及启示[J].外国中小学教育,2019(11):69-76.

术,丰富了课程内容,实行以 ICT 为核心的国家课程;第三阶段,基于 ICT 课程在理念方面落后于时代发展,在实际教学实践中受到质疑,英国政府大刀阔斧地革新课程理念,转变课程培养方向,实行新的 Computing 国家课程。

欧洲其他国家也非常重视中小学信息技术教育课程。如,德国的信息技术教育主要安排在中学进行(初中和高中),既有专门的计算机课程,也在其他学科教学中融入信息技术的内容。[①] 信息技术教育课程的重点之一就是用数据库处理软件对信息进行处理和传播,主要的工具是计算机技术和信息学课程。信息技术教育的主要任务就是向学生传播各种工具使用的概念,要求学生学会信息和通信工具的使用,通过分析、关联,加深对信息学的结构和方法的理解,拓展已在使用的基础知识。

法国把信息技术教育作为学生技术课(Technology)教育的一个部分,分别在小学、初中和高中开设信息和通信技术(TIC)教育,这一技术是学生必须掌握的,是国家教育制度的目标之一。[②] 2000 年 6 月 20 日,法国新任教育部长雅克・让对新闻界宣布,设立面向全体学生的信息教育文凭,从 2003 年开始,所有的小学生在离开学校时都必须持有这张文凭。

法国的信息技术教育在各个学段均有不同要求,同时也十分注重信息技术在其他学科中的应用。[③] 如,在小学阶段,学生被要求逐步熟悉并学习使用计算机、各种多媒体产品,以及电子邮件和因特网。在初中的技术课上则开始培养学生的对信息技术的使用技能,并帮助他们获得合理使用这些工具的相关知识。而在高中阶段,信息技术教育则开始有计划地出现在各学科中,并注重引导学生对多种操作系统或同样运行状态下的各种软件进行比较,以期找出隐藏其中的普遍原则,使学生能面对并适应软件产品不断改进和更新的现状。

目前,世界上大多数国家,如加拿大、澳大利亚、爱尔兰、日本、韩国、新加坡等国,以及我国香港、台湾地区都开设了信息技术课程,培养学生正确选择、加工、处理信息的能力,以适应信息化社会的发展需求。

我国自 20 世纪 80 年代中后期开始在部分中小学试行计算机教育,重点

---

①　陶增乐,黄国兴,殷群,孙强. 欧洲三国信息技术教育分析与启示[J]. 全球教育展望,2001 (11):22-27.

②　陶增乐,黄国兴,殷群,孙强. 欧洲三国信息技术教育分析与启示[J]. 全球教育展望,2001 (11):22-27.

③　陶增乐,黄国兴,殷群,孙强. 欧洲三国信息技术教育分析与启示[J]. 全球教育展望,2001 (11):22-27.

是让学生学习计算机基础知识和编程技能。在这段时间内,我国中学计算机课程由无到有,并开展重点试验,几年间全国有数千所中小学相继配备计算机,开设选修课,或开展课外活动,编写教材,探索教学方法。[①] 20 世纪 90 年代开始,国家高度重视计算机教育,我国计算机教育进入快速发展时期。1996年,我国颁布《计算机教育五年发展纲要》,1997 年,我国颁布《中小学计算机课程指导纲要》(修订稿)。

1999 年,我国计算机教育更名为信息技术教育,课程的目标实现了从掌握计算机知识和技能到信息技术素养的转变。1999 年 11 月,教育部基础教育司发布了《关于加快中小学信息技术课程的指导意见(草案)》的修改意见通知,在草案中涉及加快中小学信息技术课程建设的重大意义、实施规划,中小学信息技术课程的基本任务、教学目标、课程内容、课时安排、教材编写原则、教学评价和组织实施,要求各省、自治区、直辖市教育委员会等对草案中的内容进行研究讨论,并将讨论后的意见上报教育部基础教育司。2000 年 10 月,我国教育部发布《关于在中小学普及信息技术教育的通知》,颁布《中小学信息技术课程指导纲要(试行)》,要求在中小学开展信息技术教育,培养学生的信息获取能力、信息分析能力、信息加工能力、信息创新能力、信息利用能力以及协作意识和信息交流能力,如表 2.2 所示。

表 2.2 我国中小学信息技术教育内容[②]

教学内容	小学阶段	初中阶段	高中阶段
计算机的基本知识	了解信息技术应用环境,建立对计算机的感性认识	初步了解计算机基本工作原理。	了解计算机基本工作原理及网络的基本知识
信息通信与交流	在他人帮助下获取网络信息,与他人沟通,开展直接或独立学习	在他人帮助下学会评价和识别电子信息来源的真实性、准确性和相关性	能够熟练地使用网上信息
资源利用	学会与他人合作,学会使用与年龄发展相符的多媒体资源进行学习	学会使用与学习和实际生活直接相关的工具和软件	学会获取、传输、处理、应用信息的基本方法

---

① 罗艳君.我国信息技术课程发展历程概述[J].中国教育技术装备,2009(9):21-22.

② 郭绍青,张筱兰,吴宏伟.关于英国的 ICT 教育与中国信息技术教育的比较研究[J].电化教育研究,2001(6):67-71.

续表

教学内容	小学阶段	初中阶段	高中阶段
综合运用		应用多媒体工具、相关设备和技术资源支持其他课程的学习	掌握运用信息技术学习其他课程的方法
软件制作			了解程序设计的基本思想。与他人合作，熟练运用信息技术，编辑、综合、制作和传播信息及创造性地制作多媒体作品
法律意识	知道应负责任地使用信息技术系统及软件	树立正确的知识产权意识，遵照法律和道德行为，负责任地使用信息技术	自觉按照法律和道德行为使用信息技术，进行与信息有关的活动
发展性能力	了解计算机在日常生活中的应用	了解信息技术的发展变化及其对工作和社会的影响	较深入地了解信息技术的发展变化及其对工作、社会的影响

在教育部的推动下，我国各地开始大力推进信息技术教育。据统计，到2003年，全国将信息技术列为必修课的高中学校比例已达到92.15%；全国大中城市的初中将信息技术列为必修课的开课率达到65.32%；全国独立建制的小学将信息技术列为必修课开课率达到10.33%（主要集中在大中城市）。①到2004年，全国中小学开设信息技术课程的比例进一步提高，全国普通高中基本普及信息技术必修课，大中城市初中也基本普及了信息技术必修课。全国小学普及信息技术课的比例尽管不高，但有部分城市和地区开始探索从小学一年级开设信息技术课，并拓展信息技术课的教育形式。

截至2006年底，普通高中开设信息技术课程的比例达100%，初中开设信息技术课程的比例达90%以上，小学开设信息技术课程的比例在20%左右。每年有1亿多中小学生接受信息技术教育，信息技术必修课已经成为全国中小学生信息素养提高的主要渠道。②

2012年，中国教育技术协会信息技术教育专业委员会颁布了《基础教育信息技术课程标准(2012)版》，对信息技术课程的教学目标、教学内容、教材编

① 祝智庭.中国基础教育信息化进展报告[J].电化教育研究,2003(9):6-12.
② 张敬涛.我国基础教育信息化的现状与未来发展策略[J].电化教育研究,2009(1):5-8.

写建议、教学建议和教并且对信息技术教师基本能力和专业发展提出了更为具体要求,表明我国信息技术课程发展正趋于一体化。

在《基础教育信息技术课程标准(2012)版》中,小学和初中基础模块的专题有硬件与系统管理、信息与加工表达和网络与信息交流,进一步突出对学生信息素养的培养。每个专题由若干单元组成,如,"硬件与系统管理"专题包括硬件与数码设备、计算机软件、信息安全三个单元,"信息与加工表达"专题包括文本、表格、图片、声音、动画、视频、综合七个单元,"网络与信息交流"专题包括信息网络、信息获取、信息交流三个单元。[①] 基础模块的专题和单元结构如表2.3所示。

表 2.3　基础教育信息技术课程标准专题及单元内容

硬件与系统管理	信息与加工表达		网络与信息交流
硬件与数码设备	文本	表格	信息网络
计算机软件	图片	声音	信息获取
信息安全	动画	视频	信息交流
	综合		

综观上述,在这一阶段,由于对计算机素养(后改为信息素养)的关注,世界各国普遍将计算机作为一种教育的内容,把学习计算机本身的内容和程序设计语言作为信息社会的第二文化。其主要的路径表现为世界上许多国家的中小学校将计算机作为教育的内容,纷纷开设了计算机课程(或信息技术课程)。

3. EI——计算机作为环境阶段

这一阶段自20世纪90年代开始。随着互联网技术的出现与发展,世界各国政府进一步认识到了信息技术的巨大教育潜能,并进一步加大了对信息技术的投资力度。与此同时,信息技术在学校教育中的应用也开始跨越作为工具、作为内容的阶段,逐步被视为重构一种新的教育环境的重要组成部分,成为教育改革的一个新的制高点,受到了世界各国政府前所未有的关注。信息技术开始进入从与学校教育的整合走向融合阶段。

---

① 段青.《基础教育信息技术课程标准(2012版)》义务教育阶段基础模块内容标准解读[J].中国电化教育,2012(10):28-32.

第三节　信息技术与学校教育的融合进程与现状

1993 年,美国率先启动了"信息高速公路"(Information Superhighway)建设,其中特别把信息技术在教育在中应用作为实施面向 21 世纪教育改革的重要途径,教育信息化概念由此产生。随后,世界各国也纷纷提出了建设"信息高速公路"的计划,并将信息高速公路延伸到教育领域,全球范围内的"教育信息化"建设大潮由此启幕。教育信息化的启动也标志着信息技术与学校教育整合与融合的正式开始。

一、信息技术与学校教育的融合进程

在信息技术与学校教育的整合与融合进程中,美国"首开风气"。1996年,美国总统克林顿和副总统戈尔宣告了信息技术素养的挑战,预言 21 世纪所有孩子将从使用教育技术中获益。同年 6 月,美国政府公布了第一个国家教育技术计划——《让美国学生为 21 世纪作好准备:迎接技术素养的挑战》(*Getting America's Students Ready for the 21st Century: Meeting the Technology Literacy Challenge*),提出了美国政府发展教育技术的四大目标:[1]每一间教室与每所学校都和互联网连接(connections)、每所学校都有合适的用于教学的硬件(hardware)、有适合的内容供教师整合进他们的课程(content)、教师具备将技术整合进课程的必要技能(professional development)。该计划提出连通性、硬件、软件和专业发展是技术应用于学校教育并提高教育质量的"四大支柱"。

从 20 世纪 90 年代中期开始,美国政府在"四大支柱"上投入了巨大的财力与精力,如从学校信息技术基础设施建设来看,成绩显著。如,在学校的连通性方面[2],1994 年,只有 35％的学校联上因特网,到 2003 年秋,几乎所有的公立学校都联上了因特网。1994 年,只有 3％的公立学校教室联上因特网,而到 2003 年,93％的公立学校教室联上因特网。1996 年,74％的联网公立学校使用的是拨号上网,2001 年,5％的学校使用拨号上网,55％的公立学校使用宽带上网,2003 年,联网公立学校中有 95％使用款待上网。在硬件和软件建

①　何克抗,吴娟.信息技术与课程整合[M].北京:高等教育出版社,2007:19.
②　张俐蓉.信息技术与学校教关系的反思与重构[M].北京:教育科学出版社,2007:22.

设方面,1998年,公立学校中学生与联网计算机之比为12.1∶1,2003年,降为4.4∶1;2003年,88%的联网公立学校拥有网站,其中73%的学校至少每个月更新一次网站内容。

除了在连通性、硬件和软件方面加强建设之外,美国政府为推进信息技术在学校中的应用,在教师专业发展方面也推出了一系列的新举措。克林顿总统在1997年的国情咨文中要求10万教师经过培训和考试,能够拿到国家教师证书,能够像使用黑板和粉笔那样轻松自如地使用现代教育技术。总统科技顾问委员会组织的一个教育技术专家组在1997年的一个专门报告中建议:应该重视师资培养,使教师们懂得如何在教学中有效地使用技术;保障教育技术的实际投资,至少将全国每年教育开支的5%(约130亿美元)用于教育技术,并建议将其中的30%(约40亿美元)用于教师培训。[①] 此外,美国为了加强教师职前信息技术教育,启动了"培养明天的教师使用技术"(PreParing Tomorrow's Teachers to Use Technology)系统工程。该工程指出,培养精通技术的教育者以满足21世纪学习者的需要是当前全美国教师职前培养机构面临的挑战。21世纪以来,美国政府开始将教育信息化工作的重心从注重信息技术的基础设施建设转向重视教师的信息技术技能提高。

国家在信息技术基础设备建设和教师专业培训方面的投入开始让中小学校从功能强大的技术应用中受益。因此,为进一步推进信息技术与学校教育的整合,2000年,美国教育部颁布了第二个国家教育技术计划——《电子化学习:将世界级的教育置于儿童的指尖》(E-learning: Putting a World-Class Education at the Fingertips of All Children)的报告,提出了美国五个新的"国家教育技术目标":[②]所有的学生和教师都能在教室、学校、社区以及家庭中使用信息技术、所有的教师都能够有效地运用技术帮助学生达到较高的学业标准、所有的学生都要具备信息技术方面的知识与技能、通过研究与评估促进新一代技术在教与学中的应用、通过数字化内容和网络的应用改革教与学,进一步推进教育信息化的发展。美国第二个国家教育技术计划将信息技术应用的重点转向信息技术的使用能力以及数字化内容的建设,支持和鼓励学生在教室、学校、社区及家庭中随时随地应用信息技术。在第二个国家教育技术计划的推动下,美国教育技术国际协会(ISTE)相继出版了面向学生的国家教育技术标准(1998)、面向教师的国家教育技术标准(2000)、面向学校管理者的

---

① 张俐蓉.信息技术与学校教关系的反思与重构[M].北京:教育科学出版社,2007:23.

② 何克抗,吴娟.信息技术与课程整合[M].北京:高等教育出版社,2007:19.

教育技术标准(2002),分别对学生、教师、管理者的教育技术运用能力提出要求,并加强数字化内容的建设与应用。

2005年,美国教育部发布第三个国家教育技术计划——《迈向美国教育的黄金时代:互联网、法律和美国当代学生变革展望》(2004年版),该计划在充分肯定教育信息化建设所取得的成绩的同时,也指出了目前信息技术与学校教育整合中存在的问题:实际上,每个公立学校都已连入因特网,但许多学校仍然按照原先的方式进行教学;许多计算机在学习过程中不被作为中心部分而是被闲置在机房里。[①] 为进一步扩大信息技术的应用趋势,第三个国家教育技术计划提出了今后美国国家教育技术的七个主要行动步骤和建议,主要集中在加强对改革的领导、改进教师培训、支持E-learning和虚拟学校、鼓励使用宽带网、迈向数字化内容以及数据整合系统等方面,进一步推进信息技术在教育中的应用。该计划体现了"以学生的学习和发展为中心"的理念,开始关注信息技术支持下学生学习方式的变化,试图通过教师、管理人员、父母和学生的努力带领系统的变化,用技术点燃学习的火焰,使今天的学生成为主动学习者,参与到未来教育的自主决策中,并为21世纪的全球化社会做准备。

2010年,为实现奥巴马政府在其工作报告中提出的教育目标,全面变革美国教育,美国教育部发布了第四个国家教育技术计划——《变革美国教育:技术推动的学习》。该计划提出了一个技术推动的21世纪学习模式,并围绕学习、评价、教学、基础设施、生产力五个方面,提出了主要发展目标和建议。[②]虽然美国第四个国家教育技术计划依然强调基础设施建设,但关注的重点已转移到教学质量和效果上,更强调通过信息技术在学习、教学和评估系统的应用来提高学生的学习效果,从而引领学校进入科技新时代。其中,"技术推动的21世纪学习模式"的提出被称为《变革美国教育:技术推动的学习》计划的一大亮点。该计划从全球化、网络化、终身学习导致的个性化学习出发,从学习者角度对未来五年美国教育技术的工作重心和教育改革进行了深入探讨。《变革美国教育:技术推动的学习》计划所涉及的五个层面,目标明确,行动具体,有利于教育技术计划的有效实施,将引领美国中小学信息技术与学校教育的整合进一步深入推进。

虽然在五年的时间中,美国教育行业在"国家教育技术计划"的引领下取

---

① 黎加厚,赵英芳,潘洪涛.美国国家教育技术计划——迈向美国教育的黄金时代[J].中国电化教育,2005(4):76-81.

② 张育桂,舍燕云.2010年美国国家教育技术计划及启示[J].远程教育杂志,2010(4):47-50.

得了丰硕的成果,但依然存在包括数字鸿沟、技术相关的教师培训、技术支持下的非认知能力评价以及学生数据安全和隐私保护等诸多方面的问题亟待解决,技术与教育的深度融合尚未实现。[1] 为此,2015 年 12 月 10 日,美国教育部教育技术办公室发布了第五个国家教育技术计划——《为未来做准备的学习——重塑技术在教育中的作用》,该计划将学习作为核心,重新思考技术在教育中的作用,旨在为学校领导、教师、学习者及其家长、研究者、政策制定者和技术开发者等相关人员的行动提供纲领性的指导,为实现真正意义上的技术支持下的教育变革而努力。《为未来做准备的学习——重塑技术在教育中的作用》包括的五大部分中,学习是核心,其他四个部分都是围绕学习的。其中,基础设施是其他部分顺利运转的基础,领导力属于顶层设计,教学负责把顶层设计的愿景付诸实践,评价负责对其余四个部分的价值作出判断,并依据评价结果进行适当调整,最终目的是促使学生有效学习的发生,实现技术支持下真正意义上的教育变革。美国第五个国家教育技术计划明显受到奥巴马政府颁布的《每个学生都成功法案》(*Every Student Succeeds Act* 2015,简称ESSA)影响,将教育技术的推进聚焦于学生的学习成功,引导美国教育界"重思技术在教育中的角色"。在技术支持学习方面,该计划鼓励学生通过实践获得真实的学习经验(Authentic Learning Experiences),即基于现实问题进行高参与度的学习与实践,采取课堂学习、网络学习、混合学习、校外实习和工作实践等多种模式共同促进学习。[2]

除美国外,英国政府通过战略规划、机构设置、资金支持、项目立项、考核评估等一系列措施在基础教育信息化建设方面也取得了不菲的成绩。1995年,英国政府推出了题为《教育高速公路——前进之路》的行动计划,将 400 家教育机构首批联网,并为 23 个试验课题拨款 1200 万欧元。同年 10 月,首相布莱尔宣布了代号为"英国网络年"的五年计划,保证拨款 1.6 亿美元用于所有中小学(3.2 万所)的国际互联网联网工作。1998 年,英国政府又颁布了题为《我们信息时代》的政策宣言。该宣言指出,政府应改革教育,在教育中利用新技术,使得人们能够获得信息时代所必须的知识和技能,以及扩大信息受益面。

---

① 徐鹏,刘艳华,王以宁.准备未来学习,重塑技术角色——《2016 美国国家教育技术计划》解读及启示[J].电化教育研究,2016(8):120-128.

② 聂竹民,刘艳华,王以宁.准备未来学习,重塑技术角色——《2016 美国国家教育技术计划》解读及启示[J].电化教育研究,2016(8):120-128.

2003 年,英国国家教育与就业部颁布新行动计划"实现潜能:通过信息技术在学校的应用转变教与学"(Fulfiliing the Potential:Transforming Teaching and Learning Through ICT in School),明确提出,英国基础教育信息化新的工作方向与重点,从原来的关注基础设施、联网以及教师专业发展转向关注基于信息技术的教学和学校的整体发展。[①]

2004 年,英国教育与技能部颁布了《关于孩子和学习者的五年战略规划》,指出 ICT 是教育改革的核心,应涵盖早期教育、基础教育、特殊教育、高等教育、成人教育的各个阶段,以及学校领导、课程建设、教学活动、学校管理、评价和督导等各个环节,应该把学校、家庭、社区等各个环节都系统地融入教育体系中。[②]

2005 年,英国教育与技能部充分调查了本国教育信息化所取得的成果及存在的不足,颁布《利用技术:改变学习及儿童服务》,在此基础上提出了指导信息化教育的五年政策信息化战略(e-Strategy),确定了 2006 年至 2020 年英国信息化教育的整体目标、改革所涉及的范围、信息技术能实现的内容,以及在实践中应该优先开展的活动等,并明确了以六大优先行动为核心的未来任务:连通公共在线信息频道和机构外部网以提供个性化的支持、为儿童和学习者提供整合式的在线个人支持系统、发展通向个性化学习活动的合作方法、为实践者提供高质量的信息技术培训和支持包、为提高组织的信息技术能力,培养领导者和提供培训发展包、建设支持转变和改革的通用数字基础设施,并同时制定了后期的评价方法。[③]

2008 年 7 月,英国教育传播与技术署又颁布新的《利用技术:新一代学习(2008—2014 年)》信息化战略,确立了下一阶段的核心战略目标:(1)利用技术提供差异化的课程和学习经历,帮助满足儿童和青少年的不同需求和喜好,为学生学习提供更多的灵活性与选择;(2)为学习者提供可定制的、包括形成性评价和终结性评价在内的响应性评价;(3)促进全体学习者、包括学习困难者学习能力及经验的发展提高;(4)增强家庭、学校和学生间的联系,特别是通过信息系统和工具提高家长的教育参与。[④]

---

①　何克抗,吴娟.信息技术与课程整合[M].北京:高等教育出版社,2007:22.

②　Department for Education and skills. Five Year Strategy for Children and Learners:putting people at the heart of public services[R]. Norwich:TSO (The Stationery Office),2004.

③　何克抗,吴娟.信息技术与课程整合[M].北京:高等教育出版社,2007:22.

④　马元丽,费龙.利用技术促进新一代学习——英国基础教育信息化策略的新发展[J].中国远程教育,2009(12):70-74.

2016 年 3 月,在前一轮信息化战略结束后,英国教育部发布《教育部 2015—2020 战略规划:世界级教育与保健》,制定了未来五年的教育发展战略与规划,提出要大力推进 STEM 课程的开设率,提升相关课程的质量。[①]

日本政府也高度关注教育信息化战略。1990 年,日本文部省提出一项九年行动计划,拟为全部学校配备多媒体硬件和软件,训练教师在教学中使用多媒体,支持先进技术的教育应用。1994 年,日本文部省启动了百校联网工程。1999 年 12 月,日本政府又颁布了"新千年计划",该计划是日本国家、社会信息化的整体规划,对教育信息化制定了相关的政策,并明确提出了新千年的教育信息化目标:到 2001 年,所有公立小学、中学、高中学校连接互联网,所有公立学校教师都能够有效利用计算机;到 2005 年,所有学校连接互联网,在所有学年的课程教学中,教师和学生都能够有效利用计算机。[②]

2000 年,日本政府内阁设置了"IT 战略本部",加快推进 21 世纪日本信息化的发展进程。日本政府在新颁布的《形成高度信息通信网络社会基本法》中正式提出了"IT 立国"的国家战略,为日本信息化的发展提供了法律依据。此外,日本还实施了《信息技术基本法》,该法案制定了国家教育信息化二阶段战略规划。2001 年是实行国家教育信息化战略规划的第一阶段,日本政府制定了"数字化日本战略",即"e-Japan"战略。通过这一战略,日本希望在 2005 年建设成为世界上最先进的信息技术国家,完成信息化设施基本建设。[③] 2004 年日本政府公布了新的信息化发展战略——"u-Japan"战略。该战略希望通过泛在网络,在日本国内形成一个信息网络无所不在的社会,使得所有人都可以随时随地上网,不再受时间空间的束缚。[④]

2005 年 12 月,日本文部科学省发表"面向 e-Japan 战略目标的实现——教育信息化推进行动计划",进一步推动中小学教育信息化,保证 e-Japan 战略目标的实现。同年,日本 IT 战略总部制定了 2006 年以后日本信息化建设的新战略——《后 2005 年代 IT 战略行动计划》。该计划在五个领域对 2006 年后日本教育信息化提出了具体措施和建议,包括:(1)进一步推进中小学教育信息化;(2)加强人与人的交流,促进终身学习;(3)在发达的信息社会中建

①　Department for Education. DfE strategy 2015-2020:word-class education and care[DB/OL]. https://www.gov.uk/government/publications/dfe-strategy-2015-to-2020-world-class-education-and-care,2016-05-09.

②　何克抗,吴娟.信息技术与课程整合[M].北京:高等教育出版社,2007:23.

③　魏先龙,王运武.日本教育信息化发展战略概览及启示[J].中国电化教育,2013(9):28-38.

④　魏先龙,王运武.日本教育信息化发展战略概览及启示[J].中国电化教育,2013(9):28-38.

立合理的大学结构；(4)以信息技术推动艺术和体育的传播与交流；(5)加强信息伦理道德教育。①

2009 年，日本 IT 战略本部又出台"i-Japan"战略。该战略描述了 2015 年将会实现的日本数字化社会蓝图，阐述了实现数字化社会的战略。② 2010 年，日本政府启动"未来校园"项目。"未来学校"项目旨在于 2015 年前，利用平板电脑为所有 6～15 岁的在校生提供电子化图书，并于 2020 年前，完成全国范围的普及和应用。③ 同时，日本政府还发布了两份有关教育信息化发展的指导性文件，即《教育信息化展望大纲》和《教育信息化指南》。这两份文件的颁布把日本教育信息化发展推到了一个新的高度。

从日本在不同阶段教育信息化战略的变化来看，20 世纪 90 年代是日本教育信息化发展的加速时期，在这一时期，日本政府逐步深化了对学生信息化能力的培养，同时也对全国性的信息化建设提出了规划。进入 21 世纪后，日本政府相继提出"e-Japan""u-Japan"和"i-Japan"三大信息化发展战略，使日本教育信息化的发展有了质的飞跃。日本通过实施这三个重大国家信息化战略，信息化水平不断提高，信息化综合实力走在了世界信息化发展的前列，成为亚洲乃至全世界都不可小觑的一股强大势力。④

除此之外，新加坡、加拿大、澳大利亚、爱尔兰、印度、韩国、瑞典、荷兰等许多国家也都纷纷制定了教育信息化计划，推进国家的教育信息化进程。

我国的教育信息化建设自 20 世纪 90 年代开始启动。1999 年 1 月，国务院批转了教育部制定的《面向二十一世纪教育振兴行动计划》，决定投入 3.6 亿元进行教育信息化基础设施的建设和资源开发。1999 年 6 月，教育部召开"全国教育信息化工作座谈会"，对我国教育信息化建设进行了全面的部署，会议提出了全国教育信息化发展的十项重要工作，并宣布实施现代远程教育工程。在此进程中，2000 年 10 月 25 日召开的全国中小学信息技术教育工作会议被认为是我国基础教育信息化的一个里程碑。时任教育部部长陈至立在会议上提出"全面启动中小学'校校通'计划，为中小学普及信息技术教育、推动教育信息化建设奠定基础"的目标，计划用 5～10 年时间，使全国 90％左右的独立建制的中小学校能够与互联网或中国教育卫星宽带网联通，使中小学师

① 衷克定.中日韩三国教育信息化状况比较[J].中国电化教育,2007(12):34-40.
② 王喜文.日本:i-Japan 描绘国家信息化新战略[EB/OL].http://www.cww.net.cn/opera/html/2009/10/30/200910301239542619.htm,2009-10-30.
③ 张鹤.日本教育信息化概览[J].世界教育信息,2012(7):46-58.
④ 魏先龙,王运武.日本教育信息化发展战略概览及启示[J].中国电化教育,2013(9):28-38.

生都能共享网上教育资源,提高所有中小学的教育教学质量,使全体教师能普遍接受旨在提高实施素质教育水平和能力的继续教育。①

　　进入 21 世纪以来,在《教育信息化"十五"发展纲要》以及《2003—2007 年教育振兴行动计划》的推动下,全国教育信息化建设浪潮汹涌,取得了巨大的成绩,特别是在教育信息化的基础设施建设、信息资源建设、信息技术课程开设方面发展迅速,同时在基础教育信息化 ICT 应用方面以及基础教育信息化管理方面也取得了较大发展。截至 2009 年,我国中小学已有 8 万多所学校建立校园网,生机比达到了 16.7∶1,其中普通高中生机比为 8.5∶1。"农远工程"为中西部地区配置了教学光盘播放设备 44 万套,卫星教学接受设备 26.5 万套,计算机教室 4.1 万套,覆盖了中西部 36 万所农村中小学校与教学点。目前,我国绝大多数中小学(87.9%)拥有数字教学资源,37% 的学校建立了统一的教学资源管理平台,拥有自制资源的学校比例达 51%。此外,有 66.8% 的中小学开设了信息技术课程,课堂教学中采用信息技术的比例达到了 27%,同时,有 32% 的中小学开始使用信息系统支持校务管理。②

　　2010 年开始,我国教育信息化进入全面推进阶段。2010 年 7 月,国家发布《国家中长期教育改革和发展规划纲要》(2010—2020 年)指出③:"信息技术对教育发展具有革命性影响,必须予以高度重视。把教育信息化纳入国家信息化发展整体战略,超前部署教育信息网络。到 2020 年,基本建成覆盖城乡各级各类学校的教育信息化体系,促进教育内容、教学手段和方法现代化。充分利用优质资源和先进技术,创新运行机制和管理模式,整合现有资源,构建先进、高效、实用的数字化教育基础设施。加快终端设施普及,推进数字化校园建设,实现多种方式接入互联网。重点加强农村学校信息基础建设,缩小城乡数字化差距。加快中国教育和科研计算机网、中国教育卫星宽带传输网升级换代。制定教育信息化基本标准,促进信息系统互联互通。加强优质教育资源开发与应用。强化信息技术应用。"

　　2012 年 3 月,教育部正式发布《教育信息化十年发展规划(2011—2020 年)》(教技〔2012〕5 号)(以下简称《规划》),从国家层面对今后十年教育信息化工作进行了整体设计和全面部署,为下一阶段教育信息化发展提供了行动

---

①　祝智庭. 中国教育信息化十年[J]. 中国电化教育,2011(1):20-25.

②　鲁昕. 全面推进教育信息化建设,建立和完善全国教育系统信息化管理和公共服务体系[J]. 中国教育信息化,2009(7):41-45.

③　中华人民共和国教育部门户网站. 国家中长期教育改革和发展规划纲要[EB/OL]. http://old. moe. gov. cn/publicfiles/business/htmlfiles/moe/info_list/201407/xxgk_171904. html

纲领。①《规划》提出,我国教育信息化总体发展目标是:到 2020 年,全面完成《国家中长期教育改革和发展规划纲要》所提出的教育信息化目标任务,形成与国家教育现代化发展目标相适应的教育信息化体系,基本建成人人可享有优质教育资源的信息化学习环境,基本形成学习型社会的信息化支撑服务体系,基本实现所有地区和各级各类学校宽带网络的全面覆盖,教育管理信息化水平显著提高,信息技术与教育融合发展的水平显著提升。教育信息化整体上接近国际先进水平,对教育改革和发展的支撑与引领作用充分显现。

2015 年,在第二次全国教育信息化工作电视电话会议中,中共中央政治局委员、国务院副总理刘延东指出,我国的"三通两平台"工程建设取得了突破性进展,2015 年,全国中小学互联网接入率达 85%,多媒体教室拥有率达77%,37.1% 的学校已实现全部应用数字教育资源开展课堂教学。② 2016 年,教育部根据第二次全国教育信息化工作电视电话会议的工作部署,研究制定了《教育信息化"十三五"规划》,提出到 2020 年,基本建成"人人皆学、处处能学、时时可学"、与国家教育现代化发展目标相适应的教育信息化体系;基本实现教育信息化对学生全面发展的促进作用、对深化教育领域综合改革的支撑作用和对教育创新发展、均衡发展、优质发展的提升作用;基本形成具有国际先进水平、信息技术与教育融合创新发展的中国特色教育信息化发展路子。③

2017 年 10 月,党的十九大报告指出:"中国特色社会主义进入了新时代",并提出要"办好网络教育"。这是党的全国代表大会报告首次对教育信息化作出部署和安排,也标志着我国的教育信息化全面进入了"新时代"。2018年 4 月 13 日,教育部印发了《教育信息化 2.0 行动计划》(以下简称《计划》)。《计划》是因应党中央对教育发展提出的新要求,推进新时代教育信息化新发展,写好教育信息化"奋进之笔"的具体举措,《计划》的出台推开了中国"教育信息化 2.0 时代"的大门。

"教育信息化 2.0 时代"是相对改革开放迄今 40 年来我国教育信息化的发展路径特征而言的。前 40 年,中国教育信息化发展的特征,总的来说可以归结为"基础建设＋设备配套＋应用探索",从国际经验来看,这是发展教育信

---

① 中华人民共和国教育部门户网站. 国家中长期教育改革和发展规划纲要[EB/OL]. http://old. moe. gov. cn/publicfiles/business/htmlfiles/moe/s5889/201204/134096. html

② 中央政府门户网站.刘延东:以教育信息化全面推动教育现代化[EB/OL]. http://www.gov.cn/guowuyuan/2015-11/19/content_5014530. htm

③ 中华人民共和国教育部门户网站.教育信息化十三五规划[EB/OL]. http://www.gov.cn/gongbao/content/2016/content_5133005. htm

息化的必由之路,我们大致可以把这个阶段称为"教育信息化 1.0 时代"①。从"教育信息化 1.0 时代"走向"教育信息化 2.0 时代",不仅是一个提法上的改变,更是我国面对新时代教育发展的新要求,教育信息化在发展理念、建设方式上的一次跃升。相较以往各时、各类的教育信息化规划,"教育信息化2.0行动"更坚持应用驱动,更强调深度融合。

纵观上述,20 世纪 90 年代以来,全球范围内广泛开展的教育信息化建设实际上就是在"信息高速公路"建设的背景下,对计算机功能的一种重新认识与定位,即将计算机从一种教学的辅助工具、一种教育的内容上升到一种教育改革的基础手段,其最终目标就是要建立一种基于信息技术的教育,或称以计算机网络为基础的教育,即 WBI(Web-Based Instruction)。② 要建立这样一种以信息技术为基础的教育,关键就在于实现信息技术与教育的融合,使信息技术成为教育整体的一个有机部分,成为教育实施的环境所在。因此,20 世纪 90 年代以来,世界各国教育信息化建设的核心就在于信息技术与学校教育的深度融合。

从目前来看,20 世纪 90 年代以来世界各国通过巨额投资,在教育信息化的基础设施建设方面已取得了巨大的成绩,大幅提高了中小学计算机的配置比例以及互联网的接入率。目前,在世界主要发达国家,包括在中国,通过"三通两平台"建设,基本解决了教育信息化的基础支持条件建设和普及应用问题,信息技术与教育融合的技术支撑环境已基本具备。但与此对应的是,大量研究发现,在全球范围内,作为教育信息化的核心——信息技术与学校教育的融合仍远未实现。正如有专家指出,在目前我国教育信息化的实践中,更多的是技术对教育的"单向融合",而非技术与教育的"双向融合"③。

二、信息技术与学校教育的融合现状

近十年来,世界各国许多研究机构和政府部门运用各自编制的量表或问卷对学校中信息技术的应用开展了大量的调查研究,如,美国信息技术研究与组织中对教学、学习与计算机的调查(1998)、美国国家教育统计中心对教师在教学中运用计算机与互联网的调查(1999)、美国芝加哥学校研究会对芝加哥

① 任友群.走向新时代的中国教育信息化——《教育信息化 2.0 计划》解读之一[J].电化教育研究,2018(6):27-28.

② 宗秋荣.基于现代信息技术的教育改革与创新[J].教育研究,2001(5):41-45.

③ 任友群.走向新时代的中国教育信息化——《教育信息化 2.0 计划》解读之一[J].电化教育研究,2018(6):27-28.

公立学校使用计算机和网络的调查(2000)以及南佛罗里达大学的安·巴伦、凯特·克姆克等人对佛罗里达州一个大型学区全体教师技术整合状况的调查(2003)等。

1998 年,美国信息技术研究与组织中心(the Center for Research and Information Technology and Organizations)开展了一项名为教学、学习与计算机(Teaching,Learning and Computer,TLC)的研究(Becker,2001)。该调查采用一个 21 页的调查问卷,涉及美国 4000 多名 4~12 年级教师。该调查的样本学校中大约一半是"根据规模以及计算机技术的应用现状来确定,特别关注(over-sampling)那些大型学校及有较高计算机技术覆盖率的学校"(Becker,2001)。而另外一些学校被称之为"目标样本"(purposive samples),是来自于"高端技术学校"(High-End Technology)或"改革项目学校"(Reform Program)。每所样本学校根据教师运用技术以及实施小组项目的能力(强调高阶次的思考能力),抽取 3~5 位教师(小学 3 人,中学 5 人)。

研究的主要结论如图 2.4 所示[①]。该图是根据教师"经常使用计算机"(以每个学生每学年有 20 次以上的使用频率为标准)的百分比来确定。

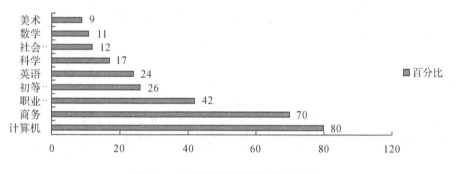

图 2.4 各学科运用计算机的百分比

根据以上数据,贝克(Becker,2001)认为,学生最有可能运用技术是在小学的自修课(self-contained elementary classes)或中学与技术相关的课程中,如计算机,商务或职业辅导等。"那些我们认为将在很大程度上受技术影响的学习领域涉及计算机技术的只是教学中很少一部分,如在初中的科学、社会研究、数学以及其他学科中,学生运用计算机获取信息、分析观点、并且演示与交

---

① Ann E. Barron, Kate Kemker, Christine Harmes, Kimberly Kalaydjian: Large-Scale Research Stdudy on Technology in K-12 Schools: Technology Integration as It Relates to the National Technology Standards [J]. Journal of TResearch on Technology in Education,2003,35(4):489-507.

流所理解的内容等情况并不常见。"(Becker,2001)

1999 年,美国国家教育统计中心(the National Center for Education Statistics,NCES)对教师在教学中使用计算机和互联网的情况开展调查(Smerdon,et al.,2000)。调查的样本由 2019 名美国全职教师组成——1016 名小学教师与 1003 名初中或综合学校教师。为保证样本的代表性,该调查先根据 1995—1996 年国家教育统计中心公立学校共同核心数据统计手册确定了 78697 所普通公立学校为样本库,再根据教学水平以及学校规模抽取 1000 所学校作为样本学校。这 1000 所学校被要求提供所有的常规教学教师名单,再根据样本的抽取率进行抽样,每所学校不少于 1 名教师,同时不多于 4 名教师,平均每所学校 2 名教师。最终,确定了 2019 名样本教师。

NCES 调查的结果显示[1],大约有半数的教师(他们都拥有计算机或在学校中能够上网),在一定程度上应用计算机或网络开展教学。根据教师的报告,计算机最普遍用于单词处理或制作电子表格(61%)与开展练习训练(50%)(Smerdon,et al.,2000)。其次是利用计算机开展网络研究与解决问题及分析数据,经常使用计算机开展网络研究的教师比例为 31%,经常使用计算机来解决问题的教师比例为 27%。而在计算机的其他应用方面,如运用计算机进行媒体制作,或运用计算机进行交流等,则相对比例更低。

2000 年,美国芝加哥学校研究会(the Consortium on Chicago School Research)为获取芝加哥公立学校在教学中使用计算机和网络的基础数据,开展了一项调查研究(Hart, Allensworth, Lauen & Gladden, 2002)。有 8572 名小学教师与 2642 名中学教师参与该调查,调查样本涉及 434 所学校,占芝加哥所有公立学校的 75%。同时,有 87732 名六年级至十年级的学生参与调查。

根据调查数据,研究者发现[2],"该地区在提供教师与学生充足的计算机与网络接入方面落后于美国其他地区"(Hart et al.,2002)。同时,他们也调查了教师运用技术相关的课程与项目情况,根据教师的报告,他们将教师技术整合的水平划分为以下五类:

---

[1] Ann E. Barron, Kate Kemker, Christine Harmes, Kimberly Kalaydjian: Large-Scale Research Stdudy on Technology in K-12 Schools: Technology Integration as It Relates to the National Technology Standards [J]. Journal of TResearch on Technology in Education, 2003, 35 (4): 489-507.

[2] Ann E. Barron, Kate Kemker, Christine Harmes, Kimberly Kalaydjian: Large-Scale Research Study on Technology in K-12 Schools: Technology Integration as It Relates to the National Technology Standards [J]. Journal of Research on Technology in Education, 2003, 35 (4): 489-507.

高度整合(6%)——每周或每天安排基本的或适度的任务;每学期一到两次或每天安排更复杂的活动,如演示,电子邮件,计算机编程,以及网页制作。

整合(11%)——每周安排一到两次基本任务,每学期或每月安排一到两次适度的非基本任务,如分析或数据绘图,以及创建演示文稿;偶然安排应用技术进行演示或发送电子邮件。

适度整合(24%)——每学期或每月安排一到两次基本任务,通常每月一到两次也会安排适度的非基本任务,但不会安排更复杂的任务,如演示。

有限整合(31%)——安排低水平的任务,如单词处理,练习训练,以及每学期或每月安排一到两次基于网络的研究,不安排更复杂的任务。

没有整合(29%)——在教学中不使用技术。

2003 年,美国南弗罗里达大学的安·巴伦、凯特·克姆克等人(Ann E. Barron,Kate Kemker,Christine Harmes & Kimberly Kalaydjian,2003)对佛罗里达州一个大型学区(该学区有 113017 名学生,在美国 100 个最大的学区中排名 22 位)全体教师的技术整合状况进行了调查。[①] 结果发现,对于计算机与教学的整合,尽管在被调查的学校中国家教育技术学生标准(NETS)的部分要求已经实现,但是,标准的实现程度在学校及学科层面存在显著差异,很少有使用比例超过 50% 的学校,如图 2.5、2.6 所示。

根据美国国家教育技术标准(National Educational Technology Stardards,NETS),调查发现,小学、初中、高中教师在运用计算机作为学生的问题解决工具、交流工具、研究工具等方面均存在显著差异,如图 2.5 所示。调查发现,小学、初中、高中教师在运用计算机作为学生的问题解决工具方面存在统计上的显著差异。χ^2 独立检验显示,小学教师运用计算机作为学生的问题解决工具的比例是 29%,初中教师的比例是 23%,高中教师的比例是 20%。比值率(Odds ratios)显示,小学教师运用计算机作为问题解决或作出决定的工具的比例几乎是高中教师的两倍(1.68)。

同样,小学、初中、高中教师在运用计算机作为交流工具方面也存在统计学上的显著差异。χ^2 独立检验显示,小学教师运用计算机作为交流工具的比例是 59%,初中教师的比例是 54%,高中教师的比例是 48%。比值率(Odds ratios)显示,小学教师相比于高中教师更多地(1.56)运用计算机作为交流

① Ann E. Barron, Kate Kemker, Christine Harmes,Kimberly Kalaydjian: Large-Scale Research Study on Technology in K-12 Schools:Technology Integration as It Relates to the National Technology Standards [J]. Journal of Research on Technology in Education,2003, 35 (4): 489-507.

工具。

χ^2 独立检验也显示,小学、初中、高中教师在运用计算机作为研究工具方面存在统计学上的显著差异,小学教师运用计算机作为研究工具的比例是32%,初中教师的比例是34%,高中教师的比例是40%。

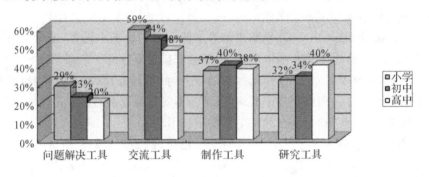

图 2.5　各学段计算机与教学的整合

安·巴伦、凯特·克姆克等人的研究发现,小学教师运用计算机作为问题解决或交流工具的比例几乎是高中教师的两倍。这一研究结论与贝克尔、拉维茨、黄(Becker,Ravitz & Wong,1999)的研究结果制作一致。他们的研究发现,"小学教师更容易在教学中经常性地使用计算机"。小学教师运用计算机作为问题解决或交流工具的比例要显著高于高中教师。这可能是由于小学教师通常在课表安排方面有更大的灵活性来整合创新性的策略。因此,需要额外的动力来鼓励高中教师运用技术开展交流以及解决问题的活动。

此外,安·巴伦、凯特·克姆克等人(Ann E. Barron, Kate Kemker, Christine Harmes & Kimberly Kalaydjian,2003)的调查研究也对技术运用的学科差异性进行了分析。他们发现,英语教师、数学教师、科学教师以及社会科教师在计算机与教学整合方面同样存在显著差异,如图 3.8 所示。学科差异维度的分析主要涉及初中与高中教师,小学教师不包括其中。

χ^2 独立检验显示,各学科教师在运用计算机作为研究工具方面存在显著差异。科学教师运用计算机作为研究工具的比例是 51%,社会科教师的比例是 44%,英语教师的比例是 30%,数学教师的比例是 24%。科学教师运用计算机作为研究工具的比例几乎是数学教师的 3 倍(3.33)以及英语教师的两倍(2.42)。社会科教师运用计算机作为研究工具的比例是数学教师的 2 倍以上(2.52)。

χ^2 独立检验显示,各学科教师在运用计算机作为问题解决及作出决定工具方面也存在统计学上的差异。科学教师运用计算机作为问题解决及作出决定工具的比例是28％，社会科教师的比例是23％，数学教师的比例是17％，英语教师的比例是10％。科学教师在教学中运用计算机作为问题解决工具的比例几乎是英语教师的3倍(3.42)，社会科教师在教学中运用计算机作为问题解决工具的比例几乎是英语教师的两倍之多(2.52)。此外，各学科教师在运用计算机作为制作工具或交流工具方面没有发现存在统计学上的显著差异。但是，研究也发现，在这些内容领域中，计算机在科学科中比其他学科使用得更多。

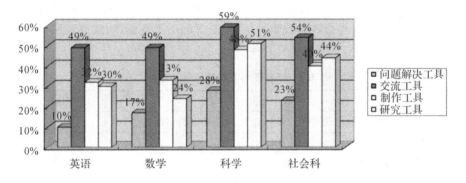

图2.6　各学科计算机与教学的整合

安·巴伦、凯特·克姆克等人等人的研究发现，科学教师更有可能运用计算机作为研究工具以及问题解决工具。英语教师在教学中技术整合与使用的四个方面（作为制作工具、作为交流工具、作为研究工具、作为问题解决与作出决定的工具）均没有表现出经常性的使用。这一研究结论与美国芝加哥学校研究会(2000)的研究结果相一致。美国芝加哥学校研究会的研究发现，数学教师相比教学系统其他教师更多地使用技术，而英语教师则相比教学系统其他教师更少地使用技术。

2005年，约翰·鲍尔与杰夫利·肯顿(John Bauer & Jeffre Kenton，2005)在美国南部某州的一个人口稠密的地区开展了一项调查，根据学校在开展基于计算机的学习方面所享有的声誉，在该区208所学校中抽取4所学校作为样本学校，并在这4所学校中确定30位技术熟练的教师（由学校推荐）作为调查对象，了解技术熟练教师的信息技术使用情况。结果发现：信息技术与调查学校的真正融合并未实现，即使那些懂技术的教师，他们既有技术，也有热情，但也只是偶然地使用技术。如表2.2所示，有80％的教师报告他们每周使用信息技术的时间少于50％，这表明，真正的融合并未发生。

表 2.2   30 位教师在教学中使用信息技术的时间百分比 ①

序号	指标	频数	百分比
1	少于 25%	12	40.0%
2	25%~50%	12	40.0%
3	51%~75%	4	13.3%
4	75%以上	2	6.7%
	总计	30	100.0%

2005 年,王珠珠等人的研究发现,目前,我国中小学教师主要运用信息技术进行信息检索或收集各种教学材料,主要目的用于备课,而较少运用信息技术开展教学,或组织学生开展研究性学习。如表 2.3 所示。

表 2.3   信息技术工具使用频率排序 ②

信息技术工具	比例
在互联网上检索各种电子教学资源(如图片、文字资料和课件等)	64%
教学时使用计算机演示文档(如 PowerPoint 等)	56%
自己制作各种用于教学的课件	47%
使用各种光盘(CD/VCD/DVD) 教学材料	45%
使用学校所提供的教学资源库来备课	37%
利用学校的网络教学系统进行教学	29%
利用 E-mail 和 BBS 与同事进行交流	28%
组织学生利用计算机和网络进行研究性学习	19%

并且,该研究发现,我国中小学教师在课堂中使用计算机的频率也不高,经常使用(包括每节课使用)计算机的教师不超过 20%,其中,每节课使用计算机的教师不超过 6%,信息技术并未实现与教育的真正融合。如表 2.4 所示。

---

① John Bauer,Jeffey Kenton: Toward Technology Integration in the Schools: Why It Isn't Happening [J]. Journal of Technology and Teacher Education,2005,13 (4): 519-546.

② 王珠珠,刘雍潜,黄荣怀,赵国栋,李龙. 中小学教育信息化建设与应用状况的调查报告(上) [J].中国电化教育,2005(10):25-32.

表 2.4　各学科中教师使用计算机的频率①

	每节课都使用	经常使用	偶尔使用	很少使用	从来不使用
语文	3％	17％	30％	20％	29％
历史	5％	12％	15％	15％	53％
地理	5％	12％	15％	16％	52％
英语	4％	14％	24％	19％	39％
数学	2％	15％	29％	19％	35％
物理	2％	11％	17％	15％	55％
化学	2％	11％	15％	14％	57％
美术	4％	11％	18％	16％	51％
音乐	6％	11％	17％	15％	52％

　　2007 年,林子雨、王陈立青研究了台北市 20 位中学教师在课堂中使用信息技术的情况。研究发现,32.42％的中学教师基本上没有使用技术,24.90％的中学教师很少或偶然使用技术,25.60％的中学教师适当使用技术,16.71％的教师能够综合地使用技术。② 见图 2.7。

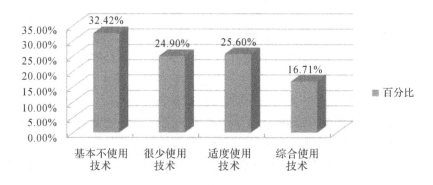

图 2.7　中学教师使用技术的频率

　　2004 年,英国 PwC(普华永道)团队提出了"学校电子成熟度(e-

　　①　王珠珠,刘雍潜,黄荣怀,赵国栋,李龙. 中小学教育信息化建设与应用状况的调查报告(上)[J]. 中国电化教育,2005(10):25-32.

　　②　Zi-Yi Lin,B. A. The Current State of Technology Integration in a Middle School of Taipei,Taiwan[A]. 章伟民. 全球视阈中的教育技术:应用创新[C]. 上海:华东师范大学出版社,2006:214-218.

Maturity)"框架,BECTA定义电子成熟度为:机构做出有效策略并使用信息技术来提高教育水平的能力[①]。PwC在做问卷调查时发现,学校通过回答问题进行自我评估比较主观,有些自我评价较高的学校,根据传统指标(如"生—机"比)来评价却没有很好的表现。鉴于此,PwC团队创建了一套评估学校电子融入程度更精确的评价指标体系,称为"电子成熟度",主要从学校的自我评估、传统指标评估、未来融入ICT的意愿等三个方面将学校的电子成熟度分为四个水平,分别为落伍(Late Adopters)、犹豫(Ambivalent)、热情(Enthusiastic)、熟练(e-Enabled)。[②] 根据BECTA2010年的数据,在2009—2010学年,尽管有42%的中学和32%的小学属于"熟练"水平,较过去两年均有一定提升。[③] 但仍有20%～30%左右的中小学尚处于技术使用的"落伍"与"犹豫"水平,仍有40%左右的中小学处于技术使用的"热情"阶段,还未达到"熟练"水平。

2014年,张屹、刘美娟等研究发现[④],虽然拥有电子邮箱的教师比例达到了77.87%,教师使用信息化工具辅助教学的程度为3.02(用1～5来表示程度),能够每学期参与信息化教研的教师比例为83.5%,但教师在信息技术环境下进行教学设计的能力、教师使用计算机备课的时间,得分为2.92、39.30%,处于较低的水平。此外,教师正确使用各种信息化教学设备,应对系统中常见错误的能力、使教学资源编辑软件用于多用途的教师比例得分分别为2.61、21.60%,这表明教师在信息技术的应用和融合方面仍有较大欠缺。

杨宗凯、杨浩、吴砥等研究发现[⑤],我国以往的教育信息化建设,虽然已经取得了很大的成绩,但总体上以架网络、买设备、配软件为主,对实际应用效果关注有限。总体而言,我国信息技术与教育的融合发展过程总体还处于初步应用整合阶段,尚未进入全面融合创新阶段。

贺保平(2019)观察也发现[⑥],随着国家对教育现代化的投入,农村学校实

---

① P. Micheuz. E-Maturity and School Development: When the Tail Wants to Wag the Dog[A]. A. Tatnall & A. Jones. Education and technology for a better world[C]. Brazil:9th IFIP TC 3 World Conference on Computers in Education, 2009.129-137.

② PricewaterhouseCoopers LLP. Moving Towards E-learning in Schools and FE Colleges: Models of Resource Planning at the Institutional Level[R]. Nottingham:DfES Publications,2004.

③ 马宁,周鹏琴,谢敏漪.英国基础教育信息化现状及启示[J].中国电化教育,2016(9):30-37.

④ 张屹,刘美娟,周平红,马静思.中小学教师信息技术应用能力的现状评估[J].中国电化教育,2014(8):2-7.

⑤ 杨宗凯,杨浩,吴砥.论信息技术与当代教育的深度融合[J].教育研究,2014(3):88-95.

⑥ 贺保平.农村学校信息技术应用现状浅析[J].文教资料,2019(6):150-151.

现了"班班通",安装了交互式电子白板。但在课堂教学中,仍以传统的教学手段为主,对信息技术应用不高,获取与加工信息的能力比较低,一些老师只把电子白板当作教学用具用来搜索教学资源或者当作屏幕代替板书进行演示,白板的一些功能没有得到有效利用,"交互"功能更是无从谈起。我们经常看到,一些教师只在公开课、示范课展示时才大量使用信息技术。部分教师因技术欠缺,对信息技术的使用时机、使用效益、使用数量、使用环节等都存在不足,信息技术与学科整合的技术比较弱。

以上研究均表明,到目前为止,无论在美国等发达国家,还是我国(包括港澳台地区),信息技术并未成为教育的一种基础性手段(每天或每节课使用),信息技术只是偶然在教育中应用(每月或每学期一到两次)。即便对于那些拥有较高计算机比例以及网络接入率的学校中技术熟练的教师而言,也并不会经常使用信息技术。并且,在多数情况下,信息技术只是被用于基础性、练习性的项目(如单词处理、电子表格等),而较少被用于研究性、创造性的项目(如问题解决、网页制作等)。

同时,相比于美国、英国、日本、韩国等发达国家,我国的信息技术与学校教育融合程度仍有较大差距。祝智庭承担的 2008 年中央教育科学研究所基本科研业务费专项资金课题"中国教育国际比较研究与数据库建设"项目在综合考虑了国情、文化、地区方面的因素的基础上,选择英国、美国、韩国、日本、印度、巴西 6 个国家与中国进行比较,经过数据的处理加工。祝智庭发现,这7 个国家在五个模型指标项中的总体状态以及优势倾向。目前,中国的整体教育信息化竞争力是比较令人担忧的,仅略比印度好些,还不如巴西,远远落后于英国、美国、韩国和日本。在融合成效方面,美国最好,韩国与日本相当,超过了英国,中国位居巴西之后。[①]

总而言之,有许多研究者发现,尽管信息技术在学校中的应用已经有几十年的时间,但信息技术与学校教育的融合仍远远落后于我们的预期。[②] 到目前为止,信息技术与教育的融合只是部分地实现,在部分与技术相关的学科,或部分基本功能的运用方面实现了融合。总体而言,信息技术在教育中的应用仍处于"利用"阶段,真正的"融合"并未发生。

---

① 祝智庭.中国信息化十年[J].中国电化教育,2011(1):20-25.

② Amy Staples, Marleen C. Pugach: Rethinking the Technology Integration Challenge: Case from Three Urban Elementary Schools[J]. Journal of Research on Technology in Education, 2005, 37 (3): 285-311.

第四节　结　语

许多研究者、科学家以及哲学家都认为,思想以及人造事物都像生命体一样不断进化着。信息技术虽然并非与生物完全一样,但也被认为是基本遵循着类似的进化过程,存在着一个不断演进的过程。这一演进的过程既是信息技术自身完善的需要,同时也是信息技术适应外部系统的需要。

从信息技术的自身演进来看,信息技术已经历了两次革命浪潮,分别是第一次信息革命浪潮(以电子计算机的发明为标志)与第二次信息革命浪潮(以信息高速公路的建设为标志)。目前,信息技术正进入第三次革命浪潮,即大数据和人工智能的建设时期。随着信息技术的不断演进,带来了一个完全不同于书本的世界——数字化的屏幕世界,在这个世界中,手提电脑、掌上电脑和互联网成了主角,书面文字的主流地位正在逐步消退,而大数据和人工智能的发展将进一步强化这一趋势。

与信息技术自身演进同时进行的是信息技术在教育领域的应用。信息技术自产生开始就不断尝试进入教育领域。从信息技术的教育应用来看,20世纪70年代微型计算机的出现是一道分水岭,以此为标志,可以将信息技术在教育中的应用分为两个阶段:一是研究试验阶段,自20世纪50年代到70年代,主要是在大型主机上探索计算机的应用;二是开发应用阶段,自20世纪70年代至今,微型计算机开始广泛应用于教育。

通过考察20世纪70年代以来信息技术在教育中的开发与应用阶段,我们发现,计算机在学校教育中的功能与地位在不断变化,从最初作为工具阶段,到作为内容阶段,进而作为环境阶段。与此相应,信息技术在学校教育中的应用大致经历了从计算机辅助教学——信息技术教育——教育信息化建设的三个阶段。目前,正在世界各国广泛推进的教育信息化建设正是信息技术的教育应用进入第三阶段的典型标志,其核心标志就在于信息技术与学校教育的融合。

从国内外有关信息技术与学校教育融合现状的相关研究来看,到目前为止,无论在欧美等发达国家,还是我国(包括港澳台地区),信息技术尚未在很大范围内成为学校教育的一种基础性手段(每天或每节课使用),信息技术只是偶然在教育中应用(每月或每学期一到两次)。总体而言,信息技术与学校教育的融合仍远远落后于我们的预期,信息技术与学校教育的真正"融合"并未大规模发生。

因此,在当前我国大力推进教育信息化的建设过程中,一方面,国家应继续加大资金投入,进一步提升我国教育信息化的基础设施建设;另一方面,教育研究者与实践者应牢牢把握信息技术与学校教育"融合"这一关键词。我们不但需要从应用层面来把握信息技术与学校教育的融合,更需要从理论层面来探讨信息技术与学校教育的融合,并从根本上回答信息技术与学校教育的融合是否可能发生? 融合如何发生? 基于此,从下一部分开始,本书将从以下两个方面来求解信息技术与学校教育的融合问题:一是从哲学观的视角来问答"信息技术能否与学校教育融合?";二是从过程论(技术教育化与教育技术化)的视角来回答"信息技术如何与学校教育融合?"以及"信息技术与学校教育的融合如何推动教育变革"?

第三章　信息技术与学校教育融合的理论思考

——基于哲学观的视角

　　作为一种技术,信息技术的本质属性表现为什么? 这种本质属性与学校教育的本质属性是否存在一致性或者说存在融合的切入点? 如果信息技术与学校教育存在融合的可能性,那么,这种融合的实质又是什么? 本章将试图从哲学观的视角来思考与探讨以上问题,对信息技术与学校教育的融合进行理论上的研究。

第一节　技术哲学的技术观

　　作为人类生存方式的技术与人类的历史同样久远。我们在前一章以手工技术体系、机器技术体系、信息技术体系来区分人类不同的文明阶段,既突出了技术之于人类生存的重要性,同时又突出了技术之于人类文明演进的重要作用。然而,人类对技术的有意识反思,并不是一开始就有的,而是在技术发展到特定的阶段才出现的。

　　在人类社会的早期阶段,技术是受鄙视的,因为技术往往是掌握在奴隶或劳动者的受中,并与体力劳动相连。在传统哲学看来,技术即无思,是一种知识贫乏的活动,无哲学研究之必要。① 但随着近代科学与技术的加速发展,技术在成为近代人追求和颂扬对象的同时,也开始显露其负面的效应。因此,对技术的反思与批判开始大量出现并得到进一步的发展,18世纪浪漫人文主义对技术进行了严厉的批判,开启了技术哲学的大门。

　　技术哲学正式成为哲学的一个分支的标志,一般公认是1877年德国学者 E.卡普的《技术哲学纲要》一书的问世。在其代表作中,卡普开宗明义地指

---

　　① 　单美贤.论教育场中的技术[M].北京:教育科学出版社,2011:25.

出：①本书的目的在于对出自人手的人工制品的产生和完善进行思考性的观察，同时把工具的产生和完善看做人的自然意识发展的首要条件加以阐述，并由此把对技术设备的详细分析与有关人类文化意义的思考结合起来。

在技术哲学的发展史上，德国的另两位哲学家也作出了重要的贡献，奠定了技术哲学的研究基石。一位是工程师、X 射线专家德韶尔（F. Dessauer，1881—1963），他先后发表《技术文化》（1907）、《技术的核心问题》（1945）和《关于技术的争论》等一系列技术哲学专著，其中闪现着技术乐观主义的态度。而另一位就是大名鼎鼎的德国哲学家海德格尔（M. Heidegger，1889—1976），他开创了对技术和技术社会进行哲学反思与文化批判的思想时代。如果说，从卡普到德韶尔的德国技术哲学有着明显的工程传统，主要涉及工程技术本身的性质、意义和发展规划，并对技术抱有理性主义和乐观主义的态度。那么，第一次世界大战之后，以海德格尔与雅斯贝尔斯维为代表的德国哲学家则更多地关注人的生存问题，具有明显的反理性主义和悲观主义的特色。

在技术哲学的讨论中，实际上一直围绕着两个最重大、最基本的问题：一是技术究竟是什么？或曰技术的本质问题；二是技术与人之间到底是怎样的关系？或曰技术与人的关系问题。

一、技术的本质与要素—技术的认识论视角

技术哲学作为哲学的一个分支，在发展的过程中如同其他哲学学说一样，歧见纷呈。但总体而言，根据不同的哲学观，西方的技术哲学大致可以划分为科学主义、人文主义、马克思主义三大流派。这三大流派分别从不同的哲学观对技术的本质特征进行了解读。

1. 科学主义的技术哲学——卡普、德韶尔的技术观

科学主义的技术哲学也即卡尔·米切姆所指的工程学的技术哲学。根据卡尔·米切姆的解释，工程学的技术哲学，"强调对技术本身的性质进行分析：它的概念、方法论程序、认知结构以及客观的表现形式。工程学的技术哲学开始使用占统治地位的技术术语解释更大范围的世界"②。

科学主义的技术哲学主要以德国哲学家 E.卡普与德韶尔为代表，在工业

①　[德]F.拉普.技术哲学导论[M].刘武,康荣平,吴明泰,译.沈阳:辽宁科学技术出版社,1986:4.

②　[美]卡尔·米切姆.技术哲学概论[M].殷登祥,曹南燕,译.天津:天津科学技术出版社,1999:39.

革命时期占据主要地位,他们普遍对技术抱有一种理性主义和乐观主义的态度。如卡普于 1877 年出版的《技术哲学纲要》一书中把技术看作是人类创造力的物质体现,把技术活动看作是人类"器官的投影"①。这种技术观显然带有十分浓厚的机械论色彩,具有鲜明的时代烙印。同大多数 19 世纪的学者一样,身处工业文明时代的卡普对技术的潜力持十分乐观的态度,他把技术视为文化、道德和知识的进步以及人类"自我拯救"的手段,这代表了工业文明时代普遍的技术价值观和历史观。而德韶尔也在其一系列的技术哲学专著中给技术的本质下了如下定义:"技术是通过对自然资源的有目的的造型和处理而从思想中引出的现实"②。从德韶尔对技术的理解以及定义中,我们也可以看到明显的工程学传统。

总体而言,以卡普与德韶尔为代表的"工程学的技术哲学"主要是从技术本身入手,关注技术本身的性质与意义,力图通过对技术的逻辑实证分析而达到对外部世界的解释,即从技术到外部世界。

2. 人文主义的技术哲学——海德格尔、雅斯贝尔斯与法兰克福学派的技术观

相比于科学主义的技术哲学,人文主义的技术哲学则"力求洞察技术的意义,即它与超技术事物:艺术和文学,伦理学与政治学,宗教,等等的关系。因此,它也力图增强对非技术事物的意识"③。人文主义的技术哲学主要从非技术的人文关怀入手,主要关注人在现代工业社会中的意义与命运,通过人文科学的解释方法实现对技术的理解和评判,即从外部世界到技术。人文主义的技术哲学的代表人物既有海德格尔、雅斯贝尔斯等人本主义哲学家,也有法兰克福学派的哲学家。

德国哲学家海德格尔及雅斯贝尔斯关注现代工业社会中人的意义与命运,他们关于技术的本质及技术与人的本性之间的关系的形而上学的批判使技术哲学达到了新的高度。而以霍克海默、阿尔多诺、马尔库塞、哈贝马斯等为代表的法兰克福学派则进一步将人本主义对技术的批判发扬光大。法兰克福学派把科学技术看做是发达工业社会或晚期资本主义社会的一种新的统治

---

① 桑新民.技术—教育—人的发展(上)——现代教育技术的哲学基础初探[J].电化教育研究,1999(2):3-7.

② 桑新民.技术—教育—人的发展(上)——现代教育技术的哲学基础初探[J].电化教育研究,1999(2):3-7.

③ [美]卡尔·米切姆.技术哲学概论[M].殷登祥,曹南燕,译.天津:天津科学技术出版社,1999:39.

形式和意识形态,并逐渐从早期对资本主义制度的批判转移到对科学技术本身的批判。

法兰克福学派从人本主义出发,要求重视人,关心人的作用,以人作为衡量一切的标准,把人的自由解放和自然实现当作最高目标,因而当代科学技术的消极作用也就成了他们对科学技术进行批判的焦点。[①] 以此为中心,法兰克福学派就技术与理性、科技与政治、科技与意识形态、科技与人类未来等方面的问题进行了深入的批判分析,为技术哲学的丰富与发展做出了重要的贡献。

3. 辩证唯物主义的技术哲学——马克思主义的技术观

马克思认为技术是人和自然的中介,他一方面把技术归结为劳动资料,另一方面又指出技术内涵中有理性因素。马克思指出:"各种经济时代的区别,不在于生产什么,而在于怎样生产,用什么劳动资料生产。"[②]马克思在此重点强调的是技术的本质,即"怎样生产"。在此基础上,马克思又借用黑格尔的话,强调了技术的理性因素,即"理性何等强大,就何等狡猾。理性的狡猾总是在于它的间接活动,这种间接活动让对象按照它们本身的性质互相影响,互相作用,它自己并不直接参与这个过程,而只是实现自己的目的"[③]。

马克思主义的技术观体现出的是一种辩证唯物主义的技术哲学。这种技术哲学不仅关注技术的物质因素,同时也关注技术的精神因素,并认为技术的物质因素与精神因素在生产劳动过程中实现了统一。在辩证唯物主义的技术哲学看来,技术的本质应该既包括客观要素,又包含主观要素。工具、设备或手段只是技术的外壳,并不是技术的全部。而技术的灵魂则是精神因素,或称为理性因素,它包括知识、理论、思想观念、方法和策略等因素。[④]

根据马克思主义的技术哲学观,我们对信息技术既不能盲目乐观,也不能一味悲观,而应以一种辩证唯物主义的观点来看待信息技术。从技术的本质而言,我们可以将信息技术理解为客观要素与主观要素的统一体,也就是马克思指出的物质要素和精神要素的统一体,包括物质技术和观念技术两大部分。信息技术中的物质技术指的是与信息技术相关的工具、设备或手段,如计算机及网络等硬件及相配套的软件;信息技术中的观念技术指的是与信息技术相

---

① 单美贤.论教育场中的技术[M].北京:教育科学出版社,2011:22.

② 马克思恩格斯全集(第23卷)[M].北京:人民教育出版社,1972:204.

③ 马克思恩格斯全集(第23卷)[M].北京:人民教育出版社,1972:203.

④ 李芒.关于教育技术的哲学思考[J].教育研究,1998(7):69-72.

关的各种观念、方法和相关的研究成果。

桑新民从另一视角,将不同的技术哲学流派对技术的理解归结为三个层次:①第一层次是从自然科学、工程学和经济学角度对技术的认识,以及在这一立足点上对技术社会作用的理解,这一层次的各种观点把技术看作人类改造自然的工具和物质手段。第二层次是从社会学和生态学角度对技术和"技术社会"的批判。这是对技术主导下急剧发展起来的西方工业文明及其"社会病"的反思与批判,其思想渊源来自空想社会主义。第三层次则是从文化哲学、哲学人类学角度对技术本质的透视。这种观点在本体论上把技术看作人的本质力量之公开展示,在价值论上把技术看作既可造福人类又可危害人类的"双刃剑",在未来观上既反对盲目乐观,又反对一味悲观,而主张用辩证思维指导下的认识论、实践论、历史观把握人与技术之内在矛盾和人类征服自然与服从自然的外在矛盾。第二种技术观的创始人正是马克思。

桑新民所划分的技术三个层次,分别与前文所述的技术哲学的三大流派对技术的本质特征的不同解读一一对应:第一层次从自然科学、工程学和经济学角度对技术的认识,对应的是科学主义的技术哲学,对技术持有一种普遍乐观的态度;第二层次从社会学和生态学角度对技术的批判,对应的是人本主义的技术哲学,对技术持有一种普遍的批判及悲观的态度;第三层次从文化哲学、哲学人类学角度对技术本质的透视,对应的是马克思主义的技术哲学,从辩证唯物主义的视角来全面把握技术的本质。第三层次的观点,即马克思主义的技术哲学观,在飞速发展的现代技术和纷繁复杂的技术社会中得到了检验,并从多学科、多层面、多角度获得了进一步的丰富和发展,成为目前了解技术本质的一种基本哲学立场。②

从马克思主义技术哲学观的视角来看,作为一个技术的范畴,信息技术在教育中的应用显然无法单靠物质技术(也即"死技术")来解决,必须借助技术结构中的观念技术(也即"活技术")。马克思在强调活技术的重要性时指出,"机器不在劳动过程中服务就没有用",因此"活劳动必须抓住这些东西,使它们由死复生"③。由此可见,"活技术"在信息技术使用中应占据主导地位。特别就教学领域而言,信息技术中的观念技术成分具有强烈的人类学习和教学

① 桑新民.技术—教育—人的发展(上)——现代教育技术的哲学基础初探[J].电化教育研究,1999(2):3-7.

② 桑新民.技术—教育—人的发展(上)——现代教育技术的哲学基础初探[J].电化教育研究,1999(2):3-7.

③ 马克思恩格斯全集(第23卷)[M].北京:人民教育出版社,1972:207.

的特征。因此,我们在运用现代信息技术的过程中,不但应注重物质技术的建设,注重信息技术的自身特点与内在规律,更应重视观念技术对信息技术有效使用的重要作用,了解信息技术的使用范围与限制因素。

二、人与技术的关系——技术哲学观的视角

哲学不是人站在世界之外来揭示世界的一般规律,而是把自己放在属于人的世界之中,追问人与世界关系的智慧之学。同理,技术哲学也不可能脱离人来反思技术,只能在人的技术世界中思索人与技术的复杂关系,并把这一关系作为自己的基本问题。如果把技术哲学理解为"关于技术的哲学"或"对技术的系统哲学反思",就是直接地以孤立的、抽象的"技术"存在作为对象而形成关于"技术"的观点。[①] 可以说,技术哲学的基本问题不是技术本身而是人与技术的关系问题。

马克思主义哲学认为,"全部人类的活动迄今都是劳动,也就是工业(技术)"。技术不仅展示了人对自然的能动关系,也是人类社会生活关系的形成、存在、发展的根本力量和度量尺度。因此,人与技术密不可分,技术作为人类的生产、生活方式,是人类实践活动的产物,又是人类实践活动的前提,它作为人类生存活动必须依存的对象而成为人类存在,即人的生活、生产过程的组成部分。

马克思主义哲学揭示了人与技术本质、天然的关系,而技术理性主义则进一步对人与技术关系进行了深入的论述。在技术理性主义看来,人与技术关系的关系大致可以划分为以下两种:一是"工具理性"的观点,从技术的视角来解释人与技术的关系,强调技术的力量;二是"价值理性"的观点,从人的视角来解释人与技术的关系,强调人的主体性。

"工具理性"的观点,强调技术的力量。法兰克福学派的创始人霍克海默在《理性之蚀》一书中写道,"工具理性"主要关心为实现那些被认为是理所当然的或自明的目的之手段的适用性,却不去关心目的本身是否合理的问题。"工具理性"强调手段及其与目的的可能的协调,它是一种只限于对工具而非目的领域的理性。[②] 在对人与技术的关系理解中,"工具理性"将技术视为实体性的手段和工具,将人与技术置于一种"目的—手段"关系中,进而认为技术是受人支配的,作为主体的人不会因使用不同技术而有所改变。如雅斯贝尔

---

　　① 单美贤.论教育场中的技术[M].北京:教育科学出版社,2011:25.
　　② 李芒.对教育技术"工具理性"的批判[J].教育研究,2008(5):56-61.

斯认为:"技术仅是一种手段,它本身并无善恶。一切取决于人从中造出些什么,它为什么目的而服务于人,人将其置于什么条件之下。"①

随着技术的发展,以及人对技术使用的以来,"目的—手段"关系已无法概括技术和人之间的关系。因此,从 20 世纪开始,"工具理性"的观点遭到越来越多的批评。许多人文主义学者认为,不能将人与技术的关系简单地归结为"目的—手段"这一范畴,技术不仅是一种手段,它反过来会对人的思维方式与社会文化产生巨大影响。如海德格尔就曾指出:"技术并非一种中性的手段,它负载着这样或者那样的'偏见',人们在不知不觉中受到技术的'统治'和束缚,人本身依赖技术体系,人与其说是利用技术,不如说是为技术所用,人本身成为技术体系的职员、附属、辅助,甚至是它的手段。"②

伊德在《技术与生活世界:从伊甸园到尘世》(1990)一书中对技术的这种反作用进行了深入的论述。伊德认为,技术是人与世界之间的一个中介(mediation),但在这种中介的关系中,技术并不是单纯地作为一种手段存在,其本身就参与到自然、现实和世界的构造中。也就是说,技术会对其使用者的思维造成潜移默化的影响,而这种影响是在中介过程中发生的。③

"价值理性"观点,强调人的主体性。"工具理性"的观点过度地夸大了技术的工具功能,忽视了技术对人的反作用,结果不仅导致技术使用过程中的唯工具论、盲目乱用、人与技术的关系不和谐等现象,也导致了人在技术使用过程中的"异化"。但严格地讲,"工具理性"只是"技术理性"的一个维度,是指满足于人的目的性的工具效用。④ "技术理性"另一个内在的维度则是"价值理性",它反对把技术仅仅当作"手段"和功利的"行动",而是将技术与人的生存直接相关,作为内在精神层面的维系人的生命存在的目的、人之所以安身立命的根据。因此,在看到"工具理性"的种种乱象后,人文主义的技术哲学家开始从"价值理性"(或目的理性)的视角来重新审视人与技术的关系。如,德索尔指出,任何一种技术客体的创造都必定包含人类的目的。⑤ 拉普也指出,任何

① [德]冈特·绍伊博尔德.海德格尔分析新时代的科技[M].宋祖良,译.北京:中国社会科学出版社,1993:11-12,17.

② [法]贝尔纳·斯蒂格勒.技术与时间:爱比米修斯的过失[M].裴程,译.南京:译林出版社,2000:30.

③ 宋新芳,刘成新.伊德技术哲学思想及其对教育技术研究的启示[J].现代教育技术,2005(6):14-17.

④ 李国俊,张信华.技术理性与现代性的文化嬗变[J].自然辩证法研究,2006,22(11):58-61.

⑤ 许良.技术哲学[M].上海:复旦大学出版社,2005:128.

技术的产生都必须以合规律性和合目的性的统一为前提。①

众所周知，人们在与技术打交道时，必定有一个"具有合理性的目的"在起作用，合理的目的决定了技术的使用，而非相反。因此，"目的理性"代表了人对技术的主动适应形式，关注的是如何使周围环境（技术）在文化上适应人自身的需要，而不仅仅是使人自身同技术相适应。借用哈贝马斯的解释，"目的理性"就是为了生活，我们想要什么，而不是根据可能获得的潜力得出我们能够怎样生活，我们想怎样生活。②

从哈贝马斯对"目的理性"的解释中可以发现，"目的理性"对"具有合理性目的"的追求必然是从人的自身需求出发，关注人想要什么，这与"价值理性"基于主体的内在需求，来确定和追求人生的目标、道德的境界和社会的理想是遥相呼应的。因此，"目的理性"与"价值理性"在本质上是相一致的，共同关注的是技术使用过程中人的内在目的或价值的实现。

从"目的理性"出发，哈贝马斯一针见血地指出，要克服在技术使用过程中的异化现象，"问题不是我们是否充分使用一种可以占有的，或者可以得到发展的潜力，而是我们是否选择我们愿意和能够用来满足我们的生存目的的那种潜力"③。戈菲也指出，每一个人不是在两种技术之间进行选择，而是在技术途径和其他途径之间进行选择，换句话说，拒绝技术是可能的。④

由此可见，"价值理性"与"目的理性"都是从人的价值与需求出发来思考人与技术的关系，强调的是人对技术选择的主动性，这意味着人们将不仅仅在两种技术之间选择最为有效的，而是更为彻底，人们将在所有解决方案中选择解决方案。因此，在技术使用过程中，"价值理性"与"目的理性"的着眼点不在于如何使用技术，而在于为什么使用技术，如何通过技术来更好地实现目标。也就是说，"价值理性"与"目的理性"关注的是在技术使用过程中人的主动性与创造性，关注的是作为主体性，也即人对目的是否合理性的分析，以及根据目的在是否使用技术之间进行科学决策的意识与能力。

因此，技术理性的片面化，即"工具理性"的扩张遮蔽了"价值理性"的内

①　[德]F·拉普.技术哲学导论[M].刘武，康荣平，吴明泰，译.沈阳：辽宁科学技术出版社，1986：50.

②　[德]尤尔根·哈贝马斯.作为"意识形态"的技术与科学[M].李黎，郭官义，译.上海：学林出版社，1999：78.

③　[德]尤尔根·哈贝马斯.作为"意识形态"的技术与科学[M].李黎，郭官义，译.上海：学林出版社，1999：77.

④　[法]让·伊夫·戈菲.技术哲学[M].董茂永，译.北京：商务印书馆，2000：121.

涵,唯一的路径不是抛弃或进一步发展"工具理性",而是实现"工具理性"向"价值理性"的提升。"工具理性"和"价值理性"的关系理应是:前者作为工具和手段,使人们认识世界和改造世界的能力得到有效的发挥;后者则以价值标准评判这种能力的发挥是否有益于人类自身的发展,前者的工具作用与后者的价值评判作用应有机地结合起来,相互制约、相辅相成。[①] 作为"技术理性"的两个维度,"工具理性"和"价值理性"可以在"技术理性"中得到合理的融合,以使技术理性展现其人文关怀和价值意蕴。

20 世纪 50 年代以来,随着信息技术的日新月异及对社会影响的日益扩大,人在强大的信息技术"魔力"面前变得越来越渺小。其结果是,技术越来越先进,人对技术的依赖越来越严重,人在技术面前迷失了主体性。因此,在处理人与信息技术关系时,国内有学者建议,"需要特别关注如何克服'技术工具论'的影响,在观念层面上实现从技术工具到主体发展的认识转变,在'工具理性'和'价值理性'之间掌握合理的'度',把握信息网络的文化性"[②]。这就提醒我们,信息技术的缘由、目的不在于它自身,而在于人,我们在使用信息技术的过程中应以人的理性观而非工具的理性观来把握与思考人与技术的关系。

第二节　教育哲学的教育观

从人类意识到教育是一种相对独立的人类活动那一刻起,人类即开始了对教育的思考。如,"教育"一词在中国最早现于甲骨文,"教"表示成人手拿棍棒或鞭子督促孩子学习,"育"表示妇女养育孩子。[③] 因此,在正规的哲学研究出现之前,在人们能够理解这种研究对于教育发展的意义之前,实际上就已经有了教育哲学。1916 年美国实用主义教育哲学家杜威的《民主主义与教育》一书问世,则标志着教育哲学作为一门独立的学科地位正式确立。而后,在整个 20 世纪期间,教育哲学理论层出不穷,世界各国的哲学家、心理学家、教育学家从各自的研究立场和观点出发来探讨教育哲学,形成了名目繁多的教育哲学流派。

在这些林林总总的教育哲学流派中,尽管研究的视角各有不同,但作为一

①　单美贤.论教育场中的技术[M].北京:教育科学出版社,2011:79-80.

②　裴娣娜.论我国基础教育课程研究的新视域[J].课程·教材·教法,2005(1):3-8.

③　全国十二所重点师范大学联合编写.教育学基础[M].北京:教育科学出版社,2002:3.

个哲学的研究领域,这些不同的教育哲学流派有一个共同关注的核心问题,那就是"教育是什么",即教育的本质问题。

一、教育的本质与要素——教育与技术的关系

叶澜教授分析了近百位著名教育家有关"教育是什么"的论述,透过纷繁的不同,发现了他们之间的共同基础,那就是都把"教育"看作是一种"活动"①。在此基础上,叶澜教授探讨了教育活动的独特性,给"教育"下了这样的定义:"教育是有意识地以影响人的身心发展为直接目标的社会活动。"②

作为一种"有意识地以影响人的身心发展为直接目标的社会活动",教育的独特性一方面体现在其对象的独特性:教育的对象不是物而是人,不仅是活生生的、有生命活力的人,而且是有思想、有自我意识、有自主活动能力的人。③ 教育对象的独特性决定了教育另一方面的独特性,即过程的独特性:作为教育者的教师在教育活动过程中并不直接改变学生的身体(物质)状态,甚至不和学生发生直接的身体(物质)接触,而只是通过语言、文字、表情、神态等来影响学生的思想和情感,改变学生内在的知识结构、认知结构、情感意志结构,并通过这些心理结构促进和影响学生身心结构、社会实践活动结构的发展。④

因此,以人为对象的教育过程明显地区别于以物为对象的生产过程,其最大的不同就在于影响中介的不同:教育过程是通过信息传递的中介来间接影响人的身心发展,而物质生产过程是通过实体性的工具来直接改造物质对象。陈桂生教授在《教育原理》一书中把教育过程同劳动过程进行比较,将教育的简单要素概括为:教育者的有目的的活动、教育对象(受教育者)、作为教育者与教育对象联系中介的"教育资料"。⑤ 陈桂生教授将"教育资料"(相当于"劳动资料",主要是"劳动工具")视为衡量教育发展水平的测量器,并将语言—符号文化作为"教育资料"的五种构成成分之一。⑥

---

　　① 叶澜.教育概论[M].北京:人民教育出版社,1995:1.

　　② 叶澜.教育概论[M].北京:人民教育出版社,1995:8.

　　③ 桑新民.技术—教育—人的发展(上)——现代教育技术的哲学基础初探[J].电化教育研究,1999(2):3-7.

　　④ 桑新民.技术—教育—人的发展(上)——现代教育技术的哲学基础初探[J].电化教育研究,1999(2):3-7.

　　⑤ 陈桂生.教育原理[M].上海:华东师范大学出版社,1998:10.

　　⑥ 其余四种教育资料的构成成分为教育材料、教育手段、教育组织形式与活动方式、教育活动场地与设备。

　　陈桂生教授进一步认为,在五种"教育资料"成分中,唯有作为人体延伸的语言—符号文化堪与物质生产中作为人体延伸的工具—机器体系相比,因而,这种文化对教育活动的发生与发展最有决定意义。这种影响表现为:语言符号的发生——非形式化教育的发生;文字符号的产生——形式化教育的发生与发展;大众传播媒介(即媒体技术)的问世——形式化教育的地位下降,新型的非形式化教育的地位上升。[①]

　　叶澜教授在对"教育"活动的基本要素分析中也认为,构成"教育"活动的基本要素是:"教育者与受教育者""教育内容"与"教育物资"。[②] "教育者与受教育者"是教育活动中人的因素,"教育内容"是教育活动中的纯客体,而"教育物资"则是指教育活动中物的要素。对"教育物资"的分析中,叶澜教授将"教育媒体"视为一种基本的教育物资,并充分肯定了教育媒体对于教育的重要作用。叶澜教授认为,"教育媒体是教育活动中两类主体(教育者与受教育者)之间传递信息的工具。""只有借助教育媒体,教育内容才可被不同的主体所操作,信息才有传递的可能。教育媒体还对教育活动的范围、组织形式,教育内容的容量、来源,教育者的职能,学习者的学习方法等产生影响"[③]。

　　从叶澜教授与陈桂生教授对"教育"的要素分析中我们不难发现,"教育"的过程与物质生产过程一样都需要借助一定的"中介"(本质上体现为一种技术),这种"中介"不仅是构成教育的一种基本要素,而且在很大程度上影响着教育的产生与发展。但教育的"中介"不同于物质生产过程的技术"中介",物质生产过程的"中介"体现为实体性工具,而教育的"中介"则更多地体现为一种信息传递工具。因为,教育不属于物质资料生产活动,而属于人类自身的再生产和再创造。[④]

　　同时,从教育的本质与要素的分析来看,教育与技术的包含关系并非一成不变,而是在不同的历史阶段体现出不同的程度。最初的教育与技术是一种天然、天生的关系,技术与教育实现了一种自然的整合,体现为一种必要的条件关系,如,语言之于非形式化教育的产生,文字之于形式化教育的产生与发展。但进入工业化社会以后,教育与技术的关系似乎就变得"若即若离",在有了基本的技术(语言、文字等)支撑之后,技术与教育之间便更多地体现为一种

　　① 陈桂生.教育原理[M].上海:华东师范大学出版社,1998:36.
　　② 叶澜.教育概论[M].北京:人民教育出版社,1995:11.
　　③ 叶澜.教育概论[M].北京:人民教育出版社,1995:20.
　　④ 桑新民.呼唤新世纪的教育哲学——人类自身生产探秘[M].北京:教育科学出版社,1993:118-125,333-339.

充分而非必要的条件关系。如,媒体技术之于教育,旨在于增进教育的直观性,被置于一种辅助的手段。而信息技术之于教育,若要实现更加广泛地应用,则寄希望于融合的发生。

二、人与教育的关系——教育哲学观的视角

教育哲学是研究教育的哲学,而教育的问题,说到底就是人的问题。具体地说,教育的世界是人的世界,教育活动是一种人为的和为人的社会实践活动。可以说,没有人也就没有教育,没有对人的正确认识也就无法开展正确的教育活动。[①] 因此,各个流派的教育哲学在回答"什么是教育"时,往往会追问"人是什么",因为人是教育的原点,人是教育内部的基本的、主要的成分,"人是什么"在很大程度上决定了对"什么是教育"问题的回答。

在教育哲学看来,人的本质是教育的前提所在,没有人也就没有教育,没有对人的正确认识也就无法开展正确的教育活动。而人之为人就在于他的"生成性"与"不确定性"(确立了教育的规律)。因此,教育的基本功能就是在人的不确定性前提下,形成和提高人的某些确定性,从而使尚未具有确定性的人成为具有确定性的人。如果人的一切都由自然或本能规定好了,那么教育也就没有必要了。由此可见,关注人的本质发展,是教育的出发点,也是教育的永恒追求和归宿。[②]

从教育的功能分析来看,人的发展不但是教育功能实现的基础,同时也是一个基本的教育功能。教育有两大功能:社会功能与个体发展功能。从教育最初的含义来看,无论是在东方还是在西方都比较强调教育的社会功能。如,我国汉代许慎在《说文解字》中注道:"教,上所施,下所效也","育,养子使作善也。"这里的"教"是指教育者的教诲与受教者的效仿,而"育"则是受教育者向好的方向发展(即成善)。把这两个字结合起来成"教育"一词,可以理解为是上对下、成人对儿童的一种影响,其目的是使受教育者成善,手段是模仿。而在古希腊语中,"教育"一词与"教仆"一词相关,"教仆"是对专门带领儿童的奴隶的称呼。[③] 因此,从东西方"教育"两字的最初含义来看,它们都包含着由教育者对受教育者(上对下、成人对儿童)施加的影响过程,其社会功能比较明显。

---

① 单美贤.论教育场中的技术[M].北京:教育科学出版社,2011:30.
② 单美贤.论教育场中的技术[M].北京:教育科学出版社,2011:73.
③ 叶澜.教育概论[M].北京:人民教育出版社,1995:3.

到了 18 世纪末和 19 世纪早期,西方在讨论现在一般所谓的教育问题时开始使用英文 Education 一词。① Education 德文为 Erziehung,盖由拉丁语 Educare 演变而来。拉丁语的 Educare 又是从动词 Educěre 变成的。"E"在拉丁语中有"出"的意思,ducěre 有"引"的意思,合在一起的 Educěre 就含有"引出"之意,即通过一定的手段,把某种本来潜在于人身体和心灵内部的东西引发出来。也就是说,"教育"一词含有用引导的方法促使儿童的身心得到发展的意思,更多地反映出教育的个体发展功能。②

尽管不同的历史发展时期,对教育的社会功能和个体发展功能有不同的侧重点。但从教育哲学的视野来看,教育的社会功能是通过教育的个体发展功能来实现,个体发展功能是社会功能实现的前提和基础。因此,教育的个体发展功能强调教育要遵循个体内在的属性,尊重个体的选择性、超越性和创造性,以"使人成为人"为标尺来塑造人,而非用"有用之才"为标尺来塑造人,将人作为目的,为指向个体内在价值的实现。透过教育哲学对人与教育关系的探讨,我们可以发现,教育的最终指向,或称之为教育的本真问题应归结为:人的自我发展与完善,以及个人完整性的实现,或者说,"使人成为人"是教育的根本意旨。

"使人成为人"对教育而言有两层含义,第一层含义指的是教育的人性化。人性化首先意味着教育对人的尊重,它包括教育理念的人性化和教育环境的人性化。③ 教育理念的人性化指的是教育者要在心中真正树立起受教育者的主体地位意识,尊重受教育者的人格,不把受教育者当做"工具"或"物品",进而像对待"物"那样对受教育者进行改造、加工和训练。教育环境的人性化则指的是整个教育环境(包括教育内容、教育方法、师生交往等)都要以"人"的方式来设计,都应自觉渗透一种关怀意识,亦即以关怀意识为底蕴。教育的人性化还意味着教育的完整性,指向具有完满人性的人的培养,也就是把完整的人的培养放在根本的位置。因此,不但知识的获取与运用应受到教育者的关注,对受教育者情感、意志等品质的培养也就必须得到关注,这样的教育才有可能培养出相对完整意义上的完满人性的人。

"使人成为人"对教育而言的第二层含义指的是教育的个性化。教育的人性化必然要求教育的个性化。如果说人性化侧重于对人的完整性的强调,那

①　[英]雷蒙德·威廉斯.文化与社会[M].吴松江,等译.北京:北京大学出版社,1991:19.

②　黄济.教育哲学通论[M].太原:山西教育出版社,2002:341.

③　王啸."人是价值的存在"及其教育学意蕴[J].高等教育研究,2001,22(5):7-11.

么个性化则侧重于对人的独特性的强调。正如联合国教科文组织在《学会生存》一书中指出,"传统的教育有两个根本弱点:第一个弱点是它忽视了个人所具有的微妙而复杂的作用,忽视了个人所具有的各式各样的表达形式和手段;第二个弱点是它不考虑各种不同的个性、气质、期望和才能。"①这种工厂"流水线式"的工业操作模式生产出来的只能是划一的"样品",是"制器"而非"育人"。没有了个性的内在支撑,这种"人"其实也就不是真实意义上的"人"。②因此,"使人成为人"的教育,必然是一种追求完整人性与个性的教育,也必然是一种"人性化""个性化"的教育。

在教育哲学看来,人之所以不同于世界上的万事万物就在于人的价值向度和价值世界,可以说,人的价值世界是人之为人的根本特征,是人的本质。人的价值世界的遮蔽和迷失将导致人的异化。③因此,面对当代科学技术的发展所造成的"人被抽象化""人被符号化""人被非个性化"和"人被工具化"的严峻现实,我们必须重建人的价值世界,重视人的价值向度在人的发展中的作用。只有人调整好了自己的价值观,具有了正确的价值理性,才能真正自觉地、有意识地反对科学技术对人的异化,从而追求人类特有的精神生活,实现自己的生命价值。而教育作为人类自身一种的再生产和再创造的社会活动,具有重建人的价值世界的重要作用。因此,需要通过在教育过程中引导人们重视自己的价值世界,重建人的价值世界,引导个体寻求对已有本我的无限超越,追求自身有限性的不断突破,从而对科学技术所造成的"人的异化"进行消解。

第三节　信息技术与学校教育的融合
——基于哲学观的思考

通过前面对技术哲学的技术观以及教育哲学的教育观的分析可以看出,信息技术和学校教育的联系是全方位的,教育发展过程中之所以需要信息技术,或者说信息技术之所以能够作用于学校教育,是因为信息技术与学校教育存在着一个共同的基础,那就是技术的特性。同时,信息技术与学校教育之间

---

① 联合国教科文组织.学会生存[M].北京:教育科学出版社,1996:2.
② 单美贤.论教育场中的技术[M].北京:教育科学出版社,2011:77.
③ 单美贤.论教育场中的技术[M].北京:教育科学出版社,2011:82.

还存在一个共同的主题,那就是人。

一、技术——信息技术与学校教育融合的基础所在

技术是人类借以改造与控制自然来满足自身的生存和发展需要而借助的工具和人的活动,是以人对自然规律的认识为基础的,它既受到自然规律的支配,又受到社会因素的制约。因此,技术往往表现出两重属性,即技术的自然属性和社会属性,两者是辩证统一的。[①] 技术的自然属性是由技术的内在规律与特性决定的,它规定了技术构成的科学基础和前提,规定了技术之所是的逻辑和规律;而技术的社会属性则是由技术应用的社会目的性决定的,它制约着技术发展的具体目标和方向。

信息技术作为技术的一个分支,其本质属性也必然包括自然属性与社会属性。信息技术的自然属性指的是信息技术的潜在可能性,如信息的即时性与交互性等。而信息技术的社会属性指的是信息技术对教学与学习所能提供的支持。信息技术的自然属性,为信息技术的使用提供了选择的空间,但如果信息技术不能用来解决问题,那么这种属性就仅仅是潜在的和可能的技术属性,只有当这种属性与解决问题相连时,它才成为现实的技术。也就是说,信息技术的自然属性只有与社会属性相结合时,潜在的技术属性才能成为一种现实的技术,现实中技术的自然属性总是与社会属性联系在一起的,并且其自然属性的展开总是受社会属性的制约和规定。因此,对于信息技术所具有的自然属性能否发挥作用或能否充分地展开,在很大程度上取决于信息技术的社会属性,而其社会属性又在很大程度上与其应用的范畴相关。

那么,教育领域是否能成为信息技术的"用武之地"? 叶澜教授认为:"教育是一个人为的社会系统,是人按照自己的目的创造出来的,并非自然、天生的系统。"[②] 杨开城教授通过对教育基本要素("教育者与受教育者""教育内容"和"教育手段")的进一步分析后也认为,从技术的本质来看,教育系统是一种人造物系统,这不仅仅意味教育系统是人为创造的,更重要的是,它是通过技术创造出来的,是技术创造的结果。[③]

通过对教育基本要素的分析发现,不但教育本身是通过技术创造出来的,是技术创造的结果,教育的实现也离不开技术的支持。如,叶澜教授在对教育

---

① 单美贤.论教育场中的技术[M].北京:教育科学出版社,2011:91.

② 叶澜.教育概论[M].北京:人民教育出版社,1995:319.

③ 杨开诚.论教育的技术学本质与教育技术学的历史使命[J].中国电化教育,2005(5):15-20.

要素的分析中认为,教育者与受教育者之间的沟通,以及教育内容的传递都离不开教育媒体的支持。"教育媒体在教育过程中的主要作用是成为沟通教育者与受教育者之间的桥梁。只有借助于教育媒体,教育内容才可被不同的主体所操作,信息才有传递的可能"①。因此,教育媒体是不可忽视的教育要素,教育的实现离不开媒体技术的支持。陈桂生教授也将语言—符号文化视为可与物质生产中的工具—机器体系相比的文化体系,并认为这种文化对教育活动的发生与发展最有决定意义。

共同的技术特性构成了信息技术与教育融合的基础所在。实际上,从技术的演进史来看,正是人类对信息传播的准确、完整与速度、范围的追求促进了传播媒体的不断革新。而教育作为一种依托教育媒体进行信息传递的社会活动,也一直在追求更加适合新的教育需求的新媒体。因而,一旦一种新的传播媒介在信息传播的准确性、完整性以及速度、范围方面的优势与一定阶段的教育发展需求相适应,这种新的传播媒体就可能会成为一种新的教育媒体。如,文字与学校教育的产生及教育的普及,电子媒体与远程教育的产生与发展。从这个意义上来看,信息技术的自然属性(如随时、随地性等)满足了教育对信息传递的准确性、完整性以及速度与范围的需求,具备了进入教育系统的潜在特质。但这种潜在可能性的实现取决于信息技术的社会属性,即信息技术在教育系统的应用目的,这个应用目的只有与教育系统的整体目的达成一致时,信息技术与学校教育的融合才真正成为可能。

二、人——信息技术与学校教育融合的目标指向

教育发展过程中之所以需要技术,或者说技术之所以能够作用于教育,是因为教育的研究对象与技术存在着一个共同的主题,那就是人。② 教育与技术的共通之处就在于两者都是人类特有的活动,都是为了人自身的发展和完善,都是社会文化实践。技术是人类的技术,是社会中的技术,是人类创出来的文化形式,技术的存在与人的存在以及技术的本质与人的本质是互相整合的。人类的教育是让人类能够自由地把握对象和发展自身,通过改造环境而使人类一代比一代生活得更好、更自由。因此,人是教育与技术的目标指向,也是联系教育与技术的重要中介。

首先,从人的基本生物学特性来说,人是一种"尚未完成的"动物。在人类

① 叶澜.教育概论[M].北京:人民教育出版社,1995:20.
② 单美贤.论教育场中的技术[M].北京:教育科学出版社,2011:66.

的进化中,人是未经"特化"的。人类缺少特定的器官使自身适应于特定的生活环境。人类缺乏战斗性的器官与保护性的器官。人类的器官配备不能使自身本能地对他们的生存环境作出反应。因此,与动物本能地适应自然、获得极有限的生存条件不同,人类由于本能方面的内在缺陷,通常以自己的技术活动来保证自己的生存和后来的发展。① 人类从石器时代就制造和使用工具,也就是说,人类的劳动实践活动即制造从来就是技术的活动。马克思在《1844年经济学哲学手稿》中明确指出:"全部人类活动迄今都是劳动,也就是工业(技术)","工业(技术)的历史和工业(技术)已经产生的对象性的存在,是一本打开了的关于人的本质力量的书,是感性地摆在我们面前的人的心理学……"②技术作为人的本质力量对象化的产物,不仅展示了人对自然的能动关系,也展示着人类社会生活关系的直接生产过程,它是人类社会生活关系的形成、存在和发展的根本力量和度量尺度。

　　也就是说,技术是属人的技术,是人的内在本质的外在表现。吴国盛认为,人的本质是"无",这包含两层意思:第一,它没有固定的本质——人是一种未完成的存在,一直处在流动变化之中;第二,它的本质构成是一种向着"无"的、受着"无"的规定的构成,这里的"无"即自己创造自己。③ 这个创造过程是凭借技术来实现的。因此,人的本质是技术的内在根据,技术是人的本质的外在表现。④ 由此可见,技术的缘由、目的不在于它自身,而在于人。并且,从技术实践的目的来看,无论是在前现代还是现代,技术活动的目标都是对人性的高扬,技术是一种运行着的人性。⑤ 而从教育的本体价值来看,教育之为教育,就在于教育具有"使人人成为人"的价值。

　　因此,从信息技术与教育的本质属性来看,两者都是人类展开自身的可能性,是实现个体自由与发展的途径。基于此,信息技术与学校教育便找到了相互融合的共同目标:人。人,是信息技术与学校教育相互的交叉点,也是信息技术与学校教育的共同目标所在。以人为目标指向,表明了信息技术与学校教育融合的根本目的在于一种去蔽,让人的本质在信息化的环境中完全展开。

　　但在实际的融合过程中,由于功利主义的社会文化的影响,工具理性在技术使用过程中不可避免地被过度地放大与扩展。由此,在信息技术与学校教

　　① 单美贤.论教育场中的技术[M].北京:教育科学出版社,2011:67.
　　② 马克思.1844年经济学哲学手稿[M].北京:人民出版社,2000:80.
　　③ 吴国盛.技术与人文[J].北京社会科学,2001(2):90-97.
　　④ 单美贤.论教育场中的技术[M].北京:教育科学出版社,2011:70.
　　⑤ 王大洲,关士续.技术哲学、技术实践与技术理性[J].哲学研究,2004(11):55-60.

育的融合过程中将不可避免地带来相反的结果：不是使人获得自由与发展，而是对人的束缚或遮蔽。如在工具理性的助推下，信息技术可能会加剧教育中的知性取向，即过度关注知识的传授与能力的培养而非人性的发掘，而忽视了个体的情感诉求、价值关怀、道德规范、伦理明察，遗忘了教育"使人成为人"的价值追求。

海德格尔就曾指出，技术并非一种中性的手段，它负载着这样或者那样的"偏见"，人们在不知不觉中受到技术的"统治"和束缚，人本身依赖技术体系，人与其说是利用技术，不如说是为技术所用，人本身成为技术体系的职员、附属、辅助，甚至是它的手段。① 因此，海德格尔用"座架"（Ge-stell）来解释技术，按照通常的意义来看，座架一词指某种用具，例如一个书架，它也有骨架的意思。海德格尔认为，"座架意味着那种解蔽方式，此种解蔽方式在现代技术之本质中起着支配作用"②。从这个意义来看，信息技术可以理解为一种信息化的解蔽，为我们的社会生存提供一个信息化座架。

技术的本质决定了它具有两重属性，一方面，技术展开了人的可能性空间；另一方面，技术所展开的每一种可能性空间，都必然会遮蔽和遗忘更多的可能性，使丰富的可能扁平化、单一化。③ 因此，在信息技术与学校教育的融合过程中，要使人逃离被技术异化的危险，就需要高举价值理性的大旗，将技术的展开与人的生命价值的实现相连，使教育真正回归到对学生主体，即人自身的关怀，这种关怀不再是人的某种理性精神的膨胀与泛滥，而真切地回归到人——一个真实生活世界中的生命整体。在信息技术与学校教育的融合过程中，我们需要意识到，教育并非只是为了"能用技术去做什么"才使用技术，而是为了通达教育价值的追求——"使人成为人"。教育实践的主体、目的和对象都是人自身，因而，教育在应用技术的过程中不能离开对人的价值的关注。在信息技术与学校教育的关系中，人始终是目的，教育是手段，而信息技术则是环境条件。人为了生存和发展需要教育，技术服务于和服从于教育发展的需要，教育则提供了人活动和技术发展的空间。技术、人、教育在其相互关系中各得其所。④

因此，在信息技术与学校教育的融合过程中，我们应从人的价值出发，始

① [法]贝尔纳·斯蒂格勒.技术与时间：爱比米修斯的过失[M].裴程，译.南京：译林出版社，2000：30.

② 海德格尔选集（下）[M].上海：上海三联书店，1996：938.

③ 吴国盛.技术与人文[J].北京社会科学，2001（2）：90-97.

④ 单美贤.论教育场中的技术[M].北京：教育科学出版社，2011：103.

终坚持"以人为本"的理念,将人的自身价值的实现作为融合的价值追求。从人的价值出发,信息技术与学校教育的融合需要从信息化的生存环境或称为生态环境的视野中突围,指向人的价值世界。也就是说,我们在信息技术与学校教育的融合过程中,要引导人们重视自己的价值世界,丰富自己的道德情感,培养自己的价值理性,追求有价值的人类生活,实现生命的不断超越和人格的不断升华。[①] 马克思的"实践"理念表明,在人追求自由存在的过程中,最终可以实现技术与道德的统一,技术为人的自由解放提供客观手段,道德为人的存在确定自由解放的目的性。

在人的价值世界的指引下,信息技术可以为人的自由解放(或学生的发展)提供客观手段,并使得信息技术与学生的发展恰如其分地重叠在一起。沿着这条思路,信息技术就能成为教育系统构成的一部分,教育系统也就变成了在信息技术作用之下的一个主客体之间关系的世界,信息技术与学校教育实现了真正的融合。

三、技术教育化与教育技术化——信息技术与学校教育的融合过程

根据马克思主义哲学的实践论,实践过程中的主体与客体会发生相互作用。在信息技术与学校教育融合过程中,也同样存在着主体与客体的相互作用,一方面作为主体的学校教育发挥着对作为客体的信息技术的取向功能,把客体的技术属性、规律内化为自己的本质力量的过程,即客体主体化的过程;另一方面,作为主体的学校教育也发挥着对客体的改造功能,将主体的本质力量(教育的目的与要求)对象化,即主体客体化的过程。

在这种双向互动的过程中,信息技术不但改造着学校教育——客体主体化,同时也被学校教育不断改造——主体客体化。根据有关研究者的观点,我们可以将技术对教育主体的作用和影响所引起的教育主体的变化称为教育技术化,将教育主体对技术的作用和影响所引起的技术的变化称为技术教育化。[②] 这两个过程实际上是同一个过程的两个方面,它们不可分割,相互联系,统一于信息技术与学校教育的融合过程中。

因此,以下我们就从主客体的相互作用出发,分技术教育化与教育技术化

---

① 刘济良.论科学技术对人的异化与教育对人的价值世界的重建[J].教育理论与实践,2003,23(4):12-15.

② 颜士刚.技术的教育价值论[M].北京:教育科学出版社,2010:104.

两方面对信息技术与学校教育的融合过程展开理论上的探讨。

1.技术教育化的过程——主体客体化

一般来说,技术在进入教育的最初阶段,位于教育系统的外侧,是作为教育之外的独立物存在,还无法称其为"教育中的技术"。只有当技术与教育经过主客体的相互作用成为一个整体,也即主体将自身的需要、目的输入客体,使客体发生符合主体需要的变化,最终客体被塑造成符合主体需要的对象后,"教育中的技术"才成为可能。① 在这里,教育作用于技术并使技术发生的变化,也就是技术教育化的过程。

从价值哲学层面来看,技术教育化的过程也就是主体客体化的过程。主体客体化的过程具体体现为技术(客体)的内在价值被教育实践具体规定、实现的过程,即教育(主体)本质力量作用于技术的内在价值,使内在价值转化为现实价值。② 从内在价值的来源上分析,技术的客体来源是潜在价值,主体来源是主体本质力量的作用。在技术潜在价值存在的条件下,要将其潜在价值转化为现实价值,关键是对技术客体的改造活动。但如果技术客体不存在某种潜在价值,仅仅依靠主体对客体的改造活动,也不可能获得某种内在价值。因此,在技术教育化过程中,技术的潜在价值决定了技术的内在价值,但只有通过对技术的教育化改造,技术的内在价值才有可能转化为现实的价值。

因此,在信息技术与学校教育的融合过程中,技术教育化的路径就是将技术的内在价值转化为现实价值的过程。这一转化过程是由教育主体来实现,但其逻辑前提与路径却是由技术客体的潜在价值来规定。单美贤认为,技术具有两重属性,自然属性与社会属性。技术的自然属性是由自然规律决定的,它规定了技术构成的科学基础和前提,规定了技术之所是逻辑和规律;而技术的社会属性是由社会规律(技术应用的目的性)决定的,它制约着技术发展的具体目标和方向。③

技术的两重属性决定了信息技术与学校教育融合过程中的技术教育化过程必需遵循技术的自然属性,同时又体现技术的社会属性。也就是说,技术教育化过程的主体客体化表现必然是技术的自然属性与社会属性的统一,这一过程既体现了教育主体的主观意图,同时也遵循技术客体的客观规律,是教育主体根据教育的目标、遵循技术的属性对技术客体的教育化改造。在具体的

---

① 颜士刚.技术的教育价值论[M].北京:教育科学出版社,2010:105.

② 单美贤.论教育场中的技术[M].北京:教育科学出版社,2011:112.

③ 单美贤.论教育场中的技术[M].北京:教育科学出版社,2011:92.

教育过程中,这一主体客体化的过程就表现为教育主体通过对技术的"选择""应用"和"创造"的过程,将技术的社会属性和自然属性逐步融合,最终形成教育中"合适"的技术的过程。这一过程中交织着教育的目的与技术的特性,是技术的自然属性与社会属性在主客体的相互作用中融合。

在信息技术与学校教育的融合过程中,技术教育化的第一阶段就是教育主体对技术客体的"选择"过程。这一"选择"过程必然基于技术的自然属性,同时又包括技术的社会属性,也就是要根据特定的教育目的与应用条件对技术进行选择。在实际的教学过程中,一般从以下两方面来考虑技术的选择:[①]一是技术的适用性,即技术的自然属性,包括技术的能力范围或技术的获取能力;二是技术的应用范围,即技术的社会属性,包括技术的应用能力和应用技术的能力。在具体的教育实践过程中,技术教育化过程中的"选择"既包括了对某些特定技术的选择,也包括了对某一特定技术的某些自然属性的选择。

技术教育化的第二阶段即"应用"阶段同样也体现技术的自然属性与社会属性的融合。"应用"的过程就是把教育主体的预期目的能动地整合到技术的自然属性所提供的"可能性空间"中,即一种合目的性与合规律性的相统一过程,也是技术的潜在特性在教育中的逐步显现的过程,是技术的性质向教育的方向转化的过程。要使教育中的技术应用有效,既要见"物",也要见"人",不能仅停留于纷繁多样的技术工具和手段上,更重要的是能在技术的设计与应用中解决面临的教学与学习问题,呈现人的主动性和发展性,从而为人的生命成长提供新的可能性。[②]

在技术教育化的第三阶段,即融合"创造"阶段,教育系统将根据特定的教育目的与要求对技术的第二次创造过程。应用于教育领域中的技术,不是限定人、强求人的技术,而是在技术的应用中呈现生命活力的技术,因此,技术应用于教育要经历一个创造的过程。[③] 例如,互联网进入学校教育并被用来构建校园网后,校园网应发挥哪些具体的功能以及如何有效使用,则取决于教育系统对互联网技术的第二次创造过程。

经过"选择—应用—创造"的技术教育化改造后,教育系统内将形成"合适"的技术。这一"合适"的技术包括有两层含义:[④]一是基于技术的自然属

---

① 单美贤.论教育场中的技术[M].北京:教育科学出版社,2011:92.
② 单美贤.论教育场中的技术[M].北京:教育科学出版社,2011:92.
③ 单美贤.论教育场中的技术[M].北京:教育科学出版社,2011:93.
④ 单美贤.论教育场中的技术[M].北京:教育科学出版社,2011:93.

性。技术的自然属性是技术的潜在可能性，但技术的运用应当服从科学规律，遵循技术的自然属性。否则就无法称之为"合适"的技术。二是指向特定的社会属性（即教育的目的）。"合适"的技术必定具备特定的社会属性。技术应用于教育，一定是针对解决教育领域中的实际问题的，如果不能用来解决问题，技术就仅仅是潜在的和可能的技术，只有当它与解决教育中的实际问题相连时，才能成为现实的技术，才能成为教育中"合适"的技术。

在技术教育化的过程中，教育主体与技术客体相互作用，这一作用的结果集中体现在教育主体对技术客体的教育化改造。因此，在技术教育化的过程中，技术客体的状态在不断发生变化。在技术教育化的最初阶段，技术处于教育系统的外部，技术与教育是两个相对独立的系统，此时的技术处于一种相对稳定的状态。在有了新的教育需求后，教育系统开始通过"租借"的方式使用技术，技术与教育的不协调开始产生，技术的现状将无法满足教育活动的需求，于是，其稳定状态将不能够持续，技术教育化的过程开始了。如图 3.1 所示。

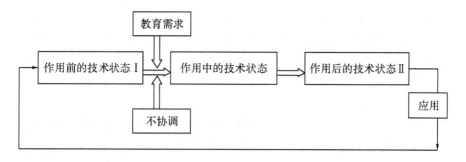

图 3.1　技术教育化过程图

在图 3.1 中，技术在引进教育之前，或在新的教育需求的作用之前，处于一种相对稳定的状态，我们称之为作用前的技术状态Ⅰ。技术在引进教育之后，或在新的教育需求的作用下，原有的形态、功能、特性就会与教育的领域或新的教育需求产生不协调的地方，教育主体就会根据教育活动的需求，对技术进行改造、改良或完善，这个过程就是我们称之为技术教育化的过程。技术教育化的过程结束后，技术又会进入一种新的稳定状态，也即作用后的技术状态Ⅱ。

图 3.1 中的技术状态Ⅰ和技术状态Ⅱ虽然都是技术的相对稳定状态，但是，它们之间已经有了质的差别。状态Ⅱ中的技术，经过技术教育化的改造

后,已经蕴涵了为满足教育新需求所应具备的教育因素,从而在结构、形态和功能等方面都能更好地适应教育活动的需求,能更好地应用于教育活动之中。技术状态Ⅱ中的教育因素是教育主体通过教育与技术的相互作用赋予技术的,它缘于教育主体对技术客体的作用,是技术经历了技术教育化过程后所呈现出来的新的稳定状态,也即技术教育化的结果。[①] 此时的技术(技术状态Ⅱ)已经融入教育,成为"教育中的技术"。

2. 教育技术化的过程——客体主体化

在信息技术与学校教育的融合过程中,技术教育化的过程同时也是教育技术化的过程。教育技术化从其本质来看,是教育与技术相互作用和影响的过程中作为主体的教育所呈现出来的变化,也即技术的属性、结构、功能和规律等技术因素通过某种方式作用于教育,使教育发生变化并进而转化为教育的本质力量。[②]

从价值哲学的观点来看,教育技术化的过程实质就是一种客体主体化的过程。客体主体化,从客体(技术)来说,就是由现实的价值客体作用于主体转化为价值的过程;从主体(教育)来说,则是客体作用于主体,使主体受到客体的一定的作用和影响,内化为主体的本质力量,价值才得以实现。[③] 客体主体化是客体作用于主体,使主体适应于客体的本质与规律,克服主体思想中的错误和盲点,使主体潜力释放出来,从而提高主体能力,使客体主体化。

在教育技术化的过程中,技术一旦渗透到教育系统中,它就不再作为独立的外物而存在,而是与教育系统中的其他技术要素产生广泛而实质性的融合,从而内化为教育的本质力量。因此,教育技术化过程中技术的影响作用于教育系统所引起的变革,不仅说明了技术渗透的巨大力量,同时也反映了教育对技术影响的反抗性——一方面来自教育系统本身所固有的保守性,另一方面也说明了教育系统具有一定的价值标准和价值取向。[④] 这种反抗性应该说是技术作用于教育系统的一种正常现象,也体现了信息技术与学校教育的融合的过程。随着融合过程的深化,这种现象也会消失,随之而来的就是新技术在教育中的应用,新的融合过程的开始。

从过程来看,教育技术化的过程是在技术的推动下,教育从最初的有序状

---

① 单美贤.论教育场中的技术[M].北京:教育科学出版社,2011:112.
② 颜士刚.技术的教育价值论[M].北京:教育科学出版社,2010:76.
③ 王玉樑.价值哲学新探[M].西安:陕西人民教育出版社,1993:354.
④ 单美贤.论教育场中的技术[M].北京:教育科学出版社,2011:113.

态进入一个无序状态,最终又回到新的有序状态的过程。也就是说,教育技术化是从一个有序的教育环境中开始的。在前一部分,我们对教育的本质与要素的分析中可以发现,教育活动总是在一定的技术环境中展开。在这个特定的环境中,由于技术因素的相对稳定性(就某一阶段而言),技术所营造的教育环境(包括物质层面、行为层面以及精神层面)也是相对稳定的。我们将教育环境的这种稳定状态称为教育的一种有序状态。[①] 只有在有序状态下从事教育活动,保持主体本身(教育活动)的协调性,作为主体性活动的教育才能高效顺利地进行。

但是,一旦教育技术化的过程开始启动,这种有序状态就会被打破,教育将逐步进入一种无序状态。教育技术化过程中出现的无序状态,其根源就在于技术与教育的相互作用。当然,由技术与教育的相互作用所引发的这种无序状态最终会经过教育实践的探索,伴随着技术与教育的相互适应协调而结束,使系统重新进入一种新的有序状态,这时教育技术化的过程也随之结果。图 3.2 可以形象地说明教育技术化的过程,也即技术作用前后教育状态的变化情况。

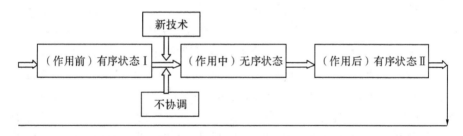

图 3.2　教育技术化过程图

有序状态Ⅰ是技术作用之前的教育状态,无序状态是技术作用过程中的教育状态,有序状态Ⅱ是技术作用之后的教育状态。有序状态Ⅰ和有序状态Ⅱ虽然都是教育的有序状态,但两者已全然不同,后者已经融入了新技术的因素,也就是说,后者已经完成了教育技术化的过程,新技术已经融入教育的机体,以教育所认可的方式存在于教育之中,而教育本身也因为新技术的融入而得以升华。[②] 当然,图 3.2 所描述的是教育技术化的一种理想模型,真实的教育技术化过程往往要复杂得多,往往一个教育技术化的过程还没结束,另一个

---

① 颜士刚.技术的教育价值论[M].北京:教育科学出版社,2010:76.
② 颜士刚.技术的教育价值论[M].北京:教育科学出版社,2010:79.

就开始了。因为技术总会在不断地介入教育,而教育也就是在这样螺旋式的上升循环中不断地进步和发展的。

　　因此,信息技术与学校教育的融合过程实际上就表现为技术教育化与教育技术化的过程,其实质就是主体客体化与客体主体化的相互作用过程。信息技术与学校教育融合过程中主客体的相互作用过程如图 3.3 所示。在图 3.3 中,"要什么"的"什么"与"是什么"的"什么"并不等同,前者是主体想要的具有某种特定功能的技术,后者是技术自身规定的形式和内容。"要什么"和"是什么"分别是由技术的自然属性和社会属性所规定的,它们是主客体相互作用过程中的一对矛盾体,也是客体主体化过程中的最主要的内在动力。[1]

图 3.3　信息技术与教育融合过程中主客体相互作用的过程

　　因此,信息技术与学校教育的融合过程实际上就是客体主体化与主体客体化的过程,是主客体相互作用的过程,也是实现主体"要什么"与客体"是什么"的过程。在信息技术与学校教育的融合过程中,教育主体按照其内在的尺度把自身的本质力量作用于技术客体,使之成为"教育中的技术"。而教育主体在改造技术客体的同时,也要按照技术客体的尺度,接受客体的改造。因此,客体主体化和主体客体化实际上是同一个过程的两个方面。只有经历了主客体的相互作用,原来非教育的"自在"技术,才会变为"为教育"的——为教育而存在的技术。如果技术在教育中的应用仅仅是借用外来的技术,即使是借用了很多,也仍然无法称其为"教育中的技术"。只有技术与教育经过主客体相互作用成为一个融体之后,"教育中的技术"才是理所当然的结果。[2]

　　当然,在信息技术与学校教育的融合过程中,教育主体与技术客体的相互作用往往存在着一定的滞后现象,也就是说技术的变化并不会立即体现在教育的变化之中。这种滞后现象可能是融合的过程性因素所致,也即从技术的发明到技术的应用于教育中,再到技术内化、融合于教育是一个过程,也可能是源于教育系统内部对技术的本能甚至自觉地抵触与反对。因此,在下一章

　　① 单美贤.论教育场中的技术[M].北京:教育科学出版社,2011:114.
　　② 单美贤.论教育场中的技术[M].北京:教育科学出版社,2011:115.

我们将通过具体的教育现象与事实来进一步分析信息技术与学校教育的融合过程,揭示融合的各个阶段,以及在各阶段所可能遭遇的阻力与障碍。

第四节　结　语

从技术哲学观的视角来审视信息技术与学校教育,本书发现,信息技术与学校教育有着共同的技术特性,这为信息技术与学校教育的融合奠定了基础。而从教育哲学观的视角来看,人是信息技术与学校教育的共同目标指向,信息技术与学校教育的共通之处就在于两者都是人类的特有活动与社会文化实践,都是为了人自身的发展和完善。因此,人是信息技术与学校教育融合的共同目标指向,也是联系技术与学校的重要中介。

信息技术与学校教育的融合,其实质就是技术教育化与教育技术化共同演进的过程,这一演化过程的共同指向就是人。在教育技术化的过程中,教育并非只是为了"能用技术去做什么"才使用技术,而是为了通达教育价值的追求——"使人成为人"。在这一过程中,教育一方面要借助技术来扩大自己的能力,另一方面又要保持自身的价值追求——"使人成为人"。在技术教育化的过程中,同样也是以"以人为本"作为出发点的。[①] 技术进入教育领域,首先要做的就是将技术从基本的工具属性中抽离出来,将其置放在主客体行动框架内,表现为"教育的本质力量对象化":教育的"力量"作用于技术,使原来非教育的"自在"技术,变为"为教育的"——为教育而存在的技术,即成为"教育化的技术",指向人的发展的技术。[②]

因此,信息技术与学校教育的融合过程实际上包括了两方面的进程:一是技术教育化的过程,即教育系统接纳技术的过程;二是教育技术化的过程,即教育系统被技术改变的过程。教育系统在接纳技术的过程中根据其自身的需求改变着技术应用,同时教育系统也被这些技术因素所改变。因而,信息技术与学校教育的融合过程既是技术教育化的过程,同时也是教育技术化的过程,更是技术与教育共同完善、共同发展的过程。在这一过程中,信息技术与学校教育相互作用,共同发展,共同指向人的发展这一共同目的。

---

①　单美贤.论教育场中的技术[M].北京:教育科学出版社,2011:84.

②　单美贤.论教育场中的技术[M].北京:教育科学出版社,2011:91-92.

第四章　信息技术与学校教育融合的机制研究(一)

——基于技术教育化的视角

信息技术与学校教育在"人的发展"这一主题上找到了融合的共同目标指向。那么,信息技术是如何融合进入学校教育,又将经历那些阶段？如何实现从某一阶段向另一阶段的跨越？根据上一章的研究,本书认为,信息技术与学校教育的融合过程一方面是信息技术进入并接受学校教育的改造过程,也即技术教育化的过程;另一方面也是学校教育被信息技术改变的过程,也即教育技术化的过程。因此,以下两章将分别从技术教育化与教育技术化的视角来分析信息技术与学校教育的融合过程。

本章将试图从技术教育化的视角对信息技术与学校教育融合的机制进行研究,主要从以下三方面展开:一是从力场分析理论的视角出发分析信息技术与学校教育融合的推动力与抵制力;二是从技术扩散的过程模型出发探悉信息技术与学校教育融合的发展阶段;三是在确定各发展阶段的推动力与抵制力的基础上,尝试从技术教育化的视角来构建信息技术与学校教育融合的运作模型。

第一节　信息技术与学校教育融合的推动力与抵制力研究

信息技术作为一个技术种群,像生命体一样具有不断的进化功能,但这种进化功能并不是如生命体一般体现为一种自主、自发的功能,而是人的主动发明与创造推动了技术的进化。因此,信息技术与学校教育融合的过程并不是一个自主、自发的过程,而实际上是在内外部力量的共同推动下发生的。在信息技术与学校教育的融合过程中,除了受到内部力量的共同帮助之外,同样也会受到学校内部文化传统的强力抵制。

一、力场分析理论对技术融合的动力学机制研究

库尔特·勒温（Kurt Lewin,1951）的力场分析理论揭示了变革过程中的动力学机制。力场分析理论认为,从一个现有的行为水平向理想的行为水平的发展是由推动力或鼓动力所驱动的,但同时它也受到抵制力或限制力的阻碍。目前的状态通常代表着推动力与抵制力之间的一个平衡状态。

根据力场分析理论的观点,技术融合在每一阶段都将面临不同的推动力与抵制力,因此,每一阶段的技术融合将需要获得不同的推动力,并解除不同的抵制力。罗德尼·厄尔（Rodney S. Earle,2002）认为[1],技术融合的推动力包括新技术的能量与潜力,快捷的可用性,创造性,网络介入,交流的便利性,或者对学习影响的承诺。抵制力包括障碍与限制,如技术支持,教师专业技能,设计的时间,或者教学应用。从这个意义上来看,推动力在很大程度上是来自于技术本身,而限制力则在很大程度上来自于教育本身的组织特征。来自学校内部的"情景限制性选择"倾向则进一步加深了学校文化的保守性特征。"情景限制性选择"（situationally constrained choice）提供了一个有关教师行为如何随着时间改变,同时保持实践的持续稳定性的基本观点。[2] 这一观点认为,如果某一技术能帮助他们解决那些他们认为重要的问题,同时避免侵蚀他们的教学权威,教师将有选择地在一定程度上改变教学行为。教师将抵制或忽视那些他们认为与教学实践无关的变化,以及那些增加他们自己的负担,并对学生的学习无益的变化,或那些削弱他们对教学控制的变化。

那么,在了解推动力和抵制力的基础上,我们应如何来推动信息技术与学校教育的融合？是应增加推动力还是应减少抵制力？增加推动力相对来说是较为容易的,因为我们控制着这些能力,但这种方式被证明是低效的。因为,这只是导致了系统紧张关系的增加,随之而来的是,系统快速地返回原先的状态。

柯维（Covey,1990）用一个类比为我们理解通过对推动力与抵制力的反应来推进技术融合提供了启示:"增加推动力还是减少抵制力的问题类似于以下问题'如果我驾驶一辆汽车,发现有一定的刹车阻力存在,我是应该放开刹

---

[1]　Rodney S. Earle: The Integration of Instructional Technology into Public Education: Promises and Challenges [J]. Educaitonal Technology, 2002, 42 (1): 5-13.

[2]　Larry CubanTeachers and Machines: The Classroom Use of Technology Since 1920 [M]. Teachers College Press, 1986: 109.

车还是加大油门?'加速当然可以增加速度,但也可能烧坏发动机。相反,放开刹车将使你能更加有效地获得更快的速度"[1]。因此,减少抵制力,并将这些抵制力转化为推动力将更有助于推进技术的融合,这也成为我们研究信息技术与学校教育融合的推动力与抵制力的重点所在。

二、信息技术与学校教育融合的推动力研究

根据国内外的相关研究,信息技术与学校教育融合的主要推动力来自两方面:一是外部的推动力,主要包括技术的"社会必然性"和研究结果的推动,这两方面将推动教育革新者在教育系统内尝试使用信息技术,并推动政府部门对信息技术的投资;二是内部的推动力,主要是技术的"相对优势"(埃弗里特·罗杰斯,1995),技术的"相对优势"将吸引教师在教育系统内使用信息技术。

1. "社会的必然性"推动信息技术与学校教育的融合

推动信息技术与学校教育融合的一个非常重要的动力来自于以下信念:许多教育者,家长以及学生相信技术无处不在,因此也应该引入教育之中——米勒(Miller, S. E, 2001)称之为"社会的必然性"理由。"技术的社会必然性",是技术的社会实现过程,也是人对技术的控制与利用的过程。[2] 这一过程在社会的发展过程中也体现出其必然性,信息技术与学校教育融合也有其"社会的必然性"。

根据有关研究,一方面,信息技术与学校教育融合的"社会必然性"体现在社会对学生技术能力的追求使得信息技术在学校教育中的应用与融合成为必然。随着互联网的出现,查找及交流信息将越来越多地依赖信息技术。大量的指标显示,目前全球经济越来越成为以知识为基础的经济,而且这种趋势势必继续下去。经济发展的速度和方向都不断加强着人们对学习的关注——特别是对终身学习能力的关注。[3] 因此,社会的变化迫切需要学生掌握一定的技术能力,以使他们成为信息社会的终身学习者。有研究者认为,对于信息时

---

① Rodney S. Earle: The Integration of Instructional Technology into Public Education:Promises and Challeges [J]. Educaitonal Technology,2002,42(1):5-13.

② 韩小谦.技术发展的必然性与社会控制[D].北京:中国人民大学,2003:1.

③ 经济合作与发展组织.面向未来的学校[M].李昕,曹娟,译.北京:教育科学出版社,2009:87-88.

代的公民而言,必须具备三种基本能力(Moursund,1995):①

(1)技术素养。苏罗曼(Soloman,1995)认为,"学生的技术能力事关经济的竞争力。"教育技术国际协会(International Educational Technology in Education,ISTE)最近与国家教师教育认证委员会(the Accreditation of Teacher Education,NCATE)合作研制了职前项目的教育技术标准,同时也开发了针对 K-12 年级学生的国家教育技术标准。这两个标准都认同,技术技能应该成为必备的工作技能。目前,美国多个州也开始建立各自的 K-12 年级学生的技术标准,要求教师在课堂中交给学生运用技术的方法。

(2)信息素养。尽管信息素养只是技术素养的一个子集,但一些研究者(Roblyer,1998;Truett,1996)认为,信息素养非常重要,需特别加以强调。约翰逊和埃森伯格(Johnson and Eisenberg,1996)将信息素养概括为"大六"技能:确定任务、寻找信息、确定与评价、运用信息、综合与评价。尽管信息素养早于互联网时代提出,但互联网所引发的信息爆炸使得"大六"技能的学习更显必要,也使得"大六"技能更多地与技术相关。对于学生而言,前三种技能可能更有趣,也更容易掌握,后三种技能涉及对信息的运用,综合和分析,可能难度更大。但拉布雷尔认为,所有这些技能对于信息时代的学生而言都是必不可少的。

(3)视觉素养。与信息素养相似,视觉素养也可能被认为是技术素养的一个子集。随着我们的社会越来越多地依赖图像与视觉交流策略,教育者(Christopherson,1997;Roblyer,1998)也开始强调特别需要有更好的视觉素养。克里斯顿费逊认为,一个具有视觉素养的人可以解释、理解并欣赏视觉信息的意义;更加有效地通过运用视觉设计的原理和概念进行交流;可以运用计算机及其他技术制作视觉信息;并且运用视觉化的方法来建构解决问题的方法。拉布雷尔在研究中发现,视觉素养技能不仅与智商测试的高得分相关,并且也与以后在更多的技能职业领域(如工程专业)的成功相关。克里斯顿费逊发现,那些具有视觉交流技能的学生更具有市场竞争力。

另一方面,信息技术与学校教育融合的"社会必然性"体现在社会对教育现状的不满以及对教育变革的呼唤,这使得教育部门加快对信息技术的应用与融合步伐。对教育现状的不满意是推动信息技术融合的重要动力。经济合作与发展组织(OECD,2009)对学校的研究发现,学校一直处于各种批评之

---

①　M. D. Roblyer. Integrating Educational Technology into Teaching [M]. Upper Saddle River, New Jersey,2003:13.

中——制度过时、变化缓慢、极度的官僚化、传统的教学方法等——但是其中一些方面可能正是由学校系统的本质决定的。[①] 这些批判与社会对学校的期望相关；有些国家和社会期望学校可以提供给所有的年轻人前所未有的长期教育，教给他们广泛的课程内容，满足经济社会发展的需求。但学校系统的僵化、官僚化与封闭性使得社会对学校组织普遍表示不满，强烈要求对学校教育进行变革。

社会各界对教育系统的不满集中表现在对"工厂模式"的学校教育的批判。这种教育模式脱胎于 19 世纪末 20 世纪初的工业社会，反映了工业化年代大生产的需求，其主要成就就在于"生产"了众多具备满足工业社会需求的基本技能和顺从态度的学生。[②] 为满足当今和未来社会的需求，社会各界强烈要求"工厂模式"的学校教育转向"学习型组织"的学校教育，走在实现"所有人终身学习"目标的前沿。

信息技术的广泛使用打破了传统教室的界限，其开放性与交互性为学校教育向"学习型组织"的转型提供了有力的技术支撑。因此，"社会的必然性"将推动教育革新者率先在教育系统中尝试使用信息技术，并试图通过信息技术推动学校教育的变革。

2. 研究的结果推动信息技术与学校教育的融合

"社会的必然性"并不能保证教育系统对技术的大规模投资与使用。为了证明将技术融合于教育之中所花费的资金与时间的合理性，教育行政部门、学校及教师需要确定技术可能会对于改善教育系统所能作出的具体贡献。因此，需要研究机构来回答，"为什么学校应该选择一种基于技术的资源或方法而非其他途径来实现其预期目标？"

尽管自 20 世纪 50 年代开始，信息技术（特别是计算机）已被普遍地应用于教育之中，但研究结果并没有提供一个有力而明确的证据表明计算机对教学的影响。总体而言，有关计算机对教育影响研究的数量与质量均令人失望（Roblyer, Castine & King, 1988）。克拉克（Clark, 1983, 1985, 1991, 1994）公开批评那些"基于计算机的效果"研究，如通过对基于计算机的方法与传统方法进行比较的研究的元分析来总结影响结果的研究。克拉克认为，这些研究大多受到复杂变量的困扰，这些研究试图证明一种方法相对于另一种方法对成绩的显著影响，但没有控制相关变量，如教学方法，课程内容，或者新奇性

---

① 经济合作与发展组织.面向未来的学校[M].李昕,曹娟,译.北京:教育科学出版社,2009:63.
② 经济合作与发展组织.面向未来的学校[M].李昕,曹娟,译.北京:教育科学出版社,2009:48.

等,这些变量可能会增加或削弱成绩。① 因此,克拉克建议教育者应避免将成绩结果作为购买计算机的理由。

但这并不表明,计算机不会对学生的成绩产生影响。一项由米尔肯基金会(Milekn Foundation)资助、发表于教育周刊(Archer,1998)的研究发现,学生在国家教育进展评测(NAEP)中的高得分是与特定的技术类型在特定年级的运用相关:②(1)教师运用计算机进行模拟与应用的八年级学生成绩表现比那些教师没有运用计算机的八年级学生更好;(2)教师运用计算机开展"数学或学习游戏"的四年级学生成绩表现比那些教师没有运用计算机的四年级学生更好;(3)在两个年级中,由那些接受过职业培训的教师执教的学生成绩表现比那些没有接受过职业培训的教师执教的学生更好。同时,这些接受过职业培训的教师所在的学校在良好的"学校氛围"(如,更高的入学率)的评定中得分更高。

米尔肯的研究再次证明了许多教育者的观点:仅仅使用计算机并不会提高成绩,计算机对学生成绩的影响可能来自使用的方式。如果能够以恰当的方式来使用计算机,将会在很大程度上改善学生的学习,特别是对于高阶思维能力的培养具有重要意义。

除了以上这些有关信息技术影响学业成绩的研究外,拉布雷尔在《教育技术与教学整合》一书中也概括了基于研究支持的使用信息技术的四大理由(表4.1)③。

(1)激发学习动机

吸引学习者的注意力。著名的学习理论家 Robert Gagne(1965)认为,吸引学习者的注意力是提供理想的教学条件的关键首要事件。大量的研究证明,技术资源的可视性与交互性特征看起来有助于聚焦学生的注意力,并鼓励他们在学习任务方面花费更多的时间(Pask-McCartney,1989;Summers,1990—1991)。大量的经验性证据显示,教师通常会利用计算机以及多媒体的新奇性以及类似电视机的吸引力来实现吸引并维持学生的注意力的基本教学目标。

① M. D. Roblyer. Integrating Educational Technology into Teaching [M]. Upper Saddle River, New Jersey,2003:11.

② Archer,J. The link to higher scores [J]. Educaitonal Week,1998,18(5):10-21.

③ M. D. Roblyer. Integrating Educational Technology into Teaching [M]. Upper Saddle River, New Jersey,2003:11.

表 4.1　教育中运用信息技术的四大理由

1. 激发学习动机
·吸引学习者关注
·通过操作性作业让学习者参与
·提高控制感
2. 独特的教学功能
·让学习者更容易获取信息及教育资源
·帮助学习者将问题与解决方法可视化
·记录学习者的进步足迹
·为学习者提供学习的工具
3. 支持新的教学策略
·合作学习
·共享智慧
·问题解决及高水平技能
4. 提高教师工作效率
·通过操作性的及能保持活动记录的任务释放教师指导学生的时间
·提供更加准确、更加快捷的信息
·帮助教师更快地制作更漂亮的、学生更喜欢的教学材料

　　通过操作性的活动使学习者参与其中。为了使学习更富有意义,教学过程中教师们通常努力使学生参与创造他们自己的技术性产品,如用计算机进行文字处理(Franklin,1991;Tibbs,1989)、制作超媒体(LaRoue,1990;Volker,1992)以及艺术产品(Buchholz,1991)等。因为这些活动提高了学生的创造性,自我表达,以及他们对自我效能的感知,并产生了看起来专业性的产品,让他们引以为豪,学生非常喜欢这些活动。

　　提高学生对学习的控制感。有研究证明,信息技术有助于提高对学习的控制感,许多学生更乐于学习是因为他们感到能控制自己的学习(Arnone & Grabowski,1991;Relan,1992)。学习者的控制感看起来对于那些处于"危险"中的学生以及那些经历过学业失败的学生具有特殊的意义。当学生能感知到自己控制着自己的学习,内在动机就出现了。

　　(2)独特的教学功能

　　信息技术能营造独特的学习环境,并能促进传统的学习环境更具有活力或更加有效。

让学习者更容易获取信息资源及资源。 Miller(2001)指出，信息技术可以让学生获得大量的信息，也可以让学生了解那些不凭借技术无法接触的人与物，因此，可以极大地拓展学生的学习环境。同时，借助远程学习，所有年龄的学习者都可以他们之前无法获得教育与培训的机会，指导者的物理距离将不再是学习者完成课程或学位的一个障碍。

帮助学习者将问题与解决方案"可视化"。 Kozma(1991)的研究表明，视觉媒体对于那些涉及社会情景或问题解决的学习主题似乎具有独特的教学功能。他指出，视觉媒体提供了有关"具有代表性的社会情景以及任务，如人际交往问题的解决、外语学习或作出道德判断等"强有力的视觉方式。目前，针对此类主题设计的视觉媒体的数量正在不断增加。

跟踪学习进程。 整合学习系统及基于这一系统的相关产品可以利用计算机的独特能力来获取、分析并呈现学生在学习过程中的行为表现的有关数据。当教师试图向一大群学生演示一系列技能时，他们需要有关每个学生已学到以及没有学到的内容的准确的、及时更新的、易于分析的信息。一个精心设计的、基于计算机的数据收集系统（如计算机管理教学系统）可以有效地为教师提供这些基本的信息。

为学习者提供更好的学习工具。 使远距离的学习者相互联系，并且提供各种丰富的在线资源，一直被视为信息技术支持教学、促进学习的独特优势(Marcus,1995)。这些独特的优势包括获得无法通过地方资源获得的信息，发展能使学生在未来学习中受益的研究能力，无须离开教室开展跨文化活动。借助信息技术，不同文化的学生开展在线交流，有助于提升对各种文化的认知，并能提高学生的交往技能。

（3）支持新的教学策略

为使学生能适应由技术驱动的21世纪的生活需求，教育系统正在努力寻求技术资源的帮助，以修补现有的教学目标与方法。一些新的教学革新将受益于技术的运用：

合作学习。 为了提高学生解决复杂问题的能力，教学改革开始强调小组教学与合作学习。许多基于技术的活动可以让学生开展小组合作学习，如设计超媒体产品以及具有特定目的的数据库，运用在线或线下的数据库、视频光盘、多媒体设计研究计划等。

共享智能。 新技术的发展使得将智能仅仅视为一种存在于每个人脑中的观点变得狭隘。"与计算机的智力合作伙伴关系表明，可用的资源以及可塑造的活动并不一定存在于一位或另一位代理人之中，而可能是分布于个人、情景与工具之间。"(Polin,1992)一些教育专家认为,技术最重要的作用可能在于将改变教育的目标以及教育成功的测量方法。

问题解决以及高阶技能。随着现代社会的发展,基本的交流以及数学技能依然是必要的,但同时也需要解决问题以及对复杂问题的批判性思考的能力。诸如多媒体以及网络等技术资源的参与性特征使得教师能够设计那些要求基本节能个的复杂的、长期的目标任务,如此,既能激发学生学习一些他们所必须的低阶技能,同时在此过程中他们也将获得高水平的技能。

(4)提高教师工作效率

运用信息技术还有一个重要的、但经常被忽视的理由是可以帮助教师处理日益增加的文书工作。教师如果花费更少的时间在登记成绩以及准备工作方面,他们将可以花费更多的时间在分析学生的需求,并与学生有更多的直接接触。教师如果能够掌握技术的运用方法,将可以快速地了解有关学生个体需求的准确信息,可极大地提升工作效率。有许多技术资源可以帮助教师提高工作效率:如,文字处理程序,电子表格,数据库,成绩簿,图表,教学管理程序,以及在线交流程序等。同时,运用技术也方便学校、学区以及地区的管理人员保持各种数据记录,并且进行有效的信息交流。

在相关研究的支持下,世界各国(如美国、英国、中国等)纷纷加大了对信息技术的投资,并且从国家层面提出了对教师与学生信息技术能力的要求。但信息技术与学校教育的真正融合还需要解决外部的推动力如何向内部的推动力转化的问题,这就需要我们去关注推动信息技术与学校教育融合的另一方面的重要推动力,即内部推动力。

3. 技术的"相对优势"推动信息技术进入学校教育

根据相关研究,推动信息技术与学校教育融合的内部推动力主要来自教师对技术产品独特效用的认识基础上对技术的认同,也就是教师对技术能够或应该促进教育系统改善的具体作用的认识。

埃弗里特·罗杰斯在他著名的《变革的扩散》(1995)一书中指出,人们发现变革很令人有压力感,并且是非常困难的。因此,人们并不会必然地改变他们原有的行事方式——也就是说,采用革命性的方式——仅仅因为这种变化能给他们带来好处。但如果变革在一些以下五方面有令人满意的水平,则人们更有可能接受变革:[1]

[1] M. D. Roblyer. Integrating Educational Technology into Teaching [M]. Upper Saddle River, New Jersey, 2003:37.

相对优势。人们必须能够认识到新的行事方式相比于现有的方式具有明显的优势。

相容性。人们必须能够发现，新的方式与他们的价值观与信念，与他们先前接受的变革，以及与现有的需要是相兼容的。

复杂性。人们必须能够发现，新的方式是足够简单地来进行学习与运用。

可试用性。如果人们能够逐步试用新的方式，如果能在不得不完全接受一种新方式之间能进行一些小小的尝试，将有助于人们实现转变。

可观察性。如果人们能够观察其他人采用并运用新的方式将有助于他们实现转变。观察已经采用变革的其他人行为也是一种"可试用性"的形式。

罗杰斯的研究显示，这些特征中最重要的就是人们感受到的"相对优势"的程度。另外四个特征实际上只是在于帮助人们认识到是否这些革新的方法相比于原有的方法有足够的优势而使他们值得为此产生转变。

福兰（Fullan，1992）认为，技术的变化应被视为一种重要的革新，而不是一种微小的革新。因此，罗杰斯的"变革扩散"理论不仅可以帮助我们更好地理解人们对创新的接纳过程，同时也可用来解释人们对新技术的采纳过程。从罗杰斯的"变革扩散"理论出发，我们认为，技术与教育融合的内在推动力主要来自于教师对基于技术的教学方法的"相对优势"的认识。只有教师充分地认识到技术的"相对优势"，教师被动、偶然地使用技术转变为主动、全面地使用技术。因此，在技术融合的过程中，我们首先应该帮助教师了解到基于技术的方法相比于传统方法的"相对优势"。

拉布雷尔（2003）认为，要帮助教师进一步认识技术的"相对优势"，需要在技术与教学之间建立联系，不能单从技术自身来考虑技术的使用，而应从教学的需求来考虑技术的运用。我们应引导教师在熟悉、使用技术的过程中关注以下问题："目前我们未实现的教学需求是什么？技术如何能帮助我们实现这些教学需求？"拉布雷尔认为，当教师将技术视为改善教学的一种有效手段，并开始从教学需求的角度来思考技术的时候，如"运用技术是否能使我们现有的教学更加有效？""基于技术的教学是否能教我们原先应该教而无法教的内容？"技术的"相对优势"就开始显现。

拉布雷尔在《教育技术与教学整合》一书中概括了一些信息技术能以其"相对优势"提供更好的解决方案的教与学的问题，如表 4.2 所示。拉布雷尔认为，教师对技术"相对优势"的认识通常开始于一些他们遇到的教学问题（如，学生难以学习一些抽象的、复杂的概念，学生对学科的主题不感兴趣，学生无法实现技术的迁移等）。教师们发现这些问题难以用传统的方法加以解决,于是开始转向技术寻求帮助。

表 4.2　教学的问题与技术的"相对优势"[①]

学习的问题	技术的相对优势
问题:由于概念对学生而言是新的及陌生的,学生存在学习的困难。	技术:模拟软件,基于视频的问题解决。 相对优势:视频化的例子使学生更容易理解系统、问题以及应用的本质特征。
问题:由于主题所涉及的概念是抽象的及复杂的(如物理学,生物学,数学),学生存在学习的困难。	技术:模拟软件,电子表格例子,图形计算器,数学工具。 相对优势:更多可视化的、图形化的演示使抽象概念更加具体,更容易进行操纵,并看到系统中各变量之间的关系。
问题:学习目标是那些将影响更高水平技能获得的低水平但费时间的操作性技能(如书写,计算,数据收集)。	技术:工具软件(如,文字处理,电子表格,探测设备) 相对优势:将低水平的劳动从复杂的任务中分离出来,允许学生关注高水平的技能。
问题:学生需要技能操练,但在纸上进行将是无趣的或乏味的。	技术:操练软件或教学游戏软件 相对优势:结合视频演示,互动以及及时反馈能创造令人激动的操练活动。
问题:学生对学科问题不感兴趣或者认为与他们的生活无关。	技术:基于视频的问题解决,多媒体,以及网络资源。 相对优势:在恰当的教学设计中,这些资源的可视化特征使得教师更易于揭示相关性。
问题:学生难以将他们所学到的技能应用于真正的生活情景。	技术:模拟及问题解决软件,视频化的场景,电子产品的开发。 相对优势:当应用在项目教学中,这些资源有助于更加清晰,更加可视化地将技能与真实世界的问题相连。
问题:学生缺少产品设计的技能,他们并不喜欢准备并阐述书写的报告以及介绍。	技术:电脑排版,多媒体软件,网页制作软件。 相对优势:学生通常发现准备那些看起来专业性的产品令人激动。

---

① M. D. Roblyer. Integrating Educational Technology into Teaching [M]. Upper Saddle River,New Jersey, 2003: 43-44.

续表

学习的问题	技术的相对优势
问题:学生需要学习合作工作并且作为一个群体来递交产品。教师需要一种能激励学生以这种方式开展学习的形式。	技术:多媒体软件制作,网页制作。 相对优势:提供了一种形式使得小组学习变得更具意义。学生不需要在同一个物理空间就可以对小组的作品作出贡献,并且允许学生根据他们自己的能力对产品作出不同的贡献。
问题:学生需要进行技术操练,以使他们无论作为学生还是工人更具有技术的竞争力(技术素养,信息素养以及视觉素养)	技术:所有的软件工具,交流工具,以及表述技术。 相对优势:演示,模拟,并提供那些学生将在工作场所用到的技能与工具的操练。

管理的问题	技术的相对优势
问题:教师没有足够的时间来开展广泛的、由教师纠正的实践活动,因为,这些活动将使得教师没有时间为个体学生提供帮助。	技术:操练软件,带有评价软件的掌上电脑系统。 相对优势:学生的反馈是即时的,教师可以从事其他工作。
问题:学生能够接受先进的教学,但教师却无法教他们。	技术:教学软件,自我教学多媒体模块,远程学习课程。 相对优势:如果进行精心的设计,可以为有能力的学生提供结构性的、有效的学习环境。
问题:教师需要使花费在劳动密集型任务(如,书写,计算,数据收集等)的时间更加有效。	技术:工具软件(如,文字处理,电子表格,探测设备) 相对优势:使教师免于做这些工作,并使教师能更好地利用花费在任务上的时间。
问题:学校没有足够的消耗性材料来开展各种学习活动(如科学实验室,工作簿)	技术:模拟软件,CD-ROM 文本。 相对优势:因为基于计算机的阅读材料与活动不存在消耗,更符合成本效益。
问题:为了完成所要求的研究,学生需要一些在当地无法获取的信息与专业知识。	技术:互联网与电子邮件,多媒体百科全书与地图集。 相对优势:信息资源能够更加容易、更加快捷地获得。
问题:纠正书写的作品(如,作文,书面报告,以及计划书等)需要花费大量的时间。	技术:文字处理,以及多媒体软件,网页制作。 相对优势:相比于打印的,以及手写的材料,这些技术将更容易进行修改,并增加一些新的材料。

经济合作与发展组织(OECD,2009)在《面向未来的学校》一书中指出,教师和学习者作为教育过程的主体需全面了解并实施信息与通信技术的潜力,如此才有可能使信息与通信技术的积极作用得以完全实现。[1] 卡文(Carvin,2000)建议,为推进信息技术与学校教育的融合,应有 30%左右的技术资金用于对教师的职业培训。[2] 根据罗杰斯的变革理论,对教师职业培训的重点应在于让教师了解信息技术的"相对优势"。有研究发现,只有当教师经过使用新技术前的培训,在熟悉、使用技术的过程中充分认识到技术的"相对优势"后,教师将会更加积极、主动地使用技术,并且他们自身的信息技术能力也会在此过程中得到提高,他们将会成为有力的信息技术使用者。[3] 只有到这个时候,信息技术与学校教育的融合才开始真正发生,教师才会开始真正改变他们的教学方式。

三、信息技术与学校教育融合的抵制力研究

有关技术融合的障碍与抵制力一直是技术融合研究的最大热点,国外有许多专家对此问题进行了持续、深入地研究。如,布特莱尔、塞尔布姆(Butler & Sellbom,2002),莱格特、皮斯切特(Leggett & Persichitte,1998),罗杰斯(Rogers,2000),霍佩尔(Hoper,1997),皮切姆(Beacham,1994),卡福拉与科尼(Cafolla & Knee,1995),科恩(Cohen,1987),库本(Cuban,1986),兰(Lan,2000),卢姆莱、贝莱(Lumley & Bailey,1993),埃特梅尔(Ertmer,1999)等人都专门对技术与教育融合过程中的障碍与抵制力进行了长期的关注与研究。

通过对国外有关技术与教育融合的障碍与抵制力研究的梳理,我们发现,影响信息技术与学校教育融合的抵制力大致可以分为以下三大核心因素:(1)技术的因素;(2)教师的因素(即人为的因素);(3)组织的因素。其中,技术的因素、组织的因素可以归为教师的外部抵制力,而教师的因素则属于教师的内部抵制力。

---

① 经济合作与发展组织. 面向未来的学校[M].李昕,曹娟,译. 北京:教育科学出版社,2009:51

② Amy Staples, Marlee C. Pugach, Dj Himes. Rethinking the Technology Integration Challenge:Cases from Three Urban Elementary Schools[J]. Journal of Research on Technology Education, Spring 2005, 37(3): 285-311.

③ Cemil YUCEL, Ismail ACUN, Bulent TRMAN, Tugba METE. A Model to Explore Turkish Teachers'ICT Integration Stages[J]. The Turkish Online Journal of Educational Technology, October 2010, 9(4): 1-9.

1.技术的因素对信息技术与学校教育融合的抵制

有研究表明,就目前而言,技术的因素仍是信息技术融合的最大障碍。约翰·鲍尔与杰弗·肯顿(John Bauer & Jeffre Kenton,2005)对30位技术熟练教师的调查发现,47%的教师认为技术使用过程中需要克服的最大困难就是设备(硬件或软件)的问题,如计算机数量不足或陈旧,容易出现一些机械性的故障,或软件不匹配等。[①]丹尼尔·W.苏丽、大卫·恩斯米格、梅丽莎·哈布(Danile W. Surry,David C. Ensminger & Melissa Haab,2005)对美国126所卡耐基研究基金一期与二期的大学教育学院的院长的调查发现,影响技术融合最重要的因素就是学校的技术设施。[②]他们发现,学校的技术设施与近期学校毕业生的技术能力显著相关,并且与教师团队将技术与教学融合的努力显著相关。

根据国内外相关研究,技术的因素既包括技术的配置,也包括技术的获取以及技术能否有效地使用。为了在教学中使用计算机,合理的技术配置不仅需要装备计算机实验室,更需要在教室内配置计算机。但国内外研究发现,即便在美国中小学也明显地存在计算机配置不当的问题,如有大量的计算机与打印机被安置在实验室,而教室中则缺少相应的计算机与打印机。计算机配置不当的问题也包括配置的不足,如约翰·鲍尔与杰弗·肯顿(John Bauer & Jeffre Kenton,2005)的研究发现,13.3%的教师没有足够的计算机配置。此外,陈旧的、无法正常运作的计算机也是影响计算机技术有效使用的一大障碍。因此,为保证技术的有效使用,中小学校不仅应配置足够数量的计算机,同时还应保持计算机的定期更新。

(1)技术的获取指的是教师是否能够方便、容易地获得技术,主要指的是学校是否有便捷的网络接入,是否有足够的带宽来维持网络的稳定性。约翰·鲍尔与杰弗·肯顿(John Bauer & Jeffre Kenton,2005)的研究发现,有7%的教师将网络连接问题视为技术整合的障碍之一,他们所指的网络连接问题既包括网络连接的比例(互联网的接入),也包括经常性的"网络崩溃"。米金薇与扎顿·阿布巴卡尔(Mee Chin Wee & Zaitun Abu Bakar,2006)的研究也发现,糟糕的网络连接在很大程度上挫败并打击了教师运用技术的积极性。

[①] John Bauer, Jeffey Kenton: Toward Technology Integration in the Schools: Why It Isn't Happening [J]. Journal of Technology and Teacher Education, 2005, 13(4): 519-546.

[②] Daniel W. Surry, David C E. nsminger and Melissa Haab: A model for integrating instructional technology into higher education [J]. British Journal of Educational Technology,2005,36(2):327-329.

他们在研究中发现,教师们普遍反映,网络连接是不可靠的,因为网络连接在没有前兆的情况下,随时可能掉线,可能是由于服务器不稳定,或者遭到病毒或黑客的攻击,或者可能是线路的问题。

(2)技术的有效使用则指的是技术的兼容性与可用性的问题。一是兼容性(与现有系统是否兼容),二是可用性(是否适合教师学生使用)。兼容性的问题是教师在技术融合过程中所遭遇的一个普遍性的技术障碍。拉布雷尔(2003)认为,兼容性既可能源于不同品牌之间的差异性,也可能来自同一品牌新旧版本之间的差异性。但无论是哪种类型的兼容性的问题,都可能对技术的使用与整合产生障碍。因此,拉布雷尔建议,电脑公司应进一步了解客户的需求,在进行产品升级时应尽力维持产品的兼容性。同时,拉布雷尔也建议,一些大的学区或学校可以通过统一购买或升级系统来保证技术的兼容性,也可通过与电脑公司的协商来维持技术的兼容性。

可用性的问题也是教师在技术融合过程中所经常遭遇的一个技术障碍。约翰·鲍尔与杰弗·肯顿(John Bauer & Jeffre Kenton,2005)的研究发现,有许多教师抱怨,"经常难以找到一些价格合理,并适合学生使用的教学软件"。可用性的问题,简单地讲,就是指软件或硬件在供用户使用时的难易程度。国际标准化组织对可用性定义为:"产品能够被特定的用户高效、满意地使用,并能达到特定的目标的程度"(Usability Professionals' Association)。为提高技术的可用性,艾伦·贾纳斯泽乌斯基等人建议,为学校设计的技术资源和设备必须考虑到教师的技术能力水平以及学生的特点,使更多的教师可以使用这些资源,同时也避免学生因软件难以操作而感到困扰,比如有的软件有太多闪烁的图片,会分散学生的注意力,而有的系统则没有帮助信息。如果技术资源和设备的功能与特点很好掌控,那么学习者的注意力自然会落在学习内容上,而非如何操控教学设备上。[①]

总之,如果没有"可靠"(Reliability)的技术,许多教师将会在技术面前却步。正如逖克汤尼(Tickton,1982)所言,"只有教育技术设备变得简单明了,并像日常的家用电器那样方便教师与学生使用,教师才会广泛地使用这些技术"[②]。因此,在信息技术与学校教育的融合过程中,首先需要破解技术的障

---

① [美]艾伦·贾纳斯泽乌斯基,迈克尔·莫伦达.教育技术:定义与评析[M].程东元,王小雪,刘雍潜,主译.北京:北京大学出版社,2010:125.

② Larry CubanTeachers & Machines: The Classroom Use of Technology Since 1920 [M]. Teachers College Press,1986:29.

碍，让教学中的技术成为教师"可靠"的技术。而要破解技术的障碍，为教师的教育教学提供"可靠"的技术，必要的资金支持是必不可少的。因为，技术的发展是日新月异的，学校不可能一次性购买充足的硬件或软件。同时，许多学校的技术性问题可能也正是由于缺少必要的资金来替换旧的硬件与软件。因此，学校必须在年度预算时安排一定的资金，用于技术设备的更新、补充与维修，以保证技术的先进性与可用性。丹尼尔·苏瑞、大卫·恩斯明格、梅丽莎·哈布（Daniel W. Surry，David C. Ensminger & Melissa Haab，2005）更是在其研究中，将资金的因素视为影响技术整合的重要因素。

　　除了从教育行政部门争取必要的资金支持外，有许多研究者建议（John Bauer & Jeffre Kenton，2005），为保证技术的有效使用，学校需要配置一个有时间致力于解决技术问题的技术熟练人员，也可称之为技术协调员（tech-coordinator），以便随时为教师提供技术支持。技术协调员（tech-coordinator）不仅可以在技术整合的初期，帮助教师选择并安装合适的硬件与软件，以保证技术的兼容性，并可以像订购书本一样通过目录来处理软件的订单，将软件下载到学校服务器上，使教师能方便地连接使用。同时，技术协调员还可以在教师运用技术进行教学的过程中，随时帮助教师来处理及排除技术故障，以保证教学的顺利开展。有教师认为，"如果所有的学校都有一个技术协调员来协调教师与课程的关系那真是太好了，我相信到那时技术将可以更好地与课程融合。"[1]

2. 教师的因素对信息技术与学校教育融合的抵制

　　罗德尼·厄尔（Rodney S. Earle，2002）认为[2]，技术的融合是一个高度个人化的过程。它涉及教师的准备（建立信任关系，帮助教师感受并认识基于技术的教学的力量，个人化的训练，以及发现教师需求，兴趣，与关注点），以及教师的承诺，紧跟着承诺的是团队的支持，以及帮助教师解决整合过程中所遇到的问题。罗杰斯（Everett Rogers）也认为[3]，技术的采用过程实际上就是个体的决定过程，在开始阶段：个体了解技术——形成积极态度——决定是否采用或拒绝技术；在实施阶段：个体运用技术—达到预期效果—确认采用决定。个

　　① John Bauer, Jeffey Kenton. Toward Technology Integration in the Schools: Why It Isn't Happening [J]. Journal of Technology and Teacher Education, 2005, 13(4): 519-546.

　　② Rodney S. Earle. The Integration of Instructional Technology into Public Education: Promises and Challenges[J]. ET Magazine Website: http://Books To Read. com/etp, 2002, 42(1): 5-13.

　　③ Rogers, E. M. Diffusion of Innovations [M]. New York: The Free Press, 1995: 60.

体在这两个阶段都将作出采用或拒绝技术的决定。

因此,技术进入课堂的密码最终掌握在教师手中。在技术融合过程中,教师被认为是最关键的因素。埃特梅尔(Ertmer,1999)将影响信息技术融入的障碍分成两类:①第一层面的障碍在于教师的外部(如技术的获得、时间、支持、资源等),第二层面的障碍存在于教师的内部(如态度、理念、实践与抵制等)。埃特梅尔断言,"即便每一个第一层面的障碍(教师的外部障碍)移离,教师也不会自动地使用技术"。实际上,这些障碍只是暂时地消退,而非完全消除,这些障碍将在技术融合的演变过程中持续地"潮起潮落"。因此,埃特梅尔认为,在信息技术与教育的融合过程中,最大的障碍来自于教师的内部。

罗德尼·厄尔(Rodney S. Earle,2002)将教师在技术融合过程中要通过的阶段划分为三个水平层次——信心,能力,与创造性。② 罗德尼·厄尔认为③,这是一个教师从学习者到适应者再到领导者发展的循序渐进的过程。最初,他们只是利用现有的实践,接下去他们适应他们自己的需求,最终他们将创造性地设计他们自己的融合经历。每一水平层次的实现对技术的融合而言都至关重要,并将最终决定教师的技术整合水平,每一个水平层次的实现对教师而言都将是巨大的挑战。

国内外的有关研究发现,就目前来看,教师在技术融合过程的三个水平层次均准备不足:教师普遍缺少对运用技术的信心,并明显表现出技术融合能力的不足,同时也很少表现出创造性的融合行为。这些不足都将在很大程度上阻止教师的技术融合进程。

(1)教师普遍缺少运用技术的信心。约翰·鲍尔、杰弗里·肯顿(John Bauer,Jeffrey Kenton,2005)的研究发现④,教师使用技术的信心是教师学习运用计算机进行教学的一个关键因素。但对于教师而言,技术的运用首先意味着教师个体需要作出改变,接受技术,并能将技术运用于教学之中。罗杰斯

---

① Ertmer, P. Addressing first-and second-order barriers to change: Strategies for technology implementation[J]. Educational Technology Research and Development, 1999, 47(4): 47-61.

② Rodney S. Earle. The Integration of Instructional Technology into Public Education: Promises and Challenges[J]. ET Magazine Website: http://Books To Read. com/etp, 2002, 42(1): 5-13.

③ Rodney S. Earle. The Integration of Instructional Technology into Public Education: Promises and Challenges[J]. ET Magazine Website: http://Books To Read. com/etp, 2002, 42(1): 5-13.

④ John Bauer, Jeffey Kenton. Toward Technology Integration in the Schools: Why It Isn't Happening [J]. Journal of Technology and Teacher Education, 2005, 13(4): 519-546.

的研究（1962）已经证明，大多数个体并不会积极地接受变化，而是更愿意选择观望，等候"大多数人"的共同行动。

同时，雅威兹科斯昆等（Yavuz & Coskun,2008）研究发现，教师对信息技术的积极态度可能会对信息技术的融合（根据教师与学生运用信息技术的数量与质量）产生积极的影响。对信息技术的积极态度可能会增进教师使用技术的信心。但同样，如果教师缺少对使用技术的积极感知，将会在很大程度上影响教师使用技术的信心，并进而影响技术融合的进程。

最为广泛引用的技术采用模型（Technology Acceptance Model,TAM）确定了个体对技术的感知以及实际使用之间的关系，如图 4.1 所示。

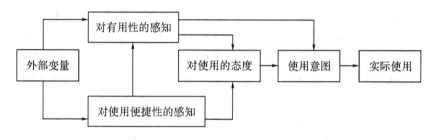

图 4.1　技术采用模型（TAM）[①]

TAM 模型将技术采用者对技术的感知，包括"对有用性的感知"与"方便使用的感知"，视为技术采用的决定性因素。"对有用性的感知"指的是技术采用者认为新技术将在多大程度上改善个体工作，而"对方便使用的感知"指的是技术采用者认为使用新技术将花费较少的努力。因此，对于技术采用者而言，往往是通过"对技术有用性"与"技术使用便利性"的感知建立对技术的积极态度，并形成使用技术的意图。同样，对于教师而言，在实际的技术采用过程中也往往是通过"对技术的有用性"与"使用便利性"的感知来形成对技术的积极态度，获得使用技术的信心。

因此，对于教师而言，在技术融合过程中首先要解决的问题就是形成对技术的积极态度，从而建立对使用技术的信心。有许多研究发现，教师在技术融合过程中往往缺少对技术的清晰感知，特别是对技术有用性的清晰感知。如，美国国会技术评估办公室（U. S. Congress, Office of Technology

① Chonyacha Suebsin, Nathasit Gerdsri. Key Factors Driving the Success of Technology Adoption: Case Examples of ERP Adoption[J]. PICMET 2009 Proceedings, August 2-6, Portland, OregonUSA.

Assessment,1995)指出,"教师普遍缺少一些能显示技术对于他们自身职业运用价值的模型。"并且,"现有的学生成绩的标准化测试也没有反映技术对学习所产生的影响,教师需要了解变化的结果"(OTA,1995)。埃特梅尔(Ertmer,1999)也认为,"有效的技术运用需要帮助教师发展一种如何使用技术实现重要教育目标的视角。"

另一方面,教师普遍对技术持有一种怀疑的态度,担心技术的使用会削弱或剥夺教师的权力,同时也担心技术难以掌握,所以抵制或拒绝使用技术(Marcinkiewicz,2003)。特丽莎•弗兰克林等人(Teresa Franklin,Sandra Turner,Mumbi Kariuki & Mesut Duran,2009)在研究中发现,通常教师并不是不想运用技术,而是因为他们缺少"了解"或"管理"如何在教学中运用技术的能力。教师缺少对技术有用性的清晰感知以及缺少运用技术的能力都将影响教师使用技术的信心,并最终阻止教师的技术整合进程。

(2)教师的技术运用能力普遍不足。约翰•鲍尔、杰弗里•肯顿(John Bauer,Jeffrey Kenton,2005)的研究发现,教师的技术技能水平与教师使用技术的信心显著相关。教师的技术技能水平越高,教师使用技术的信心就越高;同样,教师使用技术的信心又会反过来促进教师技术技能水平的提高。同时,他们的研究也发现,教师使用技术的信心与技能水平将共同影响教师的自我效能感,并最终决定教师的技术融合的进程与水平。

根据最近两个大型教师团体的调查发现,尽管有许多教师对于技术促进学习的满怀希望,但他们同时认为还没有作好准备在教学中运用技术,因为他们普遍缺少充分的职业发展。[①] 同时,技术评价委员会(the Office of Technology Assessment)1995年的报告发现,尽管学校在帮助教师运用基本的技术工具方面取得了显著的进展,但学校的技术整合仍"举步维艰"。[②]

此外,对教师技术运用行为的调查也发现,教师的技术融合并未普遍发生。美国国家教育统计中心(the National Center for Education Statistics,2000)对各种技术在教学过程中的整合进行了研究发现[③]:44%的教师报告在

---

①　Maddux, C. D. Barriers to the successful use of information technology in education[J]. Computers in the Schools,1998,14(3/4):5-11.

②　Office of Technology Assessment, U. S. Congress. Teachers and Technology :making the connection,OTA-HER-616[M]. Washington, D. C:U. S. Government Printing Office,1995:60.

③　NationalCenter for Education Statistics,U. S. Department of Education. Stas in brief:Teacher use of computers and the Internet in public schools[M]. Washington,D. C:U. S. Government Printing Office,2000:60.

教学中运用技术,42%的教师报告运用计算机设备,12%的教师报告运用实践演练软件,41%的教师要求学生运用网络开展研究,20%的教师要求学生运用技术来解决问题以及分析数据,27%的教师要求学生制作多媒体的报告或计划,21%的教师要求学生运用技术进行演示或模拟,还有7%的教师要求学生通过网络与其他人进行练习与互动。

有许多研究发现,教师在技术融合方面的能力不足,不在于缺少技术培训的机会,而在于技术培训的不当。乔斯腾斯学习公司(Jostens Learning Corporation,1997)与美国学校管理人员联合会报告发现,尽管教师培训随时可以获得,但这些培训只关注基本的计算机操作,并没有帮助教师运用技术进行更有效的教学。[①] 凯斯利(Kearsley,1998)的研究也发现,教师的技术培训只关注如何使用计算机,使得我们"只见树木,不见森林",没有解决如何使用各种技术使教学更加有效。凯斯利感叹,教师缺少技术整合的准备(太少并且太晚),他认为,教师需要的是广泛而持续的实践,而不是一天的工作坊。[②] 萨洛蒙(Salomon,2002)也认为,目前教师技术运用的专业发展中的主要问题在于教师往往将他们所接受的计算机培训与他们正在尝试的新的学习理论相分离。萨洛蒙认为,教师技术运用的专业发展应置于一定的背景之中,并且应将学生的学习作为关注的焦点,而不是技术本身。[③]

因此,教师缺乏恰当而持续的技术运用的专业发展被认为是影响教师技术整合的最重要的障碍之一。基于此,近几年来,有许多研究(Habatalla EI Semary,2011;SOIED,1999;Acun,2003;Lawson & Comber,1999)开始关注如何推进教师在技术运用方面的专业发展。

拉布雷尔与厄兰格(Roblyer & Erlanger,1998)对有关如何通过有效的教师培训项目帮助教师更好地了解与运用技术的相关研究文献进行了系统的总结,她们得出以下一些教师技术培训的基本原则[④]:①动手实践,强调整合。技术融合技能不可能通过坐在教室里消极地听讲师讲解或观察演示习得。参

---

① Rodney S. Earle. The Integration of Instructional Technology into Public Education: Promises and Challenges[J]. ET Magazine Website:http://Books To Read. com/etp,2002,42(1):5-13.

② Kearsley, G. Educational technology: A critique[J]. Educational Technology, 1998,38(2): 47-51.

③ Salomom, G. Technology and pedagogy: why don't we see the promised revolution[J]. Educational Technology,2002, 42(2): 71-75.

④ M. D. Roblyer. Integrating Educational Technology into Teaching [M]. Upper Saddle River,New Jersey,2003: 30.

与者必须有机会了解项目,并通过一系列的步骤来创造一个新产品。焦点应该在于如何在教学中运用技术资源,而非仅仅是技术技能。②持续的培训。许多学校发现,传统的专业发展模式,特别是面向全体教师的"一次性"在职培训对于教授技能并帮助教师发展将计算机作为教学工具运用的模式而言是无效的。在职的技术培训应该持续进行。③建模,指导与教练。那些能在自己的教学中示范技术运用模型的教学者一直被认为是最有效的教师培训者。同时,研究发现,一对一的指导与教练项目对于新教师而言也是有效的,而将教师与其他人以及职业发展者相联系也被证明是有效的。此外,许多教师往往是通过同伴交互以及信息分享习得计算机技能。④培训后的机会。教师不仅需要广泛地接触技术以完成培训,同时他们也需要在培训后获得实践以及运用所学内容的机会。

汉伯特拉·赛玛丽(Hebatalla EI Semary,2011)认为,教师技术运用的专业发展应该成为学校技术计划的一个有机组成部分,而不是一种补充。① 她认为,一旦教师技术运用的专业发展被纳入技术计划,将可以确保学校在运用技术促进教学过程中将专业发展作为一个基本的要素加以考虑。汉伯特拉·赛玛丽同时指出,学校的技术计划团队应确保技术计划中的专业发展部分是基于研究基础的,同时能符合有效的专业发展的高标准要求,如国家教师发展委员会(National Staff Development Council)制定的教师发展标准等。

特丽莎·弗兰克林等人(Teresa Franklin, Sandra Turner, Mumbi Kariuki & Mesut Duran,2009)的研究发现,可以通过建立一种"指导关系"(mentoring relationship),为教师提供及时(just-in-time)的专业发展支持,以克服技术融合过程中的障碍。② 特丽莎·弗兰克林等人在一个农村学区的中小学教师与美国中西部一所大学教育学院教学技术专业的研究生建立一种"指导关系",为教师提供课程整合的建模以及根据技术资源重新设计课程的机会,并帮助教师克服技术运用过程中的障碍。"指导关系"可以提供角色建模、认可、确认、咨询以及友情(McArthur et al.,1995),可以更好地满足教师个体的发展需求,并为处于不同技术融合阶段的教师提供相应的设计、实施方面的指导,为教师运用技术进行教学提供支持。在研究的最后阶段,特丽莎·

　　① Hebatalla E I Semary. Barriers to the Effective Use of Technology in Education: Case Study of UAE University[J]. Asian Transactions on Science & Technology,2011,1(5):22-32.

　　② Teresa Franklin, Sandra Turner, Mumbi Kariuki et al. Mentoring Overcomes Barriers to Technology Integration[J]. Journal of Computing in Teacher Education,2009,18(1):26-31.

弗兰克林等人发现，"指导关系"普遍提高了教师在教学中运用技术的信心，并帮助教师解决了许多技术支持问题，极大地提高了教师在教学中的技术运用行为。

大卫·索本（David Thorbun）认为，教师的专业发展是技术融合的关键。因此，他开始探索一种新的教师专业发展形式，即利用在线的专业发展为教师提供"随时随地"（any-time any-place）的技术支持。[①] 大卫·索本认为，相比于传统的面对面的专业发展，在线的专业发展有许多优越性：如，在线的专业发展可以通过网络与其他有共同动机、技能与需求的教师相互联系，这对于农村或偏远地区的教师来说特别有用，因为他们可能是某一学科的唯一教师；在线的专业发展可以为教师提供持续的专业支持，因为教师更容易与专家取得联系；而在线的专业发展的最大优越性就在于其灵活性。在线的专业发展可以打破时间和空间的限制，对于忙碌的教师而言，可以根据他们可行的时间来选择参加学习活动。在具体的实施过程中，大卫·索本认为，在线的专业发展可以运用同步与异步相混合的策略进行，也可以将在线与面对面的策略相混合进行。并且，在线的专业发展还可以根据教师的需求进行调整，这将使得在线的专业发展不仅具有吸引力，同时也更具有效性。帕迪尼（Pardini，2002）对美国三个大型学区的研究发现，通过利用一定形式的在线专业发展，这些大型学区的学校在技术整合方面取得了巨大的进展。[②]

（3）教师普遍缺少创造性运用技术的能力。杰米尔等人（Cemil Yucel，Ismail Acun，Bulent Tarman，Tugba Mete，2010）对土耳其乌沙克市 37 所中小学的 200 位教师的调查发现，根据胡珀和里贝尔（Hooper & Rieber，1995）的技术运用五阶段标准，大部分教师处于技术运用的第一与第二阶段（即进入与熟悉阶段），有少部分教师处于技术运用的第三与第四阶段（即适应与改编阶段），而调查中所有的教师都没有表现出第五阶段（即创造性运用阶段），即融合到新的行为特征。

汉伯特拉·赛玛丽（Hebatalla E I Semary，2011）的研究也发现，教师在技术运用的第一阶段（即了解技术在教学中的潜能）以及第二阶段（在教学中常规地使用技术）表现出极大的积极性，但他们对于技术融合的更高阶段（即，

①　David Thorburn. Technology Integration and Educational Change：Is it Possible？［EB/OL］．www. usask. ca/education/cousework/802.

②　Pardini，P. Inside the Wired District［J］．Journal of Staff Development，2002，23（1）：18-22.

技术的改变以及创造性地利用技术)并没有表现出相应的积极性及相应的行为。[①]

陈忠才等人(Chin-Chung Tsai & Ching Sing Chai,2012)在其研究中指出,在技术融合过程中,教师不仅将遭遇埃特梅尔(Ertmer,1999)所界定的第一层面的障碍,即教师的外部障碍,如缺少技术的获得、时间、支持、资源等,同时也将遭遇第二层面的障碍,即教师的内部障碍,如教师的教学理念、技术理念以及变革的意愿等。他们认为,即便第一层面的障碍与第二层面的障碍都被移离,技术的融合也不一定发生,因为教师还缺少一种"设计思想"(design thinking)[②]。"设计思想"寻求变化,改善目前的局势,并创造所期望的内容。"设计思想"不仅将处理第一层面的障碍,同时也将处理第二层面的障碍。"设计思想"将处理所有构成问题的障碍,这些障碍都需要通过人类的创造性思想来加以处理与解决。

陈忠才等人(Chin-Chung Tsai & Ching Sing Chai,2012)认为,技术融合的成功关键在于创造性的"设计思想"的运用。因为,教学环境以及学生是动态变化的,教师需要借助设计思想来重新组织或创造学习材料以及活动,以适应不同环境或者不同群体学生的学习需求。但陈忠才等人(Chin-Chung Tsai & Ching Sing Chai,2012)发现,提高教师的"设计思想"并没有成为目前教师培训项目的一个主要内容。因此,缺少"设计思想"的技能与意向被蔡今中等人(Chin-Chung Tsai & Ching Sing Chai,2012)认为是技术融合的第三层面的障碍。

第一层面的障碍(即教师的外部障碍)的移离将促进教师的技术运用,第二层面的障碍(即教师的内部障碍)移离则使得教师更愿意将技术与教学相整合。在这两个阶段,教师只是在特定时间、特定环境中运用技术。只有通过减少第三层面的障碍(即教师的"设计思想"),教师才能更加灵活、有效地实现技术融合。只有到那个时候,教师才能在恰当的时间、恰当的地方运用技术。因此,提高教师的"设计思想"将是进一步推进技术融合的最关键的因素。

---

① Hebatalla E I Semary. Barriers to the Effective Use of Technology in Education: Case Study of UAE University[J]. Asian Transactions on Science & Technology, 2011, 1(5): 22-32.

② Chin-Chung Tsai, Ching Sing Chai. The "third"-order barrier for technology-integration instruction: implications for teacher education[J]. Australasian Journal of Educational Technology, 2012, 28(6): 1057-1060.

3. 组织的因素对信息技术与学校教育融合的抵制

有研究表明[1]，信息技术与学校教育的融合将需要花费更多的时间与努力，能否获得组织的支持将在很大影响信息技术与学校教育的融合。乔斯特和萨克尼伯格（K. L Jost & S. L. Schneberger,1994）在组织中的技术采用模型中，将用户对系统与组织支持的感受视为影响个体是否尝试学习与使用技术的两个主要因素之一。[2] 巴尔特与赛尔布姆（Bulter & Sellbom,2002）在研究中发现[3]，教师们普遍将缺少组织的支持视为信息技术与学校教育融合的一个主要障碍。但在具体的教学实践中，许多研究者（Mee Chin Wee & Zaitun Abu Bakar, 2006；Beacham, 1994；Cafolla & Knee,1995）发现[4]，现有的教学组织普遍具有一种内在的对信息技术的文化抵制力与被动性，并在具体的行为中普遍表现出缺少对信息技术与教育融合的组织支持。

拉里·库班（Larry Cuban,1986）的研究发现[5]，教师的选择、训练、经历以及教师的信念都使得教学组织产生了一种根深蒂固的保守主义，即不愿意改变现行的实践模式，并在教学中使用技术设备。拉里·库班认为，教学是少数几个这样的职业——当个体作为学生时就开始通过近距离观察教师的行为，年复一年地学习如何进行教学。而现行的教师招募与选择制度更使那些普遍对教学有好感的年轻人进入了教学系统，他们会倾向于维持现有组织的稳定性（使用传统的技术形式，如书本、黑板等），而非挑战现有的组织（使用新的技术形式，如信息技术）。

拉里·库班还认为，教学系统自身具有一种对变化的提防态度以及对自动化设备的戒备反应。从教师成为一个独立的教学实践者开始，他就需要面对复杂的教学场景，需要在进行教学时使全班的学生能以有序的方式开展活动。因此，教师会倾向于运用那些他记得曾经在课堂中运用的实践方式或采用来自于老教师的建议方式。有经验的同事也会以非正式的方式给予帮助，

---

① Darrell L. Butler, Martin Sellbom. Barriers to Adopting Technology for Teaching and Learning [J]. Educause Quarterly, 2002, 25(2)：22-25.

② Darrell L. Butler, Martin Sellbom. Barriers to Adopting Technology for Teaching and Learning [J]. Educause Quarterly, 2002, 25(2)：22-25.

③ Darrell L. Butler, Martin Sellbom. Barriers to Adopting Technology for Teaching and Learning [J]. Educause Quarterly, 2002, 25(2)：22-25.

④ Darrell L. Butler, Martin Sellbom. Barriers to Adopting Technology for Teaching and Learning [J]. Educause Quarterly, 2002, 25(2)：22-25.

⑤ Larry Cuban. Teachers and Machines：The Classroom Use of Technology Since 1920 [M]. Teachers College Press,1986；59.

并且持续向新手教师展示教学的常规与期望。所有这一切,职业智慧、教学常规以及每天的教学实践都将强化现行的教学行为,而非孕育技术的革新。

拉里·库班发现,在这些教学经历基础上所形成的教育信念进一步强化了教师与学生个人联系的满意度,并成为了教师的一个独特观念。菲利浦·杰克逊(Philip Jackson)也认为,很少有教师会欣赏工程师在实现具体目标、完成任务以及生产有形产品过程中对速度、效率以及准确度的追求。[①] 相反,教师们普遍认为,人与人之间的关系是学生学习过程中的基本要素,而技术的运用则在很大程度上替换,干扰或者削弱了教师与学生之间的关系,因此是具有负面意义的。这些经历与观念最终使得现行的教学组织普遍具有一种对信息技术的内在文化抵制力与被动性,难以热情而平和地接受技术进入教学之中。

海涅克(Heinich,1984)从学校组织系统的角度对媒体的使用进行了分析,他借用"行业结构"来形容教学,并且指出[②],当前的组织结构赋予了教师选择教学媒体和教学方法的权利,教师会很自然地拒绝使用那些可能取代教师地位或将教师置于次要地位的媒体。例如,教师在选择教科书时,会选择那些将教师作为教学主体的教学材料,而不愿意使用那些不需要教师参与,而自身就能够完成教学任务的材料,例如程序教学材料。教师为了保全他们在教学中的传统角色以及在教学组织中的地位,通常会"将各种媒体在教学中的地位降低到辅助性的位置",并且拒绝使用那些需要对教学权利、角色以及结构进行系统调整的技术。海涅克发现,如果教学的核心功能包含在教学材料之中,那么教师将会拒绝使用这样的技术及具体应用。教师可以接受普通教科书,但是不能接受程序教学材料;可以接受视频形式的辅助材料,但是不能接受电视教学材料;可以接受用于通信和文字处理的计算机,但是不能接受完全自我学习的课程。

国外一些研究者认为,学校作为一种社会组织,在根本上是与新技术相抵触的。学校自身所固有的内部稳定性不但是学校作为一个生态系统所具备的显著特征,同时也是学校作为一种社会组织所体现的天然倾向性。霍达斯(Hodas)认为,学校作为社会组织,其目标"不是解决一个具体的问题,而是去

---

① Larry Cuban. Teachers and Machines: The Classroom Use of Technology Since 1920 [M]. Teachers College Press,1986:60.

② [美]艾伦·贾纳斯泽乌斯基,迈克尔·莫伦达.教育技术:定义与评析[M].程东元,王小雪,刘雍潜,主译.北京:北京大学出版社,2010:138.

舒缓外部带给组织内的压力，或者是去抑制正常渠道产生压力的能力"。[1] 换句话说，学校在根本上是抵触那些可能给现行惯例带来压力的变化。

现行的教学组织对信息技术的内在文化抵制力与被动性表现在具体的教学与管理行为中，就是对信息技术与学校教育的融合缺少组织支持。现有的教学组织缺少对信息技术与学校教育融合的组织支持，首先表现在管理者的态度与行为方面。米金薇与扎顿·阿布巴卡尔（Mee Chin Wee & Zaitun Abu Bakar，2006）的研究发现，有 38.5% 的教师认为，管理者并没有提供一些激励性的措施以鼓励教师将信息技术与教育融合，管理者既没有信息技术与学校教育融合的愿景，也没有提供一些如何将信息技术与学校教育融合的清晰的指导，并且也没有启动一些项目来鼓励信息技术与学校教育的融合。[2] 管理者的消极态度与行为在很大程度上挫伤了教师对信息技术与学校教育融合的积极性。正如，约翰·鲍尔与杰弗·肯顿（John Bauer & Jeffre Kenton，2005）在研究中指出，除非管理者带头有所作为，否则学校将持续落后于社会的其他方面。[3]

其次，缺少组织支持也表现在学校对技术问题的响应机制方面。巴尔特与赛尔布姆（Bulter & Sellbom，2002）的研究发现[4]，有许多教师对学校对技术问题的响应不满意。一些教师的不满意来自于技术问题并没有得到及时地解决。而另一些教师则认为，技术支持人员表现得满不在乎，并且没有认真地对待技术问题，或者技术支持人员并不能解决所有的问题。因此，实际上许多教师将学校对设备故障的缓慢响应视为缺少组织的支持。

最后，缺少组织支持还具体地表现在时间的不足方面。摩根（Morgan，2004）的研究发现，由于信息技术的使用极大地增加了教师的时间花费，有一些教师开始减少他们信息技术工具的使用。在国内外许多有关信息技术与学校教育融合的研究（Ertmer，1999；Fabry & Higgs，1997；OTA，1995）中均将时间的不足问题视为影响信息技术与教育融合的重要障碍。具体地讲，时间

---

[1] Larry Cuban. Teachers and Machines：The Classroom Use of Technology Since 1920 [M]. Teachers College Press，1986：65.

[2] Mee Chin Wee & Zaitun Abu Bakar. Obstacles Towards the Use of ICT Tools in Teaching ang Learning of Information Systems in Malaysian Universities[J]. The International Arab Journal of Infromation Technology，2006，3(3)：203-209.

[3] John Bauer，Jeffey Kenton. Toward Technology Integration in the Schools：Why It Isn't Happening [J]. Journal of Technology and Teacher Education，2005，13(4)：519-546.

[4] Darrell L. Butler，Martin Sellbom. Barriers to Adopting Technology for Teaching and Learning [J]. Educause Quarterly，2002，25(2)：22-25.

的不足问题表现为以下三方面：一是设计时间的不足。约翰斯顿与麦考马克（Johnston ＆ McCormack，1996）的研究发现[①]，教师抱怨，开发基于技术的教学材料将花费大量的额外时间。约翰·鲍尔与杰弗·肯顿（John Bauer ＆ Jeffre Kenton，2005）的研究也发现[②]，教师们普遍反映，与传统的课堂教学相比，设计运用信息技术的教学将要花费更多的时间。至少，教师需要设计备份的教学方案以防技术失败。并且，基于技术的教学设计还需考虑当小组中的一个学生在使用计算机时，其他的小组成员如何能有效地参与小组的创造性活动。此外，教师还需要设计轮流使用的计划，以便平等地分享有限的计算机使用时间。

二是教学时间的不足。一方面，现有的课程安排（包括课表、时间与班级规模）无法保证学生有足够的时间使用计算机或接触技术。以计算机实验室的使用为例，学生需要花费很多时间用于非教学的任务，如开机，接受指令，寻找资源，关机等。他们在进入计算机实验室后，不得不找到能够使用的计算机，开机，下载资源或者登陆学校的服务器，听指令并阅读讲义。接着，他们运用键盘以及菜单找到指定的位置。这些动作通常需要花费 10 分钟左右的教学时间。减去用于关闭实验室的时间，一节好的信息技术课堂教学最多可能有 25～30 分钟的有效教学时间。[③] 另一方面，为了管理信息技术工具，教师也将需要花费大量额外的时间。例如，为了管理一个邮箱账户，教师可能需要花费远多于他们预期的时间来回复学生的邮件或者删除垃圾邮件，并且，在作业截止时间或考试期间，他们接收到来自学生的邮件将可能成倍地增加。因此，有许多教师并不打算运用在线的论坛，仅仅是因为他们没有时间来监控在线论坛的活动。[④]

三是用于培训学习的时间不足。信息技术的发展是迅猛和快速的，因此，为了确保教师具备必要的运用信息技术的知识与技能，对教师持续开展有关

① Mee Chin Wee, Zaitun Abu Bakar. Obstacles Towards the use of ICT Tools in Teaching and Learning of Information Systems in Malaysian Universities [J]. The International Arab Journal of Information Technology, 2006, 3(3): 203-209.

② John Bauer, Jeffey Kenton. Toward Technology Integration in the Schools: Why It Isn't Happening [J]. Journal of Technology and Teacher Education, 2005, 13(4): 519-546.

③ John Bauer, Jeffey Kenton. Toward Technology Integration in the Schools: Why It Isn't Happening [J]. Journal of Technology and Teacher Education, 2005, 13(4): 519-546.

④ Mee Chin Wee ＆ Zaitun Abu Bakar. Obstacles Towards the Use of ICT Tools in Teaching ang Learning of Information Systems in Malaysian Universities[J]. The International Arab Journal of Infromation Technology, 2006, 3(3): 203-209.

在教学中运用信息技术的培训是非常有必要的。巴尔特与赛尔布姆（Bulter & Sellbom，2002）认为①，仅仅培训并不能解决所有应该学习的问题，培训可以帮助教师了解技术的性能，帮助教师学习如何使用技术，但培训并不能完全匹配教师的个体需求以及使用情景的特殊性（如，教室之间的差异性等）。巴尔特与赛尔布姆（Bulter & Sellbom，2002）的研究发现②，教师们普遍反映，不仅缺少时间参加培训与工作坊的研修班，同时更缺少时间用于学习运用新技术。也就是说，教师在接受培训之后，在教学中实际运用技术之前，往往缺少在学校的真实情景中尝试运用技术的时间和机会。因此，为了有效地使用技术，学校不仅应为教师提供更多的培训时间和机会，更应为教师提供尝试运用计算机的时间与机会，帮助教师发现运用中的问题，并在常规运用技术之前纠正这些问题，同时为教师提供更多与其他教师分享使用经验（Chizmar & Williams，2001），设计并调整基于技术的教学方法的时间和机会。

尽管对技术融合的障碍研究已持续相当长一段时间，但大卫·索本（David Thorburn，2004）发现③，许多影响技术与教育融合的障碍一直维持至今。大卫·索本认为，这可能是由于这些障碍一直是被孤立地加以处理，一种单一的克服障碍的策略可能只是移离了障碍，但并没有导致增加或改进技术在学校中的运用。罗德尼·厄尔（Rodney S. Earle，2002）发现④，阻止信息技术与学校教育融合的抵制力如果是被孤立地、单独地加以处理，而没有从系统地、整体的视角加以应对，那么被消除或减弱的抵制力将很快会恢复原样。因此，要推进信息技术与学校教育的真正融合，需要一种从系统的、整体的视角来处理信息技术与学校教育融合障碍的解决方案，而不是一种仅仅关注表面症状的快速修补或创可贴式的解决方案。

---

① Darrell L. Butler, Martin Sellbom. Barriers to Adopting Technology for Teaching and Learning [J]. Educause Quarterly, 2002(2): 22-28.

② Darrell L. Butler, Martin Sellbom. Barriers to Adopting Technology for Teaching and Learning [J]. Educause Quarterly, 2002(2): 22-28.

③ David Thorburn. Technology Integration and Educational Change: Is It Possible[DB/OL]. http://etad.usask.ca/802papers/thorburn/.

④ Rodney S. Earle. The Integration of Instructional Technology into Public Education: Promises and Challenges[J]. ET Magazine Website: http://Books To Read.com/etp, 2002, 42(1): 5-13.

第二节　信息技术与学校教育融合的过程与阶段研究

从技术教育化的视角来看,信息技术与学校教育融合的过程实际上是信息技术在教育系统中的应用与扩散过程,同时也是学校教育对信息技术的"选择""应用"与"创造"过程。因此,在这一部分,本书将从技术教育化的视角出发,深入探寻信息技术与学校教育融合的过程与阶段。

一、技术扩散的过程模型研究

要了解技术教育化的过程与阶段,首先要了解技术扩散的过程与阶段。有关技术采用与扩散的研究实际上已持续相当长一段时间(Surry & Brennan,1998)。这一领域中许多重要的、早期的研究是由那些农村社会学研究者开展。[①] 但最为广泛引用、最具影响力的研究者则无疑是艾弗里特·罗杰斯(Everett Rogers)。罗杰斯于 1962 年出版的《创新的扩散》一书可能是该领域最重要的一本著作,目前已出版发行了第四版。该书为我们提供了有关技术采用与扩散理论的全面概述,并为技术在学校中的运用研究奠定了理论基础。

1. 罗杰斯的创新扩散模型——"五阶段理论"

罗杰斯从多个领域(如教育、医药、公共政策以及农业等领域)的研究成果中精选出 405 个案例,将其整合在一起,最终形成了一个模型报告,并提出了与创新传播有关的阶段、过程、变量等。罗杰斯(1995)在这个研究中发现,影响创新传播的主要因素有:"(1)新技术,(2)通过一定渠道传播,(3)经历一段时间,(4)在社会系统中有一定数量的用户"。在此基础上,罗杰斯提出了著名的创新决策过程模型。

罗杰斯的创新决策过程模型(见图 4.2)认为,创新的采用并不是一个单一的行为,而是一个随着时间逐步发展的过程。[②] 潜在的采用者在与创新的

---

① Daniel W. Surry, Donald P. Ely. Adoption, Diffusion, Implementation, and Institutionalization of Educational Technology[EB/OL]. http://www.southalabama.edu/coe/bset/surry/papers/adoption/chap.htm.

② Daniel W. Surry, Donald P. Ely. Adoption, Diffusion, Implementation, and Institutionalization of Educational Technology[EB/OL]. http://www.southalabama.edu/coe/bset/surry/papers/adoption/chap.htm.

互动中将经历五个发展阶段。第一阶段是"了解"（Knowledge），潜在的采用者注意到一种创新行为，并对创新行为进行一些基本的了解，如基本的概念及如何运作。第二阶段是"思考"（Persuasion），潜在的采用者将形成对创新行为的积极或消极态度。第三阶段是"决定"（Decision），潜在的采用者将决定是采用或是拒绝创新行为。第四阶段是"实施"（Implementation），创新开始被实际运用。第五阶段是"确认"（Confirmation），采用者进一步收集有关创新行为的信息，并决定是否继续或者放弃运用创新行为。"确认"阶段同时也指的是采用原先被拒绝的创新行为。

图 4.2　罗杰斯的创新决策过程五阶段模型①

罗杰斯在创新扩散的研究中提出了一个非常重要的概念：创新采用者分类。罗杰斯认为，对于任何特定的革新而言，总有一部分人乐意接受，而另一部分人则不太乐意接受，各种不同类型的接受者形成了一个正态曲线分布（见图 4.3）。根据正态曲线模型，罗杰斯划分了五种类型的技术采用者："革新者"，"早期采用者"，"早期的大多数"，"后期的大多数"，"落后者"。"革新者"指的是那些乐于接受创新的人，占总人数的 2.5％。"早期采用者"大约占总人数的 13.5％。多数人被归入"早期的大多数"（34％）或者"后期的大多数"（34％）类别。"落后者"指的是那些到最后仍拒绝革新的人，大约占 16％左右。"创新采用者"分类概念被认为是重要的，因为分类概念表明，所有的革新在被特定人群广泛接受之前都必将经历一个自然的、可预测的，并且有时也将是一个非常漫长的过程。

此外，罗杰斯在《创新的扩散》中还提出了另一个重要的概念："S"形的曲线分布（见图 4.4）。罗杰斯认为，技术的采用或扩散实际上是技术被社会系统中的成员逐步接受的过程，从路径来看呈一种"S"形的曲线分布：通常是缓慢地开始，之后会经历一个加速发展时期，接下去减速，最终接近零，因为几乎所有的组织成员都已经采用了技术。技术的快速扩散通常发生在社会因素与

---

① Daniel W. Surry, Donald P. Ely. Adoption, Diffusion, Implementation, and Institutionalization of Educational Technology[EB/OL]. http://www.southalabama.edu/coe/bset/surry/papers/adoption/chap.htm.

技术因素的双重作用下,当有更多的社会成员(50％以上)开始采用技术,技术将经历了一个快速发展的时期。

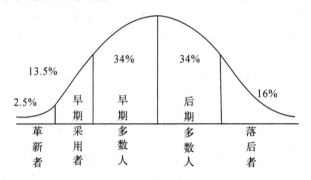

图4.3　创新采用者的人口学分布图[①]

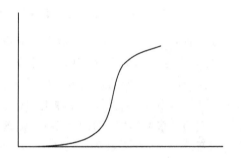

图4.4　"S"形创新扩散曲线[②]

　　根据罗杰斯的正态曲线模型,在信息技术与学校教育的融合过程中,有些学校与教师将更乐于成为技术运用的革新者,而有些学校与教师则始终落在技术运用的最后。研究发现,那些接近退休的教师在技术运用的过程中更有可能会感到自我不足感,并产生对技术的消极态度,这可能是由于这些教师在获取有关如何融合技术的知识与技能方面存在较多的困难。[③]

　　罗杰斯的创新扩散理论确定了"创新"扩散的三大关键要素:渠道、时间与潜在用户,并重点研究了个体对新技术选择和采纳过程,被视为是早期一种经

　　①　[美]埃弗雷斯·M.罗杰斯.创新的扩散[M].辛欣,译.北京:中央编译出版社,2002:140.
　　②　[美]埃弗雷斯·M.罗杰斯.创新的扩散[M].辛欣,译.北京:中央编译出版社,2002:140.
　　③　Cemil Yucel, Ismail Acun, Bulent Trman, Tugba Mete. A Model to Explore Turkish Teachers' ICT Integration Stages[J]. The Turkish Online Journal of Educational Technology, October, 2010, 9(4):1-9.

典的技术采用与扩散理论。但总体而言，这套理论所立基的环境与中小学及大学存在较大差异。[1] 罗杰斯(1962)所考察的一些典型案例都是用户在工作环境之外为了自身需要而利用的新技术，主要关注个体层面的技术采纳过程。然而，在真实的中小学和大学环境下，重要的新技术采纳不但与潜在用户的自身需求相关，更与来自组织方面的限制与影响相关。

2. 霍尔和霍德的技术扩散模型——"基于关注度的变革模型"

20世纪70年代开始，美国的两位研究者吉纳·E.霍尔和雪莱·M.霍德开展一项为期30多年的针对学校变革的研究，在这项研究中，他们提出了一个"基于关注度的变革采纳模式"(Concerns-Based Adoption Model,CBAM)。这一模式为研究信息技术在学校环境中的采用与扩散提供了有力的理论支持。

霍尔和霍德(Hall & Hord,1987)所开发的"基于关注度的变革采纳模型"(CBAM)是专门针对学校环境而开发的变革扩散模型，这种变革当然也包括技术的扩散。CBAM模型认为，学校环境中的变革，如新技术的采纳及使用过程主要是一个围绕教师需求而展开的心理过程。这个心理过程被称之为"关注"[2](concerns)，指的是人们在使用技术的过程中对技术使用的进展状况及影响和效果的思考与感受。霍尔和霍德认为，无论人们参与的是何种类型的技术采用过程，都会有一个情感的维度，也即对技术或变革的感受与思考，因此，在技术使用者身上都可以发现"不相关""自我""任务"和"影响"这四种不同的关注阶段。

"不相关"表示个体尚未注意到新技术；"自我"与"任务"阶段，个体开始根据自身的需求评估技术的运用，是个体对技术的选择与采纳阶段；而在"影响"阶段，个体则开始评估技术对学生的影响，并开始与同事合作创造性地使用技术。

霍尔和霍德认为，使用者对于技术改进的认识和体验能够通过他们的问题反映出来，同时也能够通过他们对技术的使用体现出来。[3] 总体来说，使用

---

① ［美］艾伦·贾纳斯泽乌斯基,迈克尔·莫伦达.教育技术:定义与评析[M].程东元,王小雪,刘雍潜,译.北京:北京大学出版社,2010:140.

② 把一个人的感受和体会称为"关注"(concerns)的首先是弗郎西斯·福勒(Frances Fuller, 1969)。弗郎西斯·福勒在对师范生的关注状况进行深入研究后,提出了一种模式来概括师范生对职业关注度的四个发展阶段:这四个阶段分别是不相关(unrelated)自我(self)任务(task)和影响(impact)。

③ ［美］艾伦·贾纳斯泽乌斯基,迈克尔·莫伦达.教育技术:定义与评析[M].程东元,王小雪,刘雍潜,译.北京:北京大学出版社,2010:140.

者早期提出的问题更多的是一些知识性的问题,例如:这种技术的内容是什么? 对我有什么影响? 当这些知识性的问题解决后,使用者所提出的问题就是以任务性的问题为主,例如:我如何组织学习? 为什么这种方法要花费这么多时间? 最后,当知识性及任务性的问题提完后,学习者个体就开始关注技术的具体效果。这时,使用者会提出这样的问题,例如:这种改变会对学生的学习产生作用吗? 会不会有更好的方法?

根据人们在技术使用过程中的问题,霍尔和霍德将人们对技术使用的关注度分为 7 个阶段:(0)注意,(1)了解,(2)个体认识,(3)管理,(4)结果,(5)协作,(6)重新关注。如表 4.3 所示。

表 4.3   关注的发展阶段:常见的关于关注阶段的表述方式①

关注的发展阶段	常见的表述方式
影响 6 重新关注	对……有些想法,能让情况变得更好。
5 协作	我现在经常把我做的事情与同事们正在做的事情联系起来。
4 结果	我所做的事情将会给我的当事人带来怎样的影响?
任务 3 管理	准备材料似乎花光了我所有的时间。
自我 2 个人认识	采纳这项革新会给我带来什么影响?
1 了解	我想对它进行更多的了解。
0 注意	我根本就不关心这件事情。

霍尔和霍德认为,与个体不同的关注度发展阶段相关,技术的使用不能简单地归为采纳或拒绝。在任何一种技术的使用过程中,技术使用者都将以自己不同的方式进行操作和实践。因此,从技术使用者不同的具体行为出发,霍尔和霍德识别并验证了个体使用技术的 8 个不同层次(基本上与关注度发展阶段相对应)。在这个使用层次的连续体上,每个技术使用者都能找到某种自己的位置。如表 4.4 所示。

---

① [美]吉纳·E. 霍尔,雪莱·M. 霍德. 实施变革:模式、原则与困境[M]. 吴晓玲,译. 杭州:浙江教育出版社,2004:74.

表 4.4　技术的使用水平[①]

实施者	Ⅵ	更新	使用者寻找现有新技术的更好的替代技术。
	Ⅴ	统整	使用者做出专门的努力，与他人协商新技术的使用。
	ⅣB	提高	使用者做出一些调整来提高技术的使用效果。
	ⅣA	习惯	使用者不再对新技术做出调整，并形成了应用的模式。
	Ⅲ	应用	使用者已经开始对现有技术做出调整以便更好地利用新技术。
非实施者	Ⅱ	预备使用	使用者已经对新技术的使用有了较为明确的计划。
	Ⅰ	有意向	使用者对某个新技术有兴趣，并开始收集相关信息。
	0	不使用	使用者对技术没有任何兴趣，不采取任何行动。

霍尔和霍德认为，推进技术使用的干预措施应该与技术使用者对技术的关注程度及与之相应的具体实施水平相互协调统一，选择何种类型的干预方案来促进变革，同样需要建立在这种个别化的关注与行为模式上。大量的研究与实践表明，那些了解技术使用过程中个体的关注阶段与实施水平这个概念并应用相应测评方法的变革促进者，能够采取更加合理、适当的干预措施，为技术使用者提供一定的帮助，从而推动技术使用者个体的技术应用水平向更高阶段发展。

霍尔和霍德所开发的"基于关注度的变革模型"不但关注了个体对技术的选择和采纳过程，同时也注意到个体对技术的使用与创造过程。虽然该模型主要的关注点仍在教师个体层面，但霍尔和霍德也注意到教师在技术的使用与创造过程需要考虑的组织因素。他们发现，教师不但会考虑自身的需求，同时也会评估技术对学生的影响，并通过与同事的合作来实现对技术的创造性使用。也就是说，组织因素会对个体采纳和使用技术的影响。实际上有研究发现，个体采纳某项新技术的决定并不能左右更大的系统内是否采用某项新技术的决策。[②] 因此，根据霍尔和霍德的研究，为全面了解技术在组织中的扩散过程，我们还需要从组织的层面来了解技术的采纳与使用过程。

3. 美国教育技术 CEO 论坛提出的技术融合周期

1999 年，美国教育技术 CEO 论坛提出了一个技术融合的周期（如图 4.5 所示），这个技术融合周期模型主要关注学校层面的技术扩散过程。该模型认

---

① ［美］艾伦·贾纳斯泽乌斯基，迈克尔·莫伦达. 教育技术：定义与评析［M］. 程东元，王小雪，刘雍潜，译. 北京：北京大学出版社，2010：140-141.

② ［美］艾伦·贾纳斯泽乌斯基，迈克尔·莫伦达. 教育技术：定义与评析［M］. 程东元，王小雪，刘雍潜，译. 北京：北京大学出版社，2010：141.

为,学校层面的技术融合过程主要包含以下四个阶段。阶段一:计划、调查和实验,学校通过调查和实验的方式尝试使用新技术;阶段二:最初资本的投入,在经过最初的调查实验阶段后,学校将扩大对新技术的投资;阶段三:调整阶段,随着新技术使用的深入,学校开始对教育教学进行调整,以获得更大的技术效益;阶段四:新工作和组织模式的出现,随着学校对内部组织的调整,学校将会出现新的工作和组织模式。在第四阶段新工作和组织模式出现后,该技术在学校中的扩散过程就基本完成,当下次有新技术的出现,又将沿着阶段一到阶段四的过程在学校系统中进行扩散。

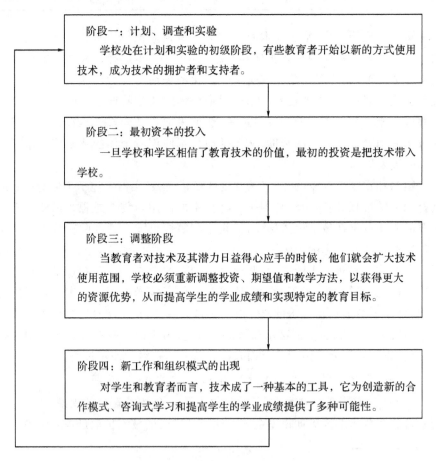

阶段一:计划、调查和实验
　　学校处在计划和实验的初级阶段,有些教育者开始以新的方式使用技术,成为技术的拥护者和支持者。

阶段二:最初资本的投入
　　一旦学校和学区相信了教育技术的价值,最初的投资是把技术带入学校。

阶段三:调整阶段
　　当教育者对技术及其潜力日益得心应手的时候,他们就会扩大技术使用范围,学校必须重新调整投资、期望值和教学方法,以获得更大的资源优势,从而提高学生的学业成绩和实现特定的教育目标。

阶段四:新工作和组织模式的出现
　　对学生和教育者而言,技术成了一种基本的工具,它为创造新的合作模式、咨询式学习和提高学生的学业成绩提供了多种可能性。

图 4.5　学校层面的技术融合周期①

　　①　张俐蓉.信息技术与学校教育关系的反思与重构[M].北京:教育科学出版社,2007:101.

从技术教育化的视角来看，CEO 论坛所提出的四阶段技术融合周期实际上可以概括为技术在学校层面扩散的三个阶段：阶段一计划、调查和实验过程实际上是学校对技术的"选择"过程；阶段二最初的资本投入实际上是学校对技术的"采纳与应用"过程；阶段三调整过程与阶段四新工作和组织模式的出现实际上是学校对技术的"创造"过程及最终结果。因此，我们可以发现，实际上学校层面的技术融合过程与个体层面的技术融合过程基本上是一致的。

二、信息技术与学校教育融合的过程模型研究

20 世纪 80 年代开始，随着信息技术的发展，国外有研究人员开始运用技术的扩散理论来分析信息技术与学校教育融合的过程，试图揭开教师在教学中如使用信息技术的迷雾。在这一过程中，出现了一些被广泛引用的学校环境中信息技术运用的理论模型，如，苹果公司"明日教室"（the Apple Classroom of Tomorrow, ACOT)项目提出的"教学演进阶段"模型，胡珀和里伯的技术运用五阶段理论以及苏里与伊利的技术运用三阶段理论等。

1. 苹果公司的"教学演进阶段"模式

基于对教师在教学中运用技术的关注，苹果公司于 1985 年启动了"明日教室"项目。这个项目关注计算机技术对教育、教学的影响，同时也试图回答计算机技术在教学中的运用阶段(Coley, Cradler & Engel, 1997)。[1] 苹果公司的"明日教室"项目由高校、研究机构、苹果电脑公司以及一系列 K-12 的学校合作开展(Sandholtz, Ringstaff & Dwyer, 1997)，最初在美国俄勒冈州的尤金市、明尼苏达州的兰地郡开展研究。随后，俄亥俄州的哥伦布市、加利福尼亚州的卡布奇诺市、德克萨斯州的休斯敦市以及田纳西州的孟菲斯市和纳什维尔市也相继加入该研究项目。[2]

苹果公司的"明日教室"项目在研究过程中为每个参与项目的学生与教师都提供两台电脑——一台用于家里，一台用于学校，以便创造一个示范性的、技术丰富的学习环境。苹果公司的"明日教室"项目经过十年的研究证明：计算机技术引入到教学之中，特别是当计算机技术被用于支持合作学习、信息获

[1] Apple Computer, Inc. (1995). Changing the conversation about teaching, learning, and technology: A report on 10 Years of ACOT research. Cupertino, CA: Apple Computer, Inc. Available: www. apple. com/education/k12/leadership/acot/library. html

[2] Apple Computer, Inc. (1995). Changing the conversation about teaching, learning, and technology: A report on 10 Years of ACOT research. Cupertino, CA: Apple Computer, Inc. Available: www. apple. com/education/k12/leadership/acot/library. html

取以及学生思想与观念的表达时,可以极大地提升学生的学习潜能。当然,要实现技术的这些潜能,关键是需要将技术与教学相融合。该项目在研究中提出了一个教学中运用计算机技术的采用模式,也被称为"教学演进阶段"(the Stages of Instructional Evolution)。

"教学演进阶段"模型认为教育者运用计算机技术时,经过了五个阶段的思考和实践,分别是[①]:

进入(Entry)——学习技术的基本运用。

采用(Adoption)——运用新技术来支持传统的教学。教师在学校的要求下或通过自己的探索开始运用技术,主要是用来提高自己的工作效率。他们开始感受到运用新工具来完成传统任务的便利性,并开始看到技术其他应用的可能性。

适应(Adaptation)—— 将新技术与传统的教学实践相整合。教师开始以与课程相连的方式,以及他们熟悉的方式运用技术。在适应阶段的教师关注的是通过文字处理器,电子表格以及图形工具来提高学生的创作能力及参与度。

改编(Appropriation)——关注合作的、基于项目的以及跨学科的任务,根据需要来使用技术,并作为多种工具的一种。技术被完全融合于教学之中,并根据技术的独特功能使用技术。在这一阶段的教学中,技术开始显示出促进学习的潜能,因为相比于不使用技术,使用技术可以使学生可以掌握更高层阶的思考技能,更复杂的概念与技能。

创造(Invention)——发现技术工具的新用途。在这一阶段,教师开始设定教学氛围,并且,创造一些能真正利用技术能力的学习经历,以使学生参与到那些要求高阶思考技能以及掌握基本概念与技能的学习任务之中。例如,为了教代数设计电子表格宏,或者设计能够运用多种技术的项目。

苹果公司的"明日教室"项目主要关注教师个体层面的信息技术融合过程,其研究的重心在于教师对信息技术的使用与创造过程。该研究揭示了教师运用信息技术的五阶段过程,为运用信息技术作教学组成部分的相关研究奠定了基础。正如美国教育部琳达·罗伯特所言,"苹果公司的'明日教室'项目为美国地方、州以及国家层面对信息技术的投资提供了丰富的经验与知识

---

① Apple Computer, Inc. (1995). Changing the conversation about teaching, learning, and technology: A report on 10 Years of ACOT research. Cupertino, CA: Apple Computer, Inc. Available:www. apple. com/education/k12/leadership/acot/library. html

基础。"①

2. 胡珀和里伯的技术运用五阶段模型

胡珀和里伯(Hooper & Rieber,1995)将信息技术视为帮助教师重建教学角色与价值的"救星",并进一步研究了教师利用信息技术的过程与阶段。胡珀和里伯认为,教师在利用技术的过程中将经历五个阶段:②(1)熟悉,(2)利用,(3)整合,(4)调整,(5)革新,如图4.6所示。教师只有完全通过五个发展阶段,才能充分地利用信息技术的潜能,否则信息技术极有可能被误用或放弃。

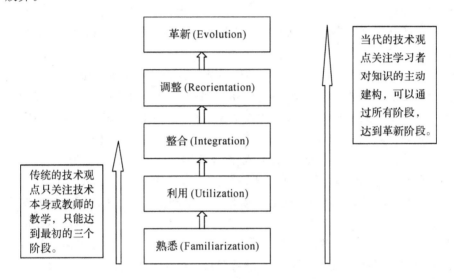

图 4.6　技术采用的模型图③

(1)熟悉(Familiarization)。在这一阶段,教师将通过工作坊了解一些基本的技术,诸如字处理、电子表格等。但一旦工作坊结束,教师有关技术的经历与成长也同样结束了,所留下的只是这种经历的一个回忆。教师有时会讨论这些经历,但不会采取进一步的行动。许多教学革新与技术应用可能只是

---

① Apple Computer, Inc. (1995). Changing the conversation about teaching, learning, and technology: A report on 10 Years of ACOT research. Cupertino, CA: Apple Computer, Inc. Available: www. apple. com/education/k12/leadership/acot/library. html

② Hooper, S. , & Rieber, L. P. (1995). Teaching with technology[EB/OL]. http://www.dll. org/LRS/PersonalizedLearning/Documents/Hooper+and+Rieber. pdf

③ Hooper, S. , & Rieber, L. P. (1995). Teaching with technology[EB/OL]. http://www.dll. org/LRS/PersonalizedLearning/Documents/Hooper+and+Rieber. pdf

停留在这一阶段。

（2）利用（Utilization）。在这一阶段，教师开始尝试在教学中利用技术。利用阶段的教师显然比熟悉阶段更进了一步，但这一阶段的教师很有可能过早地满足于他们有限的技术应用。"至少我已经试过"的态度可能会妨碍教师持续、长久地使用技术。仅仅发展到这一阶段的教师极有可能一遇到困难就放弃技术，因为他们尚未承诺使用技术。大多数使用现代教育技术，包括计算机技术的教师都将停留在这一阶段。

（3）整合（Integration）。整合阶段也被称为"破冰"阶段。这一阶段的教师有意识地决定设计一些任务，并且对技术负责，以至于如果技术突然被移离或者无法使用，教师就无法根据计划实施教学。对于一些教师而言，如果他们在技术采用的模式中不断前行，整合阶段将标志着他们职业变化的开始。

（4）调整（Reorientation）。调整阶段将要求教育者重新考虑并重新定位教学的功能与目的。这一阶段最重要的一个特征就是教学的关注点是以学生的学习为中心的，而不是以教师的教学为中心。这一阶段，教师的角色不在于传递知识内容，而在于建立一个能够支持与促进学生知识建构的学习环境。在这一阶段，学习者成为教育的主体，而非客体。处于调整阶段的教师开放地拥抱那些促进知识建构过程的技术，并且不会感到被技术"代替"的压力。

（5）革新（Evolution）。最后一阶段——革新，提醒教师必须保持教育系统的持续演化并保持教育的有效性。学习环境应该保持一种持续的变化以应对由对个体如何学习的新理解所带来的挑战与机遇。因此，教师需要具备变化的能力，并能够随着学习者以及学习背景的变化不断成长。

胡珀和里伯认为，教师通常会在利用阶段止步不前。[①]　因为在利用阶段，教师往往会过早地满足他们有限的技术利用，但缺少对技术的积极承诺，因此一遇到困难，他们就乐于放弃技术。但真正的变化发生在整合，或破冰阶段。在整合阶段，教师会有意识地安排一定的任务，并对技术负责，以至于如果技术失败了，课程也失败了。例如，他们将计算机比喻作黑板——没有它，大多数教师可能难以进行教学。

胡伯和里伯的技术运用五阶段模型重点关注教师个体层面的信息技术整合过程，但更为重要的是该模型将信息技术的调整，也即整合阶段与学校教育的变革相联系，并将整合与调整视为技术的运用的关键，认为只有技术的整合

① Hooper, S., & Rieber, L. P. (1995). Teaching with technology[EB/OL]. http://www.d11.org/LRS/PersonalizedLearning/Documents/Hooper+and+Reiber.pdf

与调整真正发生后，才能进入融合与革新阶段，教育的变革才有可能发生。

3. 苏里和伊利的技术运用三阶段模型

2001年，苏里（Daniel W. Surry）和伊利（Donald P. Ely）在罗杰斯的创新扩散理论的基础上提出了技术的采用（扩散）、实施以及制度化三阶段理论模型。苏里和伊利认为，罗杰斯的创新扩散理论可以用于许多领域的创新研究，当然也可以用来研究信息技术在学校中的扩散与运用。苏里和伊利认为，信息技术在学校中的运用是一个逐步扩散的过程，从最初的采用与扩散到实施，再到制度化的阶段（如图4.7所示）。[①]

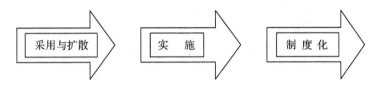

图 4.7 苏里和伊利的技术运用三阶段模型

在苏里和伊利的技术运用三阶段模型中，第一阶段是技术的采用与扩散，也就是学校最初决定使用一种技术。苏里和伊利认为，采用与扩散阶段向前发展就进入一个实际的运用或实施阶段，即技术运用的第二阶段。根据迈克尔·福兰（Michael Fullan,1996）的观点，实施是"在实践中实际运用某种创新"，"实施的内容与过程会涉及对于参与其中的人而言将是全新的观念、项目、活动与政策"[②]。苏里和伊利认为，在实施阶段，学校主要通过行为学习的方式来复制最初成功的结果，确保与最初成功做法的高度一致性。

经过一段时间的实施之后，学校会根据具体的实施条件对最初的方式进行适当的调整，实现与环境的相互适应，也就是开始过渡到技术运用的第三阶段，即制度化，或称之为"常规化"或"延续性"阶段。在这一阶段，教育者将实现从复制到相互适应的转变，对技术的使用将不再"固步自封"，而变得更加灵活。苏里和伊利认为，制度化指的是技术自然成为组织的一部分，而不再被认为是一种革新。有研究者（Miles Eckholm & Vandenburghe,1987）将制度化

---

① Daniel W. Surry, Donald P. Ely. Adoption, Diffusion, Implementation, and Institutionalization of Educational Technology [EB/OL]. http：//www. southalabama. edu/coe/bset/surry/papers/adoption/chap. htm.

② Daniel W. Surry, Donald P. Ely. Adoption, Diffusion, Implementation, and Institutionalization of Educational Technology[EB/OL]. http：//www. southalabama. edu/coe/bset/surry/papers/adoption/chap. htm.

界定为"将变革的要素吸收进一个有结构的组织之中,并进而以稳定的方式调整组织结构的过程制度化是一个组织吸收一种革新进入其组织结构的过程。"①

根据欧洲区域教育促进委实验室(the Regional Laboratory for Educational Improvement of the Northeast and Islands)的研究(Eiseman,Fleming & Roody,1990),有六个被普遍认同的指标可以用来确定制度化的水平:②

(1)被相关利益群体接受——有一种认为技术是合法的看法;

(2)技术的运用是稳定的以及常规化的;

(3)通过组织或机构广泛地运用技术;

(4)能够确保技术在组织或机构中能持续使用;

(5)技术的持续使用并不依靠特定个体的行为,而是基于组织的文化、结构或程序;

(6)有固定的时间与资金的保障。

苏里和伊利认为,一旦技术进入实施阶段,学校将需要考虑技术能否在未来被持续使用,而以上六个标准可以被用来评价技术的制度化程度。

由上可见,苏里和伊利的技术运用三阶段模型主要关注组织层面,即学校层面的信息技术运用过程,并关注技术运用的稳定性和常规化。苏里和伊利认为,只有通过组织或机构才能广泛地使用技术,技术的持续使用并不依靠特定个体的行为,而是基于组织的文化、结构,并需要固定的时间与资金的保障。

综观上述三个技术运用的理论模型,苹果公司的"教学演进阶段"模型与胡珀和里伯技术运用五阶段理论主要是从教师个体层面来研究信息技术的接纳与使用过程,这两个技术运用的理论模型共同为我们勾勒了一个教师在学校中运用信息技术的连续体"轮廓":最初教师从不使用技术到开始接触技术;随后教师开始小规模、尝试性的利用技术;当教师认识到技术的优势后,开始有意识地使用技术,并将技术作为一种常规的教学手段,技术与教学实现融合,真正的变化开始发生;但只要当为进一步发挥技术的潜能,教学做出相应

---

① Daniel W. Surry, Donald P. Ely. Adoption, Diffusion, Implementation, and Institutionalization of Educational Technology[EB/OL]. http://www.southalabama.edu/coe/bset/surry/papers/adoption/chap.htm.

② Daniel W. Surry, Donald P. Ely. Adoption, Diffusion, Implementation, and Institutionalization of Educational Technology [EB/OL]. http://www.southalabama.edu/coe/bset/surry/papers/adoption/chap.htm.

的调整,技术与教育的融合才真正发生,教育的革新将随之而来。而苏里和伊利的技术运用三阶段模型则主要从学校层面来揭示信息技术的接纳与使用过程,关注技术的稳定化和常规化的使用。在苏里和伊利的技术运用阶段模型中,制度化阶段就是技术与教育的融合阶段。

从这三个理论模型的对比分析中可以发现:无论是教师个体层面,还是学校层面的信息技术应用并不是一个简单的采纳或拒绝过程,而实际上是一个体现为不同层次水平的连续体,如表4.5所示。这个连续体可以表述为五阶段,或者为三阶段,但都可以概括为选择、应用与创造的技术教育化三阶段过程。

表 4.5 "教学演进阶段"、技术运用三阶段模型、技术运用五阶段模型的比较

模型 阶段		"教学演进阶段"模型	技术运用五阶段模型	技术运用三阶段模型	技术教育化过程
阶段一	阶段Ⅰ	1. 进入	1. 熟悉	Ⅰ采用及扩散	选择
阶段二		2. 采用	2. 利用	Ⅱ实施	应用
阶段三	阶段Ⅱ	3. 适应	3. 整合		
阶段四	阶段Ⅲ	4. 改编	4. 调整	Ⅲ制度化	创造
阶段五		5. 创造	5. 革新		

三、信息技术与学校教育融合的水平与阶段研究

除了探究信息技术与学校教育融合的过程与阶段之外,研究并确定信息技术与学校教育融合的水平与程度也是国内外研究者以及政府部门关注的一个热点问题。特别是近十年来,世界各国许多研究机构和政府部门运用各自编制的量表或问卷对学校中信息技术的运用开展了大量的调查研究。但这些研究较多关注的是教师如何在教学中运用信息技术,并在此基础上讨论教师的技术融合水平,而不是根据信息技术的融合阶段来确定教师具体所处的融合水平。

最早尝试根据变革阶段来确定变革水平的研究者是霍尔和霍德。霍尔和霍德(Hall & Hord,1987)最早在"基于关注度的变革模型"的基础上提出了创新运用水平量表(the Levels of Use,LoU),为这方面的研究奠定了基础。

霍尔和霍德将变革确定为以下几种水平阶段[①]：不使用；有意向；预备（使用）；机械使用；习惯；提高；统整；更新，并运用创新运用水平量表来确定个体目前所处的变革阶段。1995 年，莫里斯（Muoersch）根据教学中运用计算机水平的调查对霍尔和霍德的革新运用水平量表（LoU）进行了修正与调整，在此基础上提出了技术运用水平（the Level of Technology Implementation，LoTi）量表。

莫里斯的技术运用水平量表旨在"为教师的专业发展与运用技术提供一种基于数据的策略"（Moersch，1999）[②]。该量表通过教师完成一个 50 题的在线问卷，以确定教师在教学中使用信息技术的水平。调查从以下三个纬度来确定教师在教学中的技术运用水平——"教师技术运用水平"，"个人计算机运用"（Personal Computer Use，PCU），"目前的教学实践"（Current Instructional Practices，CIP）。[③]

"个人计算机运用"纬度评价教师对计算机的适应与熟练程度。"目前的教学实践纬度"用来揭示教师的教学实践倾向是否与学习者为中心的课程设计一致。缩写的 LoTi 既可以指"教师的技术运用水平"，也可以指三个纬度的总体得分，包括 LoTi、PCU、CIP。根据教师总体的 LoTi 水平，研究小组将为教师发展项目提供建议，并采取特定的干预使教师向更多的技术运用水平发展。

根据调查结果，莫里斯调整了霍尔和霍德对技术运用水平阶段的划分，将教学中的计算机运用划分为七个水平阶段[④]：不使用；了解；探究；整合；融合（包括机械的融合与常规的融合）；拓展；提高。

水平 0——不使用

① Daniel W. Surry, Donald P. Ely. Adoption, Diffusion, Implementation, and Institutionalization of Educational Technology[EB/OL]. http://www.southalabama.edu/coe/bset/surry/papers/adoption/chap.htm.

② Ann E. Barron, Kate Kemker, Christine Harmes, Kimberly Kalaydjian. Large-Scale Research Stdudy on Technology in K-12 Schools: Technology Integration as It Relates to the National Technology Standards [J]. Journal of TResearch on Technology in Education, 2003, 35 (4):489-507.

③ Moersch, C. Assessing current technology use in the classroom: A key to efficient staff development and technology planning. [J] Learning & Leading with Technology, 1999, 26(8): 40-49.

④ Ann E. Barron, Kate Kemker, Christine Harmes, Kimberly Kalaydjian. Large-Scale Research Stdudy on Technology in K-12 Schools: Technology Integration as It Relates to the National Technology Standards [J]. Journal of TResearch on Technology in Education, 2003, 35 (4):489-507.

水平 1——了解

水平 2——探究

水平 3——整合

水平 4a——融合（机械的）

水平 4b——融合（常规的）

水平 5——拓展

水平 6——提高

莫里斯认为[1]，在技术运用水平量表中，"教师技术运用水平"和"目前教学实践"之间的联系是非常重要的。当一个教师在技术运用水平量表中从一个阶段发展到另一个阶段，其相关的教学方式也会发生可观察到的变化。技术运用水平越高，表明教师更多地实现了技术的融合，并且开始从教师为中心的教学方式转向学习者为中心的教学方式。例如，水平 1 的教师并没有在教学中运用技术，往往采用一种教师为中心的教学方式。水平 3 的教师则开始采取一些鼓励学生从他们寻找的信息中推断结论的活动。到水平 6 阶段，教师运用一个学习者为中心的教学方式，并且采用技术活动鼓励学生解决真实的生活问题。莫里斯认为[2]，技术运用水平量表可以确定每一位教师的技术运用水平，据此教育者可以根据每一位教师的技术发展需求提供有针对性的干预措施。

1999 年，莫里斯运用 LoTi 量表对洛杉矶联合学区（the Los Angeles Unified School District，LAUSD）的 122 名教师进行了调查。结果表明（如图 4.8 所示）[3]，"大约 49% 的教师只达到教学中运用技术的水平 2 阶段。"——这意味着他们主要将技术用于拓展或丰富教学活动，而不是作为课程必不可少的一部分。"大约 28% 的教师最高教学水平相当于水平 4 的技术运用阶段。"——这意味着技术是被用作一种解决问题并增进学生对概念了解的工具。

根据"目前的教学实践"（CIP）部分问卷的调查结果（如图 4.9 所示），大约 39% 的教师认为他们并没有采用学习者为中心的活动，59% 的教师认为，

① Moersch, C. Assessing current technology use in the classroom: A key to efficient staff development and technology planning [J]. Learning & Leading with Technology,1999,26(8): 40-49.

② Moersch, C. Assessing current technology use in the classroom: A key to efficient staff development and technology planning [J]. Learning & Leading with Technology,1999,26(8): 40-49.

③ Ann E. Barron, Kate Kemker, Christine Harmes, Kimberly Kalaydjian: Large-Scale Research Stdudy on Technology in K-12 Schools:Technology Integration as It Relates to the National Technology Standards [J]. Journal of TResearch on Technology in Education, 2003, 35(4): 489-507.

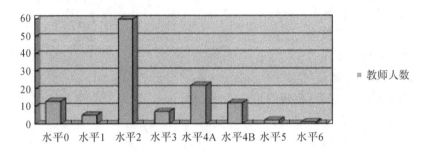

图 4.8　教师技术运用水平调查结果

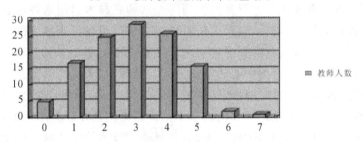

图 4.9　教师目前的教学实践调查结果

有时候他们会采用学习者为中心的活动。

　　根据这一研究结果,莫里斯向洛杉矶联合学区提出了一些建议。这些建议包括:确保所有教师在教学中拥有一台可用于工作的计算机和打印机,向那些处于低水平技术运用阶段的教师提供支持,鼓励那些高水平教师设计单元以展示他们如何在教学中运用技术。[1]

　　同样,英国政府也十分重视学校教育信息化的评价,英国教育传播与技术署(BECTA)及普华永道(PwC)开发了相应的评价框架及工具,帮助学校进行信息化水平评估,为学校信息化发展提供科学依据。

　　2006 年 3 月,为准确评估学校教育信息化建设的实际成效,BECTA 发布了学校信息化自我评估框架(SRF,Self-review Framework)。该框架主要用于评价学校 ICT 应用的成熟程度,主要包括八个指标:领导和管理、课程、教与学、ICT 与使用 ICT 评价、教师专业发展、拓展学习的机会、资源以及对学生学习成果的影响。每个指标的评价都有五个水平,分别为没有发生、开始、

　　[1]　Moersch, C. Assessing current technology use in the classroom: A key to efficient staff development and technology planning[J]. Learning & Leading with Technology,1999, 26(8): 40-49.

应用策略、关联、树立数字化信心①。为方便学校自行评估信息化水平，BECTA 还开发了相应的 SRF 网络评估工具，包括概述、自我评估、诊断以及行动计划等。SRF 框架及工具能够帮助学校了解自身与标准的差距、制定相应策略，得到了学校的广泛认可。至 2007 年 3 月，英国已有超过 6500 所学校采用 SRF 来评估学校的信息化状况，BECTA 把推广应用 SRF 作为一项重要工作。②

英国 PwC（普华永道）团队提出了"学校电子成熟度（e-Maturity）"框架，BECTA 定义电子成熟度为：机构做出有效策略并使用信息技术来提高教育水平的能力③。PwC 在做问卷调查时发现，学校通过回答问题进行自我评估比较主观，有些自我评价较高的学校，根据传统指标（如"生—机"比）来评价却没有很好的表现。介于此，PwC 团队创建了一套评估学校电子融入程度更精确的评价指标体系，称为"电子成熟度"，主要从学校自我评估、传统指标评估、未来融入 ICT 的意愿等三个方面将学校的电子成熟度分为四个水平，分别为落伍（Late Adopters）、犹豫（Ambivalent）、热情（Enthusiastic）、使能（e-Enabled）。④

根据 BECTA2010 年的数据，在 2009—2010 学年，有 42％的中学和 32％的小学属于"使能"水平，较过去两年有一定提升。⑤ 但仍有 20％～30％左右的中小学尚处于技术使用的"落伍"与"犹豫"水平，仍有 40％左右的中小学处于技术使用的"热情"阶段，还未达到"使能"水平。如表 4.6 所示。

表 4.6　2007—2010 年 BECTA 学校电子成熟度数据

	小学			中学		
	2007—2008	2008—2009	2009—2010	2007—2008	2008—2009	2009—2010
使能	28％	29％	32％	25％	35％	42％
热情	39％	33％	37％	43％	33％	36％
矛盾	21％	28％	24％	24％	24％	12％
落伍	13％	10％	8％	8％	7％	9％

① 王炜,黄黎茵.国内外基础教育信息化评估述评[J].中国信息技术教育,2008(12):13-15.

② 陈吉利.英国学校信息化自我评估指标述评[J].中国电化教育,2008(6):28-31.

③ P. Micheuz. E-Maturity and School Development: When the Tail Wants to Wag the Dog[A]. A. Tatnall & A. Jones. Education and technology for a better world[C]. Brazil:9th IFIP TC 3 World Conference on Computers in Education, 2009: 129-137.

④ PricewaterhouseCoopers LLP. Moving Towards E-learning in Schools and FE Colleges: Models of Resource Planning at the Institutional Level[R]. Nottingham:DfES Publications,2004.

⑤ 马宁,周鹏琴,谢敏漪.英国基础教育信息化现状及启示[J].中国电化教育,2016(9):30-37.

研究发现,那些将信息化自我评估(SRF)列入为学校发展策略的学校,往往能提高学校的电子成熟度。这种评价可以帮助学校朝着正确的方向更快地前进,避免浪费时间、精力和资源,同时又能成为政府制定信息化战略的重要依据之一。

第三节　信息技术与学校教育融合的运作模型建构

从技术教育化的过程来看,信息技术与学校教育融合的过程实际上就是信息技术在学校教育中的扩散过程,同时也是学校教育对信息技术的选择、应用与创造过程。这一过程既发生在学校层面,也发生在教师个体层面。因为,学校采用技术的决定并不会必然导致个体实际采用技术的行为,同样,个体采纳某项新技术的决定也不能左右学校系统内是否采用某项新技术的决策。有研究发现[①],对于任何组织而言,技术的采用都可以分成两个层面:组织层面和个体层面。从组织层面来看,任何一个机构都是受其目标,挑战或环境的驱动。在采用技术之前,机构往往会收集相关的信息与知识,以决定是否采用技术。而一旦机构决定采用技术,就会自然地过渡到技术采用的第二个层面,即个体将采用所购买的技术。但在某些情况下,也有可能个体率先使用技术,如部分有创新意识的教师在学校未大规模使用技术之前就开始自发使用技术,并进而推动学校的技术运用。因此,从技术教育化的视角来看,信息技术与学校教育融合的运作模型需要分别从组织层面(即学校层面)与个体层面(即教师层面)进行建构,如图4.10所示。

一、学校层面的信息技术融合模型建构与案例分析

根据前一部分的研究,技术的选择与使用一般先发生在组织层面,一旦组织决定采用并使用技术后,会自然过渡到个体对技术的选择和使用。在信息技术与学校教育的融合过程中也同样如此,一般而言,在教师运用信息技术之前,首先需要经历一个学校层面对信息技术的选择与投入阶段。因此,我们将先从学校层面来建构信息技术与学校教育的融合模型。

---

① Chonyacha Suebsin, Nathasit Gerdsri. Key Factors Driving the Success of Technology Adoption: Case Examples of ERP Adoption[J]. PICMET 2009 Proceedings, August 2-6, Portland, OregonUSA.

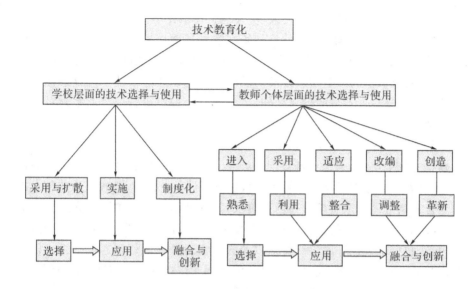

图 4.10 技术教育化过程图解

根据以上研究,学校层面信息技术融合的推动力既包括外部的推进力,也包括内部的推动力。外部推动力主要来自社会对技术能力的要求以及对教育变革的追求。而内部推动力主要来自于学校自身对技术的相对优势的认识所带来的驱动力。但同时学校层面的信息技术融合同时也会受到技术的因素(复杂性以及兼容性)等外部的抵制力影响,还会受到学校组织特征(如规模、结构、资源等)以及学校对技术的怀疑态度的影响等内部抵制力的影响。

因此,即使在同样的外部推动力的驱动下,不同的学校基于对技术的不同认识以及不同的变革需求,在采取变革的意愿或能力方面仍存在着极大的差别。在技术采用过程中有些学校更愿意将技术作为一种教学工具,这些学校将成为先行者,而有些学校对技术的运用则持怀疑态度,它们将成为技术运用的落后者。

根据技术教育化的进程,本书将学校层面的信息技术融合过程划分为三个阶段:选择、应用与创造阶段。在第一阶段的选择过程中,学校将通过计划、调查和实验来了解信息技术,决定是否使用信息技术,以及使用某种信息技术。推动学校尝试了解信息技术的动力主要来自于社会对技术能力的需求以及对教育变革的需求。在这一阶段,信息技术主要是在小范围内进行实验性的运用,技术使用的抵制力主要来自于技术本身,如技术的复杂性等。

经过第一阶段的调查和实验后,学校及教育行政部门开始了解并认可技术的价值,他们将通过资金的投入,扩大信息技术在学校中的应用范围。信息技术的融合进入第二阶段,也就是开始在学校层面应用信息技术。推动学校层面应用信息技术的主要推动力来自于学校及教育行政部门对信息技术"相对优势"的认识。而影响信息技术扩散的主要抵制力除了技术的复杂性与技术的兼容性等技术本身的阻力之外,还包括学校的组织特征以及教师对技术的怀疑态度。

随着资金的投入以及信息技术使用范围的扩大,教育者对技术的使用越来越得心应手,将越来越信赖技术的潜能,为了在更大范围内实现技术的优势,教育者开始考虑对学校的管理与教学进行调整。由此,学校层面的信息技术融合开始进入创造阶段。在创造阶段,推动技术融合的主要动力来自于对信息技术"相对优势"的充分认识。而影响技术融合的主要阻力则来自教育系统内部,包括学校保守的组织特征以及教育者对技术的怀疑态度。进入创造阶段之后,信息技术将真正成为了教育系统中的一种基本的工具,它为创造新的合作模式、工作方式提供了多样的可能性。

根据以上对学校层面信息技术融合的过程与阶段分析,以及对各阶段推动力与抵制力的研究,本书构建了学校层面的信息技术与学校教育的融合模型(如图 4.11 所示)。

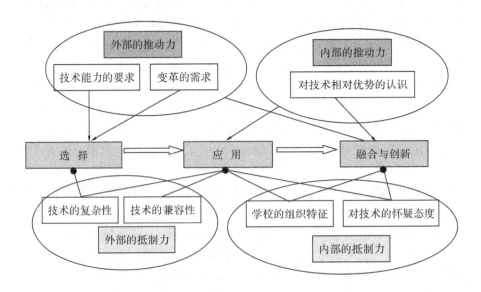

图 4.11　学校层面的信息技术融合模型

从图 4.11 学校层面的信息技术融合模型中可以发现，学校层面技术使用的成功并非偶然，技术使用的设计至关重要。有调查发现，尽管许多学校购买了技术资源，但他们并没有制定技术运用的计划，这使得他们在遇到困难时更容易放弃技术的使用。① 技术专家与教育专家一致认为，设计并坚持一个学校层面或区域层面的计划对于信息技术与教育的融合至关重要，可以极大提高技术潜能的实现。特别是对于目前仍处于应用与调整阶段的学校而言，要实现信息技术的融合，需要克服学校固有的组织特征，以及教师对技术的怀疑态度，这就需要一个系统的技术计划来凝聚更多的技术支持力量，采取更有力的技术干预措施。霍尔和霍德也认为，适当的干预行为可以减少变革带来的挑战。②

因此，在制定技术融合计划时，研究者需要充分考虑学校层面的技术融合所可能获得的推动力以及所面临的抵制力。有专家认为，教师应被作为一个重要的因素加以考虑（如教师对技术的怀疑态度），同时让社区成员以及其他的教育利益相关者参与早期的计划设计过程也是一个重要的因素，此外对技术的支持也需要被制定进计划之中。③ 尽管学区会制定一些计划并作出一些影响学校的决策，但目前的趋势是每所学校都应制定学校层面的技术计划，以设计并维持本校的技术运用。④

为更好地指导学校制定相应的技术计划，沃尔等人（Dyrli & Kinnaman，1994；Wall，1994；Brody，1995）总结了技术设计委员会应该采用的设计步骤以及指导原则：⑤

（1）使学校与学区的计划相辅相成。学校与学区层面的计划应该相互协调。如果每所学校都能有一个技术联络员或协调员作为学校的代表参与学区设计委员会将有助于计划的制定与实施。

（2）使教师以及其他各层面的个人参与其中。为了获得对计划的广泛支

---

① M. D. Roblyer. Integrating Educational Technology into Teaching [M]. Upper Saddle River, New Jersey，2003：28.

② ［美］吉纳·E.霍尔，雪莱·M.霍德.实施变革：模式、原则与困境[M].吴晓玲，译.杭州：浙江教育出版社，2004：18.

③ David Thorburn. Technology Integration and Educational Change：Is it Possible? [EB/OL]. www. usask. ca/education/cousework/802.

④ M. D. Roblyer. Integrating Educational Technology into Teaching [M]. Upper Saddle River, New Jersey，2003：28.

⑤ M. D. Roblyer. Integrating Educational Technology into Teaching [M]. Upper Saddle River，New Jersey，2003：29-30.

持,计划团队应包括家长,社区领导者,学校管理者以及教师。让教师参与其中特别重要,技术计划需要获得实施技术的教师的意见。

(3)为购买技术设备安排年度预算。技术的变化如此迅速,因此学校不可能期望一次性能购买充足的设备或软件。技术计划应安排年度的更新以及添加,以保持技术资源的时效性与有用性。

(4)保持经费的增量。很少学校的年度预算能允许购买所有需要的资源或进行教师培训。因此,技术计划应确定每年预算的具体金额,并罗列计划中需要优先保证的活动。

(5)关注教师培训。成功的技术融合项目取决于受过良好训练的、积极参与的教师。因此,一个技术计划应认识到并满足恰当的训练活动需求。

(6)根据需求运用技术。有效的计划应关注恰当的问题,设计者关注的是"我们目前未满足的需要是什么,技术如何能满足这些需要"。设计者应考虑,"我们现在的教学是怎样,借助技术是否可以教得更好?"以及"借助技术,我们是否能够教那些以前无法教,但有应该教的内容"。

(7)保持计划的更新与灵活性。技术以及使用者对于如何运用技术的观念都在不断地发展变化。因此,为跟上技术变化的形势,教育者应经常阅读相关资料,并参加研讨、工作坊以及会议。每所学校的技术计划应有中期规划,着眼于未来三到五年内如何获取并运用技术资源的目标,但同时也应在每年的调整或修正中考虑新的技术资源与变化事宜。

学校的技术计划可以帮助学校节省经费支出,实现具体的目标,更为重要的是技术计划可以根据学校在不同的融合阶段,确定学校在技术融合过程中的主要抵制力,从而采取有力的技术支持,推进信息技术与学校教育的融合。同时,学校的技术计划也可以统整考虑各方面的资源,为计划的实施寻求广泛的支持。因此,对于学校层面的技术融合而言,技术计划的设计需要被优先加以考虑。

有关学者认为,通过持续的努力,目前美国大部分学校已开始进入了技术教育化的第三阶段,即重新调整阶段。这个阶段是一个关键的结合点,因为在这个阶段中,教育者为了使技术的优势发挥到最大限度,开始扩大使用技术的活动范围。美国 CEO 论坛要求学校在这个阶段中密切关注学校的组织结构和过程,确保所采用的变化和调整支持和促进数字化学习。[①] 在这一阶段,学校为了扩大技术的应用,可能需要重新检查和重新组织其结构,并确认其过程

① 张俐蓉.信息技术与学校教育关系的反思与重构[M].北京:教育科学出版社,2007:100.

和教学方法支持教育目的和目标。同时，学校还需要将教育的标准必须纳入数字环境，并使教师和学生具备将技术的使用范围扩展至教与学的能力。

下面，本书将结合嘉兴市实验小学信息技术的案例来分析学校层面的融合进程，了解学校在信息技术融合过程中的推动力和阻力。嘉兴市实验小学作为嘉兴市最优质的小学教育资源，备受政府与社会关注。2012 年，在政府的巨额投资下，嘉兴市实验小学从数字化环境建设开始，分三阶段推进信息技术与教育教学变革深度融合。

1. 初步构建数字化学习环境，数字化学习试点应用阶段（2012 年 3 月至 2014 年 8 月）

第一阶段，嘉兴市实验小学首先启动"无线校园"建设，自主搭建相对较简陋的平台、结合课例应用自主开发学习资源，并采购不同类型的智能学习终端，使之在不同的应用情境中发挥不同的作用。学校数字化学习环境初步构建起来后，嘉兴市实验小学选择了数学、语文、英语、科学等学科进行试点，重点研究一对一数字化环境下学生的个性化自主学习，积淀了相应的课例，初步形成了基于"自适应学习"理念的一对一数字化学习环境学习策略。在第一阶段的技术选择中，学校受到了来自政府的巨额投资和社会期待的推动力，率先在嘉兴地区启动技术应用的探索。

2. 深入构建数字化学习环境，数字化学习推广应用阶段（2014 年 9 月至 2016 年 8 月）

第二阶段，嘉兴市实验小学重点进行学习平台的建设和师资培训，通过采购配套、自建、网络应用等途径，逐步建立了：（1）基础资源管理平台，实现平台系统内部各系统资源的统一管理、统一调用、统一共享；（2）电子书包课堂管理平台，实现课堂管控、课堂互动、探究式学习、个性化学习应用、考试测评应用、课堂数据记录与评估等。在此基础上，学校采取"点上突破，面上推广"的策略，加大了基于"自适应学习"理念的数字化学习模式探索应用范围，逐步形成了基于"自适应学习"理念的一对一数字化学习模式。

在第二阶段，学校依托所建构的"自适应学习生态环境"，逐步形成了基于课堂转型和超越课堂的几种基于"自适应学习"理念的数字化学习模式及具体学习策略，初步形成了"五自"数字化课堂，构建了"在线学科拓展泛在学习"和"基于项目的泛在学习"等两种超越课堂的数字化泛在学习形态，并在省内外产生了一定的影响，2016 年获浙江省基础教育教学成果一等奖。

3. 全面构建数字化学习环境,数字化学习部分年级常态化应用阶段(2016 年 9 月至今)

第三阶段,基于对自适应学习环境需求的分析、挖掘,嘉兴市实验小学尝试对学生每天所处的教室进行改造,升级为智慧教室,通过无线化、移动化、物联化、数据化逐步拓展教室的物理空间,丰富数字资源供给,打破课堂的边界,增强学生"智慧学习"体验。同时,学校尝试与天闻数媒、新东方智慧 OKAY 平台合作,进行基于自适应学习理念的数字化学习环境所需要的软硬件环境建设。由此,学校的数字化学习逐步进入到部分年级常态化应用阶段,并突破了一对一数字化学习的范畴,开始研究基于"自适应学习"理念的网络协作学习、数字化泛在学习形态。

通过对嘉兴市实验小学三阶段技术应用现状的评估,我们发现,无论是一对一数字化学习还是网络协作学习,从后台数据显示,每堂课都是 100% 的学生参与应用,且学习的投入程度和专注程度要明显优于传统课堂。在系统协助下,学生能够根据自身能力选择适当的学习方式和内容,自定步调地开展学习,并获得及时的反馈和个性化诊断、补偿推送,这有助于提高教育质量。在小组项目协作学习、线下线下混合学习中,学生信息获取能力、自主学习能力、协作能力、批判性思维能力以及实践创新的能力得到提升。但目前学校的自适应学习还属于起步阶段,信息技术的应用仍停留在部分学科、部分时段。

在第三阶段,本书作者发现,尽管嘉兴市实验小学在技术应用过程中取得了不少成绩,但在大规模的、广泛的应用过程中仍遇到不少的困难和阻力:一是如何统筹规划,使学生普遍享有便捷、可移动的学习终端。2017 年下半年开始,嘉兴市实验小学即准备以家长自主采购移动终端的形式推进常态化数字化学习。同时,学校也启动了数字化学习平台和资源的招标采购,教师通识应用培训和学科主题培训,邀请家长代表现场观摩数字化学习课堂,召开年级家长会,说明此项推进数字化学习此项工作推进的意义、价值及计划等。但部分家长仍心有顾虑,不希望学校推进此项工作。全面推进信息技术的应用计划就此搁浅。二是随着教育部等八部门关于《综合防控儿童青少年近视实施方案》的出台,明确规定严禁学生将平板电脑等电子产品带入课堂。此种情况下,家长自购移动设备的方案只能搁置。目前,学校只能采取学校采购移动终端的方式来推进部分年级的常态化数字化学习,但嘉兴市实验小学毕竟是公办学校,移动终端不可能完全由财政资金来解决。学校校长无奈地表示,这是数字化学习的一道鸿沟,这个问题不解决,平台再完善、环境再优化,数字化学习都是没有真正办法落地。相信这可能也是目前国内所有想推进常态化数字化学习的中小学所遭遇的最大困境。

二、个体层面的信息技术融合模型建构与案例分析

一般而言,技术的融合先发生在组织层面,但最终还是需落实在个体层面。固然,没有组织层面采用技术的决定,个体可能无法运用技术,但如果个体不采用与融合技术,则组织无法从对技术的投资中获得预期的效果。因此,在信息技术与学校教育的融合过程中,教师个体层面的信息技术融合也非常关键。有许多技术采用模型关注的就是个体采用技术的过程及其影响因素,如"基于关注度的模型"(CBAM)、苹果公司的"教学演进阶段"(the Stages of Instructional Evolution)以及胡珀和里伯的技术运用五阶段模型等。

当然,要建构个体层面的信息技术融合模型,不但需要了解教师个体层面信息技术融合的过程与阶段,更为重要的是要确定在各融合阶段的推动力和抵制力。本书认为,影响教师个体层面的信息技术运用的因素既有推动力,也有抵制力。从推动力的分析来看,既包括外部的推动力,也包括内部的推动力。最初个体层面信息技术融合的推动力可能来自于教育系统之外,但这种推动力必须转化为教育系统的内部动力,才能启动教师的融合行为。而推动教师不断向更高的融合阶段迈进的动力则主要来自教师内部,包括两方面:一是教师对技术的积极态度;二是教师对教育的积极态度。

根据罗杰斯的观点,教师对技术的积极态度主要来自于教师对信息技术"相对优势"的认识。信息技术的"相对优势"指的是教师在培训与实践的过程中所认识到的信息技术相比于现有技术所具有明显的优势,从而使他们产生值得为此而转变的动力。一旦教师通过有效的技术运用认识到信息技术对改善学习的潜能,以及他们自身的信息技术能力得到提高以后,他们就会成为有力的信息技术使用者。只有到这个时候,他们才会开始考虑改变他们的教学方式。

根据技术融合的影响因素研究,个体在信息技术与学校教育的不同融合阶段中将会遭遇不同的抵制力,这些抵制力将会在很大程度上影响个体的信息技术融合进程。杰米尔、伊斯梅尔等人(Cemil Yucel, Ismail Acun, 2010)的研究发现,在技术融合的第一阶段,即选择阶段,教师的技术运用行为极有

可能是与教师的自我不足感相关。[①] 这种自我不足感主要来自于组织与管理支持的不足,如管理者没有技术融入的积极愿景、管理者没有激励教师在教学中运用信息技术、管理者没有启动一些项目来鼓励信息技术与学校教育融合等。

教师在技术融合的第二阶段,即应用阶段的行为同样与教师的自我不足感相关。不同的是,教师在应用阶段的自我不足感主要来自于教师对信息技术相关运用知识的缺乏。有研究发现[②],信息技术知识水平会推动或限制个体的自我不足感,最终影响教师对信息技术态度。自我不足感是教师的信息技术知识水平与他们对信息技术态度的中间变量。因此,在选择阶段和应用阶段,教师均有可能出现对技术的消极态度。同时,有研究发现[③],教师在技术运用阶段的自我不足感可能还与缺少技术的支持相关,有许多教师坚持认为他们将不会尝试利用技术,因为他们无法从组织中获得必要的技术支持。

杰米尔、伊斯梅尔等人的研究发现,教师在技术融合的第三阶段,即创造阶段的行为主要取决于教师运用技术的知识与技能水平,而与教师对技术的消极态度及自我不足感无关。[④] 因为,这一阶段的教师已将技术内化为自己的行为,并开始自主地运用技术。因此,对第三阶段的教师而言,关键是提升教师如何使用信息技术的技能,而不在于改善他们的消极态度。杰米尔、伊斯梅尔等人(Cemil Yucel,Ismail Acun,2010)的研究发现,影响教师第三阶段的最大障碍在于教师的信息技术知识水平。霍尔和霍德的研究也发现,在信息技术与学校教育融合过程的创造阶段,教师进行教育变革的动力主要来自于教师内在的改革动力,即对改善学习的内在追求。[⑤]

因此,根据以上研究,结合前一部分对技术融合的推动力与抵制力的分析

[①] Cemil Yucel, Ismail Acun, Bulent Trman, Tugba Mete. A Model to Explore Turkish Teachers'ICT Integration Stages[J]. The Turkish Online Journal of Educational Technology, October 2010, 9(4): 1-9.

[②] Darrell L. Butler, Martin Sellbom. Barriers to Adopting Technology for Teaching and Learning [J]. Educause Quarterly, 2002, 25(2): 22-25.

[③] Darrell L. Butler, Martin Sellbom. Barriers to Adopting Technology for Teaching and Learning [J]. Educause Quarterly, 2002, 25(2): 22-25.

[④] Cemil Yucel, Ismail Acun, Bulent Trman, Tugba Mete. A Model to Explore Turkish Teachers'ICT Integration Stages[J]. The Turkish Online Journal of Educational Technology, October 2010, 9(4): 1-9.

[⑤] [美]吉纳·E.霍尔,雪莱·M.霍德. 实施变革:模式、原则与困境[M]. 吴晓玲,译. 杭州:浙江教育出版社,2004:105.

与研究,本书构建了个体层面的技术融合模型,如图 4.12 所示。

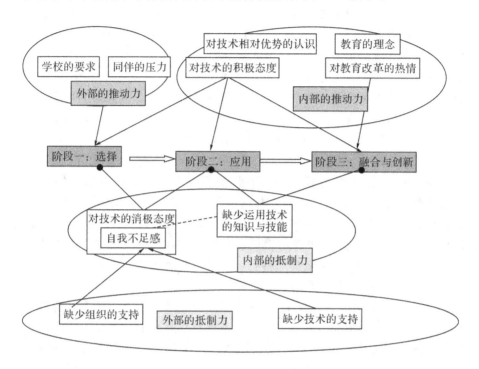

图 4.12　个体层面的信息技术融合模型

2010 年,杰米尔、伊斯梅尔等人(Cemil Yucel,Ismail Acun,2010)在前期研究的基础上进一步分析了教师在各融合阶段的信息技术运用水平。杰米尔、伊斯梅尔等人的研究发现[①],教师在进入阶段(即选择技术的阶段)得分最高(4.11),接下去是采用与适应阶段(即应用技术的阶段)(3.63),而在改编与融合阶段(创造使用技术的阶段)的得分最低(2.15),几乎很少有教师达到创造性运用阶段。这表明,对于教师而言,技术融合的阶段越高,出现融合的行为越困难。同时,杰米尔、伊斯梅尔等人的研究发现,各个信息技术融合的阶段之间是相对独立的,也就是说,在某一阶段的熟练并不能保证能够顺利进入

① Cemil Yucel, Ismail Acun, Bulent Trman, Tugba Mete. A Model to Explore Turkish Teachers'ICT Integration Stages[J]. The Turkish Online Journal of Educational Technology,October 2010,9(4):1-9.

下一阶段。[①] 此外,杰米尔、伊斯梅尔等人的研究也发现,每一阶段存在影响信息技术融合的不同关键因素。[②]

胡珀和里伯的研究发现,教师在教育中的传统角色往往关注技术本身或教师的教学,因此,最多只能到达技术融合的选择和应用阶段。而现代教育技术的观点则更加关注学习者对知识的主动建构过程,可以帮助教师通过技术融合的所有阶段最终到达革新阶段。[③] 胡珀和里伯认为,帮助教师到达技术融合的创造阶段不在于对技术本身(即产品技术,Product Technology)的改造,而在于依托在技术之上的教育理念(即理念技术,Idea Technology),即在建构主义思想指导下对学生学习的重新认识。[④]

根据个体层面的信息技术融合模型,我们可以发现,影响信息技术融合的最大抵制力来自教师内部,其核心就在于教师对技术运用的自我不足感。这种自我不足感既与教师自身缺少运用技术的知识与技能相关,也与教师缺少组织的支持与技术的支持相关。有研究发现[⑤],相比于运用外力将障碍移离,通过解决所关注的问题来减少障碍更加容易。后者是有促进意义的,并且是建设性的,而前者则是分裂的,并具有破坏性。

以下,我们以嘉兴市实验小学一位语文教师的信息技术应用过程为例,来剖析技术应用中的推动力和阻力。为促进教育信息化的深入应用,嘉兴市实验小学科技城校区自 2106 年起与新东方 K-12 教育行业研究院合作,共同探究"互联网＋教育"背景下如何更好地促进学教方式的变革,更有效地培养学生的信息获取能力、自主学习能力、协作能力、批判性思维能力。从 2016 年第一学期开始,俞老师所任教的西校区 602 班和郑老师任教的 601 班尝试使用新东方 OKAY 智慧课堂,每位学生通过一台 OKAY 学习派(e 派)进行常态

---

① Cemil Yucel, Ismail Acun, Bulent Trman, Tugba Mete. A Model to Explore Turkish Teachers'ICT Integration Stages[J]. The Turkish Online Journal of Educational Technology, October 2010, 9(4): 1-9.

② Cemil Yucel, Ismail Acun, Bulent Trman, Tugba METE. A Model to Explore Turkish Teachers'ICT Integration Stages[J]. The Turkish Online Journal of Educational Technology, October 2010, 9(4): 1-9.

③ Hooper, S., & Rieber, L. P. (1995). Teaching with technology. In A. C. Ornstein(Ed.), Teaching: Theory into practice, (pp. 154-170). Needhanm Heights, MA: Allyn and Bacon.

④ Hooper, S., & Rieber, L. P. (1995). Teaching with technology. In A. C. Ornstein(Ed.), Teaching: Theory into practice, (pp. 154-170). Needhanm Heights, MA: Allyn and Bacon.

⑤ Earle, R. The integration of instructional technology into public education: promises and challenges[J]. ET Magazine, 2002, 42(1): 5-13.

化数字化学习。通过一个学年的实践操作，俞老师发现OKAY智慧课堂在高段语文教学中具有四大优势：

（1）大量资料即时充盈，丰满认知与体验。语文教学要放眼于全面提高学生的文学素养，而文学素养的形成，单靠几节语文课是远远不行的。很多老师都很重视课内外的联系，注重激发学生的阅读兴趣，重视课外延伸。以往老师会印发一些阅读材料让学生读，但是推荐阅读的内容多，则很不低碳。因此，有时老师会让孩子自己去上网阅读相关的内容，但是学生有没有去读又很难检查。这一操作难题的解决，得益于OKAY智慧课堂。老师只要将需要推荐的文章放入资源库，然后进行推送。学生通过e派进行接收、阅读。教师在后台能监测到班里每一个孩子的阅读情况。学生读了没有，花了多少时间阅读之中，文章读完了没有……这些尽在掌握之中，便于教师点对点跟进。

（2）师生实时掌控错误，个性化对症下药。教师通过OKAY智慧系统向学生推送习题，学生在学习派上完成习题，系统对其答案进行批改后，会自动生成该生的错题库，并针对孩子的错误，提供相关的练习。另外，教师在后台也能掌握班级做题的整体情况——哪道题错误最多，哪几个人错……全都一目了然，便于教师有针对性地展开教学，对症下药。基于OKAY智慧系统此功能，老师教完一个单元，在单元考试前，要求学生打开自己的错题库，再次回顾错题，进行纠错，并练习系统提供的相关练习。这样一来，系统大大提高了学生复习的效率，使复习更有针对性。一个单元学下来，自己哪方面欠缺，该进行哪方面的训练，学生都能心中有数。这样不光巩固了知识，更在潜移默化中教会了学生如何学习。

（3）动态画面智慧呈现，促进细节化描摹。传统教学的资料传递、呈现，量、内容、时长都是一刀切的。学生很难实现对资料的个性化选择，并根据实际需要进行选择性地复现、停留。集体呈现的资料，学生如果一下子没观察清，没有快速理解，那么也只能遗憾地随着"大流"了。而OKAY智慧系统却很好地避免了这个弊端，并在作文教学中充分展示其优势。俞老师曾指导学生进行活动作文《剥柚子大赛》的写作。记得剥柚子比赛时，学生面部表情丰富，动作各异……这是多好的训练细节描写的素材啊。她将学生集体剥柚子时的场面拍摄下来，并挑选了"张牙舞爪""大力金刚指""用尺子拉大锯"等富有个性的学生图片资料以及动态视频上传至OKEY智慧系统，进行制作并分类保存，这些图文影像资料就成了学生宝贵的写作素材。学生用e派对写作资料进行个性化选择，通过画面的多次重放、动态画面的随机暂停，观察更细致，描摹更生动且具个性化，从而使得作文教学中的难点迎刃而解。

　　（4）即时交流针对指导，使效果精益求精。传统的学生习作课堂，教师需要不停地巡视才能发现哪些孩子写得慢了，哪些孩子遇到困难停滞了……对于孩子写作的进度，教师难以有个整体的了解，也难以进行有针对性的辅导。而利用 OKEY 智慧系统，学生在 e 派上写作，该生的屏幕上就会出现他手写的作文，写完后提交。教师的平台上显示的是每一个孩子写作的进度。教师通过平台的反馈，一旦发现某生的 e 派写作进度异常，就有针对性地深入学困生，进行即时帮困辅导。对于提交的作文，教师也可在后台上选取任意学生的作文，点开并发布到每一位学生的 e 派上，使得全员关注同一篇习作。然后教师利用教师平台自带的修改软件，与学生边讨论边修改。这样智慧地呈现学生的习作，使得学生聚焦作品，集思广益，孩子们在交流中取长补短，在评改中精益求精。

　　但在一年的技术应用与实践过程中，俞老师也发现了一些技术应用的问题：

　　一是技术无法匹配学科需求。进入高段，语文阅读、写作的量加大，就练习题的类型来说，以主观题为主，很难利用 OKAY 智慧课堂系统进行作业的评改。目前，绝大部分的平台系统都只能对客观题，如填空、选择、判断题进行自动评改、然后生成错题库，并有针对性地向孩子提供训练。而主观题，孩子作答后，教师很难在他们的答案上圈画点评，评改效率很低，也难以形成主观题的错题库。此外，学生 PAD 没有打字功能，其目的是要锻炼学生的书写能力。但是，PAD 上的书写板识别学生书写的能力较弱，投屏效果不佳。学生在书写板上写字，因为没有格式，所以投屏的字是歪歪扭扭的。俞老师让孩子们在书写板上垫一张横条纸书写，虽整齐了一点，但哪怕是写得最好的孩子投屏出来的字迹也很不美观。

　　二是技术改进不及时。在试点应用的这一年中，新东方 OKAY 智慧课堂也安排了专门的技术人员与老师们经常性地进行点对点的沟通联系，但老师们提出的有些设想限于条件、技术的原因，并不能完全实现，最终导致高段语文教学的一些重难点问题还是无法得到有效突破。

　　第三个问题，也是最重要的问题就是因之后的推进需要家长自主采购 OKAY 学习终端，但部分家长出于对视力、学习效率、经济等因素的顾虑，不是很认同常态化推进。所以，在下一学年的教学中，俞老师放弃了在高段语文教学中常态化推进数字化学习的设想，而是根据学校采购的终端，有需要地选择使用。

　　从以上案例分析中我们可以发现，在实践过程中，教师对技术的应用效能感极大地影响了技术的使用。因此，要推进信息技术与学校教育的融合，学校应高度关注教师的因素，重点是关注教师对技术的自我不足感：一方面，学校应通过组织与技术的支持来消除教师的自我不足感，如通过对技术运用的奖励，以及设立技术协调员①等措施；另一方面，学校应通过对教师的技术培训来提升教师运用信息技术的知识和技能，消除或减弱教师对技术的自我不足感。

第四节　结　语

从技术教育化的视角来看，信息技术与学校教育融合的过程实际上就是信息技术进入学校教育，并逐步"消融"为学校教育一部分的过程，其最终的结果就是信息技术成为学校教育中的一个很自然的存在。例如，在网络教育的初期，网络是作为一种独特的方式被强调，但随着相关技术的发展以及对网络的深度运用推广，网络开始"消融"为教育的一部分，并开始出现诸如基于网络的教师发展、基于网络的教研活动等新的教育形式，此时的网络已不再是需要特别强调的内容了。

大量研究发现，信息技术与学校教育融合的过程并不是一个自主、自发的过程，实际上这一过程是在内外部力量的推动下发生的。推动信息技术与学校教育融合的外部力量主要来自技术的"社会必然性"以及相关的研究结果，而推动力信息技术与学校教育融合的内部力量则主要来自技术的"相对优势"，也就是个体对于新技术所具有的足够优势的认识。当然，在信息技术与学校教育融合的过程中也同样会遭遇强有力的抵制力。这种抵制力大致可以分为三大因素：技术的因素、组织的因素以及教师的因素。许多研究表明，教师的因素是信息技术与学校教育融合的最大抵制力所在，其核心在于教师对技术运用的自我不足感。这种自我不足感既与教师自身缺少运用技术的知识与技能相关，也与教师缺少组织的支持与技术的支持相关。从力场分析理论来看，在信息技术与学校教育融合的过程中减少抵制力比加大推动力更加有效。因此，在实践过程中，减少抵制力并将这些抵制力转化为推动力将更有助推进信息技术与学校教育的融合。

此外，从技术教育化的视角来看，信息技术与学校教育融合的过程同样也

---

① J. Tondeur, M. Coopert & C. P. Newhouset. From ICT coordination to ICT integration: a longitudinal case study[J]. Journal of Computer Assisted learning, 2010, 26(4): 296-306.

是"自然状态"的信息技术转化为"教育中"的信息技术的过程,是信息技术向教育的性质或状态转变的过程,也就是信息技术的教育化过程。在此过程中,教育主体运用其智慧,通过选择、应用与改造信息技术,使信息技术具有了教育的某些本质属性,或者说表现为教育的状态。[①]"走向教育"是这个过程的终极目的。因此,信息技术的教育化过程并不是信息技术的内在逻辑自然地展开过程,而是信息技术的自然属性接受教育属性的改造过程。对于这一改造过程,国内外有大量的研究成果提出了技术运用三阶段或五阶段模型。尽管这些模型对信息技术融合学校教育的过程有不同的划分,但基本上都可以用技术教育化的三阶段过程(选择、应用与创造)进行概括。因此,本书采用三阶段模型进行信息技术与学校教育融合的模型建构。

从苹果公司的"教学演进阶段"模式、胡珀和里伯的技术运用五阶段模型以及苏里河伊利的技术运用三阶段模型的研究中可以发现,信息技术与学校教育融合的过程既发生于学校层面,也发生于教师个体层面。因此,本书从学校层面与个体层面对信息技术与学校教育融合的模型进行了建构,并在具体案例中分析讨论了这两个模型。这两个融合模型不但从学校层面与个体层面对信息技术与学校教育融合的过程进行了统一划分,同时也根据相关的研究确定了各阶段的主要推动力和抵制力,在此基础上建构起学校层面的信息技术融合模型,以及教师个体层面的信息技术融合模型。

当然,本书研究信息技术与学校教育融合的运作机制的最终目的并不停留于建构一个信息技术与学校教育融合的运作模型,而在于通过对信息技术与学校教育融合的运作模型的研究了解信息技术如何进入学校教育,并如何推动学校教育的变革。因此,在本章从技术教育化的视角完成对信息技术与学校教育融合的运作机制的探讨后,下一章本书将从教育技术化的视角聚焦信息技术的融合如何推动学校教育的变革。

---

① 单美贤.论教育场中的技术[M].北京:教育科学出版社,2011:112.

第五章　信息技术与学校教育融合的机制研究(二)

——基于教育技术化的视角

从古至今,教育活动总是处于一定的技术环境之中,在这个特定的技术环境中,技术的因素具有相对的稳定性,因此技术所营造的教育环境也是相对稳定的。在此基础上所总结和提炼出来的教学原则与教学方法也会和这种技术环境相适应,并呈现出某种稳定性。从协同论的视角来看,我们可以把作为主体的教育在一定技术环境中所形成的与之相适应的物质层面、素养和行为习惯层面以及精神层面的这种稳定状态称为教育的一种有序状态。[①]

一旦技术开始进入学校教育,也即技术教育化(同时也是教育技术化)的过程开始启动,这种有序状态就会被打破,教育系统将逐步进入一种无序状态。无序状态的开始也意味着教育变革的开始。最后,经过一段时间的教育实践探索,教育的这种无序状态将会随着技术与教育的相互适应协调而结束,并重新进入一种有序状态,这时技术教育化(同时也是教育技术化)的过程也随之结束。

因此,在信息技术融合进入学校教育的过程中,教育系统将在信息技术力量的推动下,经历从有序到无序再到有序的过程,并在这一过程中逐步形成一个新的学校技术生态圈,这个技术生态圈的形成将为学校教育的系统变革奠定技术基础。

赵勇等人的研究表明,系统接纳技术的过程改变着技术应用、技术应用者以及其所处的环境,同时系统也被这些因素改变着。这是一个循环变化的过程,是共同完善、共同发展的过程。[②] 当一种技术进入到学校系统,就会引起系统中其他事物的变化。这些变化会对技术的应用产生影响,并使其发生进一步变化,同时这些变化又会引起系统中其他事物的变化。因此,技术进入学

---

①　颜士刚.技术的教育价值论[M].北京:教育科学出版社,2010:75.

②　赵勇,雷静,肯尼斯·弗兰克.计算机技术在学校环境中传播的生态学分析[J].教育技术通信,2006(3):23-27.

校后,学校系统中的变化是双向的,甚至是环形的(Keiny,2002)。[①] 学校环境中的这种现象与生态环境中的现象很相像。在生态环境中,基因、生物体和环境之间一直都在相互作用,这种相互作用不仅对生物体产生影响,也对环境产生影响(Lewontin,2000)。[②]

因此,在上一章从技术教育化的视角完成对信息技术与学校教育融合的运作机制的探讨后,本章将聚焦于从教育技术化的视角探讨信息技术与学校教育融合的运作机制,关注信息技术的融合如何变革学校教育。信息技术被许多研究者(Rodeny S. Earle,2002)视为学校变革的"催化剂",或称之为学校变革的"特洛伊木马"。[③] 但这匹"特洛伊木马"如何从内部突破现有的束缚,实现学校教育的变化,需要我们将信息技术视为学校系统的一部分进行考察,考察信息技术这匹"特洛伊木马"如何催生学校教育的变革。

第一节　信息技术的融合对学校生态的影响
——生态学的观点

有研究发现,计算机的应用与学校系统的变革密不可分。[④] 当一种技术进入到学校系统,会引起系统中其他事物的变化。这些变化会对技术的应用产生影响,并使其发生进一步变化。赵勇等人发现,有关技术和教育的研究并没有像技术和教育本身那样发展。人们仍然将计算机当成独立的发明进行研究,并且计算机"经常被孤立地,脱离其存在的系统而研究"。[⑤]

因此,为更好地了解信息技术如何推进教育变革,本章将信息技术作为一

---

① 赵勇,雷静,肯尼斯·弗兰克.计算机技术在学校环境中传播的生态学分析[J].教育技术通信,2006(3):23-27.

② 赵勇,雷静,肯尼斯·弗兰克.计算机技术在学校环境中传播的生态学分析[J].教育技术通信,2006(3):23-27.

③ Earle, R. The integration of instructional technology into public education: promises and challenges[J]. ET Magazine, 2002, 42(1): 5-13.

④ Zhao. Y, Frank, K. A. Factors affecting technology uses in schools: An ecological perspective [DB/OL]. https: // www. msu. edu/~ kenfrank/papers/Factors%20affecting%20technology%20uses%20in%20schools. pdf.

⑤ Zhao. Y, Frank, K. A. Factors affecting technology uses in schools: An ecological perspective [DB/OL]. https: // www. msu. edu/~ kenfrank/papers/Factors%20affecting%20technology%20uses%20in%20schools. pdf.

种学校生态系统的一部分进行研究,并运用生态学的观点来分析信息技术变革学校教育的过程。为分析信息技术对学校生态系统的影响,赵勇等人(Zhao & Frank,2003)在学校环境中的技术应用与生态学理论之间建立了以下类比关系①:(1)人类组织相当于生态系统;(2)人类创造的事物相当于生命种群;(3)计算机的应用相当于有生命种群;(4)教师相当于生命个体和中坚种群;(5)外部的新发明相当于外部入侵者。

　　将赵勇等人的类比与信息技术的应用进行对接,并进一步推演,本章提出了以下三个假设:(1)学校相当于一个生态系统;(2)人类创造的事物,如信息技术相当于一个生命种群;(3)信息技术在学校中的应用是外来生命种群对学校生态系统的"入侵"。

一、学校作为一个生态系统

　　有研究者认为,学校可以被看成一个生态系统,这个系统中各因子之间相互影响与制约,维持着一种动态的平衡。② 赵勇等人也认为,可以将学校及其教室看成一个生态系统,因为它是由很多部分和关系而组成的复杂"系统",存在生命种群(如教师、学生、家长、管理者等),也存在无生命种群(如自然环境、计算机和教学内容等)。③ 和一般生态系统一样,学校生态系统表现出多样性的特征,在这个系统中有各种各样的种群,每一个种群都有其独特性和独特角色。用生态学的术语讲,它们拥有自己的栖息地。同时,学校生态系统中的各个种群之间一直都在相互影响,因此,它们之间也在不断调整着彼此的关系。

　　技术种群是学校生态系统中的一个重要组成部分,包括传统技术,如书本、黑板、粉笔等,也包括媒体技术,如投影仪、幻灯片、电视机等,还包括信息技术,如计算机、互联网等。这些技术种群不仅为学校提供了教育的内容,同时也为学校开展教育活动提供了技术的环境。技术种群与其他种群一起构成了学校的生态系统。

　　作为一个生态系统,学校生态系统是一个开放的、动态的系统,经常伴随着新事物(特别是新技术)的进入或旧事物的离开。因此,随着媒体技术以及

---

① 赵勇,雷静,肯尼斯·弗兰克.计算机技术在学校环境中传播的生态学分析[J].教育技术通信,2006(3):23-27.

② 吴庆伟.信息技术在中小学应用的教育生态学解析[D].曲阜:曲阜师范大学,2009:24.

③ 赵勇,雷静,肯尼斯·弗兰克.计算机技术在学校环境中传播的生态学分析[J].教育技术通信,2006(3):23-27.

信息技术的发展,以及在学校教育中的应用,学校生态系统在不断变化。如
图 5.1、5.2 所示。

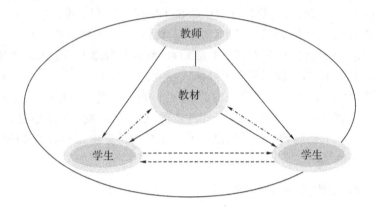

图 5.1　传统学校生态系统

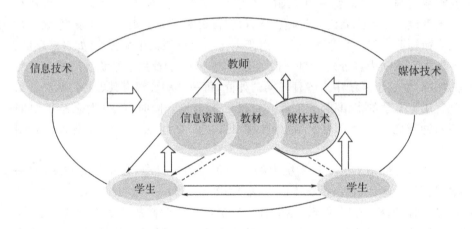

图 5.2　现代学校生态系统

同时,作为一个生态系统,学校自身具有达到内部稳定或是内部平衡的趋
势或能力,这也是一个重要的生态学现象。学校自身所固有的内部稳定性,不
但是学校作为一个生态系统所具备的一个显著特征,同时也是学校作为一种
社会组织所体现的一种天然倾向性。学校自身的内部稳定性决定了学校生态
系统的变化不可能是剧烈进行的,只可能是缓慢进行。

二、信息技术作为一种"生命种群"

许多研究者、科学家以及哲学家都认为思想以及人造事物都像有生命体一样不断进化着。[①] 如道金斯（Dawkins，1989）将思想与基因进行类比，并认为"文化的传承与基因的传承有类似之处，尽管基因传承很稳定，但这种类比也能够为文化的传承提供一种解释形式"。波普尔（Popper，1972）指出，科学知识的进步是一个进化的过程，如同基因变异和自然选择相互作用一样，科学知识的进步是伴随着实验性理论的提出与错误的不断修正。

同样，技术的发展也被认为是一种进化过程（Bassalla，1988；Levinson，1997）。[②] 赵勇等人认为，尽管技术并非与生物完全一样，但它们都基本遵循着类似的进化过程。[③] 人类的多种需求、经验和智慧促成了新技术的发展。新技术以各种方式进入到人们的生活之中，并进行重新组织和再次进入。有些技术被认为优于其他技术，因此被留存下来，而有些技术则被认为不适用而遭淘汰。与此同时，这些技术也在不断进化与自我发展着。见图 5.3。

图 5.3　信息技术的进化历程

信息技术作为一种技术创新也可以被看成是学校生态系统中一个新的"生命种群"。因为，信息技术也像有生命体一样有着不断进化的特征。

除了具有不断进化的特征外，作为一个生命种群，信息技术还具有独特的内在倾向性。[④] 用生态学的术语讲，信息技术有其独特的"生态龛"，"生态龛"决定了信息技术的生存广度，也就是其使用范围。信息技术的"生态龛"决定了信息技术不能包打天下，它注定要与其他技术要素共同构成一个完整的技

---

① 赵勇,雷静,肯尼斯·弗兰克.计算机技术在学校环境中传播的生态学分析[J].教育技术通信,2006(3):23-27.

② 赵勇,雷静,肯尼斯·弗兰克.计算机技术在学校环境中传播的生态学分析[J].教育技术通信,2006(3):23-27.

③ 赵勇,雷静,肯尼斯·弗兰克.计算机技术在学校环境中传播的生态学分析[J].教育技术通信,2006(3):23-27.

④ 赵勇,雷静,肯尼斯·弗兰克.计算机技术在学校环境中传播的生态学分析[J].教育技术通信,2006(3):23-27.

术生态圈。赵勇等人认为[①]，每一种独特的技术都具有其自身的应用倾向、使用偏见以及内在属性，这些特性决定了甚至是限制了它所适用的范围。某种特定技术只适合于某种特定的任务，而非全部任务。

三、外来"生命种群"对学校系统的"入侵"——信息技术在学校中的应用

对于一个稳定的生态系统而言，外界生命种群往往被当作是入侵者。从本质上讲，当一个新的种群进入到一个已经存在的生态系统时，它就相当于一个外界的入侵者。[②] 这个入侵的新种群可能会与现存的一个或多个种群发生相互作用，或取得胜利，驱走现有种群，或入侵失败并消失。

当信息技术进入学校生态系统，实际上也相当于一个外来"生命种群"对学校系统的"入侵"，它通常会影响已有种群间的相互关系。这样，原有的种群平衡就很容易被打破，入侵的种群将在充满冲突的环境中和现有的种群展开较量。[③] 因此，当信息技术进入到学校教育环境中，或是生存下来，或是被淘汰，完全依赖于信息技术与其他种群的竞争结果，这种竞争结果表现为信息技术对学校教育环境的适应情况。这与某种生物体进入一个自然环境一样，生物体的命运是与它的"适应性"紧密联系在一起的。

生命体的进化是由于基因的改变而发生的，例如基因变异、选择和保留，而信息技术的进化则是因为思想的改变和重组而发生的。因此，我们可以把信息技术看做也需要经历自身"进化"和学校系统"选择"的生命物种，如果信息技术能够在与其他技术种群的竞争中脱颖而出，适应学校环境，将留存下来，并产生新的变异、发展，否则将被淘汰。

一旦信息技术在与其他技术种群的竞争中脱颖而出，将打破原有学校技术种群的内部平衡，重构新的学校技术生态圈。新的学校技术生态圈将改变技术种群与其他种群的相互关系，并进而改变整个学校生态系统。当然，在这一新的学校技术生态圈中，信息技术并不会完全取代其他所有技术，而是与其

---

① Zhao. Y，Frank，K. A. Factors affecting technology uses in schools：An ecological perspective [DB/OL]. https：// www. msu. edu/～ kenfrank/papers/Factors％ 20affecting％ 20technology％ 20uses％20in％20schools. pdf.

② 赵勇，雷静，肯尼斯·弗兰克. 计算机技术在学校环境中传播的生态学分析[J]. 教育技术通信，2006(3)：23-27.

③ 赵勇，雷静，肯尼斯·弗兰克. 计算机技术在学校环境中传播的生态学分析[J]. 教育技术通信，2006(3)：23-27.

他技术共存与互补,在各自的范围内发挥作用,形成一种新的教育技术生态。因为,各种技术均有自己的特点,一种技术要轻易并完全取代另一种技术是不太可能的。最终的竞争结果可能是信息技术与其他技术手段一起构成一种复合的技术环境。

根据生态学的观点,在信息技术与学校教育的融合过程中,信息技术变革学校教育的过程实际上就是信息技术通过改变学校的技术生态圈,进而实现对学校生态系统的改变过程。因此,要探讨信息技术的融合对学校教育变革的影响,需要将信息技术这一外来的"生命种群"置于学校生态系统中进行分析。首先要分析信息技术的融合对学校生态系统中技术种群的影响,进而分析技术种群的变化所可能引发的教育变革。尼和布兰克(Ni & Branch,2008)认为,在教学活动中,这些要素(技术与教学的要素)的变化常常是协同发生的。[①] 当技术的要素发生了变化,其他方面(如学生的学习方式、教学的呈现方式等)也会发生相应的变化。

第二节 信息技术的融合重构新的学校技术生态圈

有研究发现,教育技术的不同发展阶段的演变是非替代性的。[②] 教育技术的演变不是后一阶段的技术体系简单地替代前一阶段的技术体系,与之相反,教育技术的发展往往表现出一定的累积性。也就是说,随着时间的推移,教育技术愈来愈丰富,可供教师选择的空间愈来愈广。同样,信息技术的"入侵"并不会完全取代之前出现在学校教育之中的传统技术与媒体技术,而是与传统技术与媒体技术一起形成了一个更加丰富的技术生态圈。

因此,我们经常可以在现有的中小学课堂中发现多种技术并存的局面。如,在传统的教室中,桌椅、讲台、黑板、粉笔是教学的基本配置。随着媒体技术的发展,电视机、幻灯片、投影仪开始进入教室,如图5.4所示。

随着信息技术的发展,传统教室也没有立即发生"翻天覆地"的变化,只是附加了一些信息技术的设备,从使得"黑板粉笔""白板"和"计算机网络"共存于一个教室中。如图5.5所示。目前,这种形式的教室在我国大中城市的中小学校普遍存在。

[①] 郑太年.应用信息技术推进教学改革为何效果有效[J].现代远程教育研究,2010(5):23-27.

[②] 郑永柏.从技术的发展看教育技术的过去、现在与未来[J].电化教育研究,1996(4):8-14.

图 5.4　媒体技术进入传统教室

图 5.5　黑板＋白板＋计算机网络教室

　　图 5.4、图 5.5 展示的都是多种技术并存的局面,这种局面的出现是因为新技术的进入,打破了传统教室原有稳定、有序的技术生态,从而使教室里的技术生态系统进入了一个无序状态。

　　此后,随着时间的推进,信息技术在学校中的应用将不断深入。我们可以发现,国外的中小学,包括国内一些条件较好的中小学校在重新设计规划教室的过程中,开始考虑信息技术的特点和优势,将信息技术有机地整合到教室的规划设计中，一些全新形态的现代化教室由此出现。如图5.6。

图 5.6　现代化教室

　　虽然，目前的现代化教室有各种形态，但总体而言，这些现代化教室都是基于信息技术特性和优势的新的教室规划设计。在这一新的教室规划设计中，信息技术正逐步打破传统技术的统治地位，成为课堂教学的一种基本技术手段。也就是说，信息技术开始在技术生态系统中占据主导地位，从而使得学校技术生态系统进入一个新的有序状态。

　　在进入这一阶段之后，信息技术将逐步主导建立一种新的学校技术生态圈。这一新的技术生态圈将改变传统的以教材为主的知识传播形态（如图5.7），构建以信息技术为撑的开放式学习平台（如图5.8）。

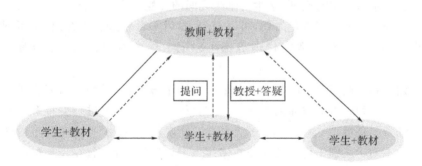

图 5.7　传统的教学模式[①]

　　① 张秀芳,吴新民.信息技术发展与学习方式、教学方式的变革[J].教育探索,2004(5):17-19.

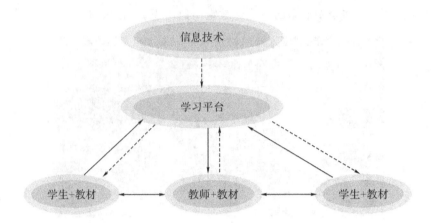

图 5.8　以信息技术为支撑的开放式学习平台

　　在传统的教学模式中,教师与教材是教学的中心,学生的知识几乎完全来自教师对教材的教授。[1] 这种教学模式以教师和教材为核心,教学内容和教学方式封闭,学生所学的知识难以在客观实际与人际关系中得到直接体验,导致知识与社会实践相脱离。

　　而在以信息技术为支撑的开放式学习平台中,学生的信息与知识来源将不再局限于教师与教材,学生随时可以通过开放式的学习平台,从网络上、从与他人或同伴的交互中获得更多的信息与知识。同时,学生所获取的知识也将更加贴近社会现实。因此,新的学校技术生态圈将不仅改变知识传播形态,同时也将带来学生与教师、学生与学生之间的交互方式的变化。

　　在迎面而来的智能化时代,可以想象,学习平台将进一步开放,除了网络平台之外,学习情景、智能代理等都可以成为学生的知识来源。如图 5.9 所示。

　　谢维和教授将教育的基本功能划分为两个方面:一是为学习者提供系统的知识学习和能力等方面的培训;二是为学习者提供一个进行交往和相互学习的场所和环境。[2] 从以上的分析中可以发现,信息技术所构建的新的学校技术生态圈将区别于传统的学校技术生态圈,其最大特征就在于新的技术生态圈为学校教育带来了新的、更加开放的知识传播形式与新的教育交互方式。

---

　　[1]　张秀芳,吴新民.信息技术发展与学习方式、教学方式的变革[J].教育探索,2004(5):17-19.
　　[2]　吴康宁.教育活动的社会学分析——一种社会学的研究[M].北京:教育科学出版社,2000:197.

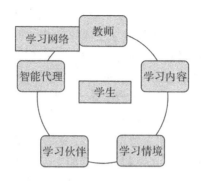

图 5.9 智能社会学生获取知识途径变化①

一、信息技术改变知识的传播形式

在某种程度上说，教育是一种建立在信息（知识）的传递基础上的生产形式。鲁洁教授认为，教育的一切活动不能离开符号，它必定是使用符号的活动。教育的功能很大一部分也表现在使受教育者学会掌握和使用符号包括语言文字以及其他各种诸如数学、科学等等的符号。②

信息技术与学校教育融合所构建的新技术生态圈，首先改变的恰恰是信息（知识）的呈现方式与传递方式。因为，以信息技术为主导的新技术生态的最大特征就是数字化与网络化。在这个数字化与网络化的生存空间里，信息（知识）的呈现方式与传播形式都发生了变化。

1. 信息技术带来知识呈现方式的变化

信息技术借助数字化技术改变了信息（知识）的存在形式，知识在信息技术的辅助下可以比特的形式存在，让传统的知识世界成为一个数字化的生存空间。在这个数字化的生存空间中，人们所面对的世界不是一个由原子所构成的物理世界，而是由没有颜色、重量、长度的比特（bit，信息最小单位）所组成的信息世界。③

一方面，在信息化时代知识可以比特的形式存在，知识的加工更加便利，呈现方式更加多样，特别是随着多媒体、超媒体技术的发展，知识的呈现方式出现了新的变化。借助多媒体技术，不但视觉的变化可以在电脑显示器上进

---

① 王珠珠.教育信息化 2.0：核心要义与实施建议[J].中国远程教育，2018(7)：5-8.
② 鲁洁.网络社会·人·教育[J].江苏高教，2001(1)：14-22.
③ [美]尼葛洛庞帝.数字化生存[M].胡泳，范海燕，译.海口：海南出版社，1997：3.

行生成和处理,其他方面的变化和效果也可以清晰地出现在显示器上。同时,借助多媒体技术还可以将抽象的概念变成可视化的视图,为学生提供一种"身临其境"的学习内容。多媒体特别是超媒体技术使教学信息的形态变得立体化、动态化、形象化以及表征多元化,使传统教学中的难点和因条件所限无法实现的教学内容得以解决,从而使教学信息更易被接受,也在较大程度上增强了学生对教学内容的感受和理解。[①]

此外,随着虚拟现实等新兴技术的广泛应用,以视频和图文为主,缺乏交互能力的静态资源将被三维立体和具有智能交互功能的动态资源取代。[②] 借助虚拟现实技术,新技术可以为学生提供更加真实的、身临其境的知识体验。

另一方面,在信息化时代知识可以数字化的形式存在,使得储存、组织并查找大量的信息变得更加便利,进一步拓展了信息与知识的共享特征。信息技术借助数字技术将所有信息数字化,极大地提高了信息的检索与传递速度,同时借助互联网打造了一个免费、公开的数字化空间,为学习者提供了丰富的学习资源和宽广的知识基础。借助信息技术,学习者可以接触到世界上迄今为止生产的所有知识。世界上无数大型图书馆都可以通过网络搬进电脑、搬进我们的学校、搬进我们的家里。数字化技术将学习者置身于一个浩瀚的知识海洋。

多样化的知识呈现方式以及知识共享功能的凸现将使得学习者可以从多渠道、多视野、多层次、多形态的网络中获得大量的学习资源,并且借助数字化的技术,这种知识的获得将是快速与即时的。信息技术所提供的丰富的教育资源(教学资源的流动与共享),使得学习选择的自由度大大增加,因需施教、因材施教将真正成为可能。

2. 信息技术带来知识传播形式的变化

如果说数字化技术改变了知识的呈现方式,那么通信技术(特别是网络技术)的发展则为学校教育带来了知识传播方式的变化。由计算机系统、高速数字通信信道和通信卫星联网构成的通信网络打破了时空的局限,实现了信息资源的超时空的传递、交流,从而消除了跨地域沟通的"时滞",极大地提高了信息传输的效率。

借助信息技术中的网络技术,地球任何一个角落的人在同一时刻与地球

---

①　祝智庭.现代教育技术:走向信息化教育[M].北京:教育科学出版社,2002:257-274.

②　杨宗凯,吴砥,郑旭东.教育信息化2.0:新时代信息技术变革教育的关键历史跃迁[J].教育研究,2018(4):16-22.

上任何一个角落的他人进行"面对面"的工作与交流成为可能。借助这种信息沟通方式，正如加拿大学者马歇尔·麦克卢汉所预言的：整个世界将成为一个"地球村"。

在数字化技术与网络技术的助推下，信息技术将使教育摆脱时空的限制，变得更加无限可能。随着信息技术的发展，传统教学过程中机械、死板的时空观将可以实现分离。在学习过程中，学生将可以根据自己的需要，选择哪些课程到课堂上去听，哪些课程则注册虚拟课程，采用自学和最后通过考试的方法取得学分。① 可以预料的是，随着信息技术的发展，不但学习的空间可以实现分离，学习的时间也同样可以自由选择，学生接受教育的时间和空间都将具有更多的个性化选择。

特别是随着大数据分析和人工智能技术的深度应用，整个互联网都将成为可以提供优质教育资源的宝藏，同时，依托大数据分析和人工智能技术将可以提供更加个性化的资源推送，大大提升知识的有效供给、精准供给的水平。

二、信息技术改变教育的交往方式

20 世纪 90 年代以来，因特网开始广泛渗入到社会各个领域，引起社会生产、生活方式的深刻变化。最初的网络（Web1.0）只局限于个人和服务器之间的交流，不能方便地进行学习者和学习者之间的直接交流。随着信息技术的发展，特别是笔记本电脑、移动技术以及互联网的出现，一个互通互连的数字世界开始出现，即 Web2.0 世界。

Web2.0 世界极大地改变了 Web1.0 时代以信息传递为主要功能的信息技术特征，极大地增进了信息的共享功能，将我们带入了一个虚拟化的社会生存空间。最近几年来，随着 YouTube、Myspace 等技术的发展，Web2.0 技术得到了进一步的完善。

计算机技术最初实现的只是人机的交互，但在进入 Web2.0 之后，通过网络系统可以更好地实现人与人之间的交互，从而为人类提供了一个新的生存空间，即第二生存空间——"网络社会"。鲁洁教授认为，网络社会使以往的社会交往模式发生了深刻的变化，使得世界性普遍交往成为一种现实的可能，也使得"交往"成为现时代的一个主题，成为人和社会的普遍存在方式。正是网络社会所具有的普遍交往特征，有人甚至认为"当代社会的本质是全球化交往

① 魏旭.网络的兴起与现代教育的嬗变[J].江苏教育学院学报(社会科学版),2001(3):23-25.

的社会"①。

鲁洁教授认为，网络社会中的社会交往发生了深刻的变化，具体表现为：超时空性；新型共同体；多极主体性。② 网络社会中社会交往的新变化将极大地改变教育的交往方式。

1. 信息技术改变教育交往的空间

网络社会为人们提供了一个新的称之为网络空间（Cyberspace）的交往空间。③ 在这个空间中，任何一个人都可以通过网络与其他地区的任何他人进行交往，既可以定向与某一个人进行交往，也可以同时与多个人联系交往，并且，这种交往行为可以在几秒钟之内发生和完成。因此，网络社会中的交往具有了普遍性和无限性，交往走向了世界。④ 在网络社会中，每个个体都有可能最广泛地参与到社会交往活动中去。

我们可以发现，在目前的学校教育中，互联网已得到广泛应用。互联网所提供的电子邮件（E-mail）、聊天室、聊天工具（如 QQ、MSN Messenger、微信等）等通信工具以及博客（Blog）等专题网站为师生构建了一个新的网络交往空间。这一网络空间不仅增加了师生之间交流的机会，同时还加强了同伴之间的交流与合作。学习者可以通过这些工具随时向教师、同伴求教，也可以受到某个领域专家的指导。因此学习者可以通过更多的渠道向更多的求教对象获取信息，求教以及获得帮助的及时性大大提高。⑤

随着信息技术的发展，一个新的学习共同体正在逐步形成。特别是Web2.0技术的发展，使学习者更容易找到不同地域的学习者、专家。这种共同体的扩大使不同层次的学习者能相互补充、相互学习，不同地域的学习者对同一问题的认识能形成更加深入的思考，将有利于学习组织的构成和学习社会的完善。⑥

2. 信息技术建构新型的教育交往共同体

日本社会心理学家池田谦一在《电子网络的社会心理》一书中指出，以往的人际交往关系是在一个人生活史中逐步形成的，在本质上它是受本人的职

---

① 鲁洁.网络社会·人·教育[J].江苏高教,2001(1):14-22.
② 鲁洁.网络社会·人·教育[J].江苏高教,2001(1):14-22.
③ 鲁洁.网络社会·人·教育[J].江苏高教,2001(1):14-22.
④ 鲁洁.网络社会·人·教育[J].江苏高教,2001(1):14-22.
⑤ 张剑平,李慧桂.信息技术条件下教学模式的发展[J].浙江师范大学学报(自然科学版),2004(4):426-429.
⑥ 程军,徐芳.浅谈Web2.0带来的教育变革[J].科技信息,2008(19):49-62.

业、学校、工作场所和生活场所的物理状况所制约的，但是电子共同体却可以在与个人史毫无关系的地方形成，其很可能是由共同关心某一领域的人所形成的，构成这个共同体的成员也不受年龄、性别、职别等限制，而是由他们所关心、所提供的信息内容所决定。[①]

这种新型的共同体，以网络为载体，具有共同体的本质特征，因为它们是由那些有共同关心主题、共同目标的个体结合而成的共同体。这种新型的共同体结缘于电子空间，被称为"比特族""电脑族"，它们逐渐创造出一种全新的生活方式。

有许多教育专家认为，计算机真正的潜能就在于能促进合作与交流。[②]同步交流与异步交流技术的发展将为这种合作提供技术的支持，使得时间和空间相互独立的学习者可以通过教育研究项目结成一个新的共同体，开展线上和线下的合作和交流。苹果公司的研究也发现，技术的使用并没有孤立学生，而是鼓励学生有更多的合作。[③] 总而言之，在 Web2.0 世界里，教室将不单是一个传授知识文化的场所，同时也是一个社交的场所，学生通过互联网与更大范围的教师、同伴互动来促进社会性的发展。

3. 信息技术塑造教育交往的多极主体性

长期以来，人们的基本实践和视界是处在主体—客体的两极框架之中，所宣扬和实行的是单一主体中心性，每个人都把"他者"看作是被消灭或被支配的"客体"。[④] 网络社会消除了"社会的藩篱"的控制，使得交往实践成为人的基本生存方式。在这种生存方式的转型中，单一主体性开始转变为多极主体性。

从每个个体来看，世界性、全球化的网络社会为他们生存和发展创设了一个新的空间。在这个空间中，个人实现了对其交往关系的自由占有，在这种自由交往中所表现的就是一种互为主体的状态，也即网络交往中每个主体与之切实相遇的是另一主体，交往的方式也由单向度向交互性、非中心化转变。[⑤]

① 鲁洁. 网络社会·人·教育[J]. 江苏高教,2001(1):14-22.

② Chris Abbott. ICT: Changing Education [M]. RoutledgeFalmer 11 New Fetter Lane, London，2001:63

③ Apple Computer, Inc. (1995). Changing the conversation about teaching, learning, and technology: A report on 10 Years of ACOT research. Cupertino,CA:Apple Computer,Inc. Available: www. apple. com/education/k12/leadership/acot/library. html

④ 鲁洁. 网络社会·人·教育[J]. 江苏高教,2001(1):14-22.

⑤ 鲁洁. 网络社会·人·教育[J]. 江苏高教,2001(1):14-22.

在现代学校教育中,借助 Web2.0 技术,每个网络上的学习者都能成为知识的管理者,成为多极主体,化被动接受为主动传播,分享自己的心得、体会,贡献自己获得的学习资源,自由进退、自主构架。

因此,在某种程度上说,信息技术对社会交往的重新定义是对个体主体性的一种弘扬,这种弘扬与现代教育改革的理念不谋而合。信息技术所构建的一种数字化生存空间,使每个个体都能参与推动世界历史的进程,成为世界历史的主体,诚如尼葛庞洛帝所说"数字化生存……让弱小孤寂者也能发出他们的声音"[①],"偶然性"的个人为世界历史的个人所代替。

信息技术在知识传递与社会交往方面的这些新特性,使信息技术具备了明显优于传统的媒体技术(如电影、电视等)的特性,并具备了重新塑造一个新的教育空间的可能性。这个新的教育空间不但可以接管传统学校教育的某些功能,同时也可能在更大程度上转变学校教育的方式与特征。

第三节　新的学校技术生态圈推动学校教育的变革

美国著名的信息技术专家伊利(Ely)认为[②],现代信息技术的应用应当看作是一种教育生产力的革命,它所引起的是整个教育组织形式、教育中人与人的关系、教与学的各种行为等社会的、文化的、心理层面的变化。

西蒙·派珀特(Seymour Papert,2001)认为[③],信息技术不单是可以作为一种信息来源,同时也可以作为一种建筑材料。也就是说,信息技术实际上具有两方面的功能:信息功能和建构功能……在教育领域,信息技术的应用同样存在着这两方面的功能。信息功能是关于学校目的的保守观点,而建构功能则更为激进,要求更多的变革。

从教育技术化的视角来看,信息技术与学校教育的融合过程实际上就是技术的特性逐步转变为教育的特性的过程。这一过程的实质就在于信息技术的某些特性,如内容的数字化以及超越时空的传递方式等,为教育变革带来了新的可能。我们发现,信息技术融入学校教育后所构建的新技术生态圈,产生

---

① [美]尼葛洛庞帝.数字化生存[M].胡泳,范海燕,译.海口:海南出版社,1997:7.

② Donald Ely: Toward a philosophy of instructional technology [J]. British Journal of Educational Technology,1970,1(2):81-94.

③ 经济合作与发展组织.学会变革:学校中的信息与通信技术[M].北京:教育科学出版社,2008:129.

了新的技术特性。这种技术特性对知识传播形式的挑战以及对社会交往关系的重构为学校教育的变革奠定基础，如图 5.10 所示。

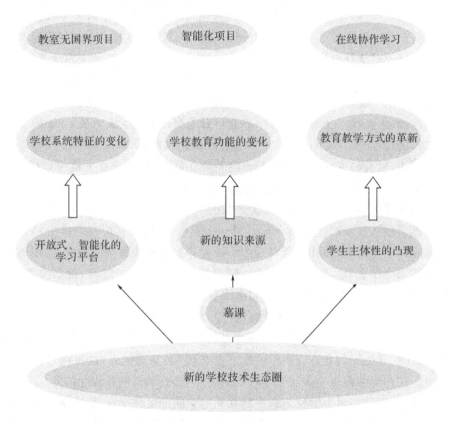

图 5.10 新的学校技术生态圈与学校的教育变革

一、信息技术的融合与学校系统特征的变化

在传统的教育制度中，学校教育往往是与社会脱节的，与生产或企业部门也是不联系的。[①] 因此，学校素有"象牙塔"之称，儿童进入学校，如同进入脱离社会的封闭场所。学校自成体系，是一个特殊的社会环境。虽然教育家杜威和陶行知曾分别提出"学校即社会""社会即学校"，但事实上学校只是折射了社会有限的方面，真实的社会远比学校复杂得多。

---

① 王俏华. 对信息化社会学校教育的重新思考[J]. 教育探索，2003(7)：49-51.

在信息化时代,信息技术的发展与广泛应用正逐步打破学校的封闭体系,为学校系统特征的变化提供了可能。信息技术的发展,包括新近常用的工具,如 Web2.0 技术,使得任何人都可以在任何时候和地点向任何人学习任何东西。信息技术的开放性正在冲击封闭的学校系统。信息技术对知识传递形式的拓展以及对交往形式的改变所带来的开放性,不但会转变学生的学习方式,使交互与协作成为学生学习的最大特征,同时也将使学习的空间发生变化,学生的学习不一定在学校里,也不一定在家里,学习可以是移动的。

首先,信息技术使学校教育中非面对面的交往形式大大增加,如教师与学生之间、教师与家长之间、学生与学生之间借助网络,可以开展更多的非面对面的交往,学校将成为一个更加开放的系统。如,美国的维奇•戴维斯(Vicki Davis)带领乔治亚州卡米拉市韦斯特伍德学校的学生与孟加拉国首都达卡的朱莉•林德赛(Julie Lindsay)所教班级的学生协作开展了一个被称为"教室无国界项目"(The Flat Classrooms Project)①。该项目利用网络技术将世界各地的教室与教室之间的"围墙"拆除,让世界上各地的教室结为伙伴,用最好的方式来协作学习。在这个项目中,师生使用先进的科技工具,例如维基、博客、社交网络和多媒体内容,探索未来教育模式。

维奇•戴维斯与朱莉•林德赛的"教室无国界项目"获得了诸多奖项,赢得了世界各地人们的广泛关注。作为对其创造性的认可以及对开放教室的回应,现在世界范围内有许许多多的教室也在朝"教室无国界"这种项目的方面努力。这种努力将进一步冲击学校的封闭性,提升学校的开放性特征。

其次,信息技术为学校与家庭的互动搭建新的交往平台,极大地促进教师与家长、社区的交往。在信息技术的支持下,学校教育将同家庭教育、社会教育融为一体,实现教育中人力、物力的多层次开发与合理配置。② 随着信息技术的发展,学校和家庭的交流将会更加便捷,这无疑会增加学校和家庭交流的时间,拓展学生学习的时间。信息技术将允许教师通过网络发送家庭作业和分配任务。家长、学生和教师能够就这些学习任务开展交流讨论,学生在家里就可以访问存在学校计算机上的个人数据文件和学习材料。这将有利于形成一种新的、更具协作性的教育生态。

---

① [美]柯蒂斯•J.邦克.世界是开放的:网络技术如何变革教育[M].焦建利,译.上海:华东师范大学出版社,2011:248.

② 桑新民.当代信息技术在传统文化——教育基础中引发的革命[J].教育研究,1997(5):17-22.

再次,信息技术使得学校可以向社会开放,提供教育服务,打破封闭的教育体系。如,目前不但有许多高等学校开通了网络学校,在中小学,目前仅北京就有 200 多所网校对外招生,比较典型的如北京四中网校及 101 网校,向社会提供教育服务。此外,北京 10 个郊区县都开通了远程教育网。网络学校的出现,本身就是对传统学校体制的一种创新。它冲破了封闭的学校体系,对学校的教学与管理带来深刻的影响。因为,通过网络学校不仅可以把学校的教育资源向外界输出,同时也带来了大量社会信息和资源的输入,丰富了学校的内容。如一些网校的建立,本身就是和信息企业合作的结果,通过网校把这些企业有形的和无形的资源,包括高新技术、经营理念等引入学校,这将对学校的治校方式带来深刻的变革。

此外,随着信息技术的发展,一批有别于实体学校的"虚拟学校"(Virtual School)开始出现,不但有面向高等教育的"虚拟学校",同时也有面向基础教育的"虚拟学校"。相比于传统学校,"虚拟学校"没有传统的课堂教室,学生们通过计算机互联网来接受教育。"虚拟学校"中有结构化的课程体系,学生可以修习其全部课程,也可以只选这一完整课程结构中的一两门。"虚拟学校"的最大优势在于,学生可以选择任何时间和地点上学,并由自己决定合适的学习进度表。因此,有些学区利用虚拟的网上学校提供教学来帮助学生按照适合自己节奏或快慢的步子来学习。有时,"虚拟学校"也被用来给偏远地区的学校提供他们自己开设不出来的学科课程或高级课程。①

目前,在美国,"虚拟学校"已成为传统学校的一种重要补充形式,借助"虚拟学校"的资源,美国有越来越多的家庭选择让孩子"在家学习",让其子女在家借助各教育公司专门为在家上学开发的材料,或使用"虚拟学校"的网上课程完成义务教育。"虚拟学校"不但带来了一种新的教育形态,弥补了部分学校课程资源的不足,同时也可以为学生提供了更具个性化的课程选择,可以更好地满足一些特殊家长和特殊学生的个性化需求,进一步凸显了学校的开放性与个性化特征。

除了开放性、协作性、个性化特征之外,信息技术还给学校教育系统带来了另一个新特征:智能化。如嘉兴市实验小学在课题组的指导下,关注信息技术所带来的教育系统特征的变化,尝试用生态系统的思维来谋划学校信息化环境的建设和应用问题,使学校系统呈现出明显的智能化特征。几年的探索,学校渐渐呈现出一种智慧 E 校园的生态系统场景。在这个过程中,他们探索

---

① 任长松.美国家长的择校权与美国的"在家学习"[J].全球教育展望,2008(10):60-64.

的重点是学习者如何通过与所在空间及空间中的资源的相互作用,获得适应自己个性发展的最优化学习。他们将此称为"自适应学习"生态系统。"自适应学习"生态系统主要从以下三方面进行建构,逐步形成了以学习者为中心,充分挖掘自适应环境需求,建设自适应的新学习生态环境:

(1)以学习者为中心,挖掘自适应学习环境需求。嘉兴市实验小学以学习者为中心,从内容呈现、情境感知、及时互动、资源获取、环境管理等五个方面挖掘自适应学习环境的需求(见图 5.11)。

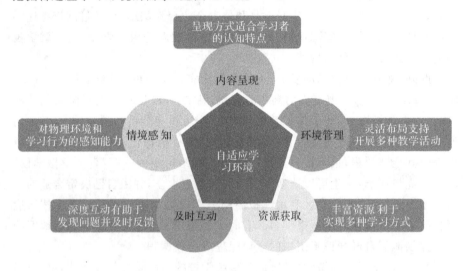

图 5.11　自适应学习环境需求分析

(2)基于"自适应学习"理念的智慧教室架构。基于对自适应学习环境需求的分析、挖掘,嘉兴市实验小学尝试对学生每天所处的教室进行改造,升级为智慧教室(见图 5.12)。

学校升级改造智慧教室的目的就是能够通过无线化、移动化、物联化、数据化逐步拓展教室的物理空间,丰富数字资源供给,打破课堂的边界,增强学生"智慧学习"体验。

(3)基于"自适应学习"理念的数字化学习环境整体架构。基于自适应学习理念的数字化学习环境还需要有软硬件环境的建设(见图 5.13)。

硬件环境需要建设学习终端、智能化充电柜、无线覆盖、大数据中心,软件环境则包括交互式学习平台、管控软件、一体化评测系统、大数据分析系统、资源中心等。这一建设过程不可能一劳永逸,嘉兴市实验小学始终强调学习者对学习环境的交互性、实时性、协作性和调节性。

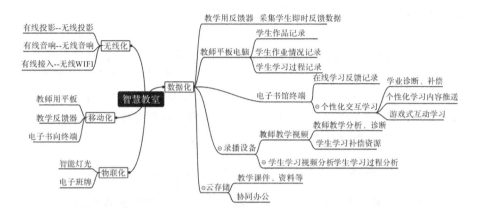

图 5.12　基于"自适应学习"理念的智慧教室架构

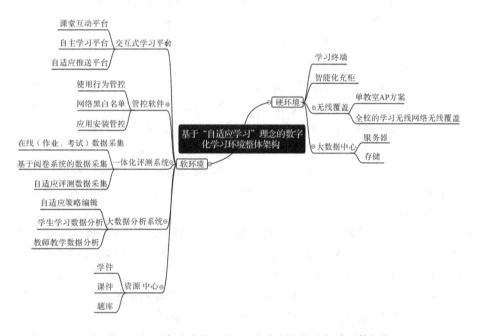

图 5.13　基于"自适应学习"理念的数字化学习环境整体架构

　　在建设过程中,学校还考虑到如何让孩子能够在网络环境下开展协作学习,为此还建设了"云课桌"系统。嘉兴市实验小学所使用的"云课桌"是集电脑触屏终端与互联网数据采集分析应用于一体的教学新工具,可以多点触控,可以在小组合作环节提供学生协作学习的空间,让其共同完成学习任务,从而真正实现数字化环境中的小组合作化的自适应学习。

综观上述,信息技术与学校教育的融合不仅使得学校教育系统从一个封闭的系统开始转向一个更具交互性、更加开放的系统,同时也将学校教育系统从一个高度物理化、计划性的系统转变为一个高度数字化、智能化的系统,为学生的学习提供一种更加开放性、协作性、个性化与智能化的学习环境。可以预见的是,未来信息技术支持下的学校教育环境将更具开放性,更具个性化和智能性,并且将更注重互动性,学校与家庭、社会将有更多的交互。

二、信息技术的融合与学校教育功能的变革

教育一直被视为是一种传递文化知识的活动,而学校则被称为传授人类文化知识的场所。吴康宁认为,所谓教育,说到底是一种文化的传递活动。[①] 任何一种传递最终能否被传递对象所认可,以及在多大程度上被认可,不仅取决于该传递本身的状况,同时也取决于该传递同其他传递之间的"力量"对比,取决于该传递在社会的整个传递结构中的地位。

学校教育也不例外。就目前来看,虽然学校基本上仍垄断着文化传递的专门权力,却再也无法垄断传递能力了。以互网络为代表的信息技术对学校的传递能力构成了强有力的挑战。对于信息化时代的学生而言,存在着两个特征相悖的信息环境:一是较为刻板的、划一的、带强制性的学校信息环境;二是灵活的、多样的、选择余地较大的大众信息环境。学校信息环境与大众信息环境相比,谁的魅力更大,不言自明。网络媒体的交互性、信息的海量存储和信息形式的丰富多样性及不受时空限制的传播方式等特点正促成学生更多主动性的选择行为。

学生通过新的媒介形式不仅越来越多地获取到可对学校传递的文化起到补充与深化作用的各种信息,而且越来越多地习得学校未予传递的文化,越来越多地习得比学校传递的文化更具吸引力、更具价值,甚至更为"正确"的文化。所有这些都导致学校再也无法像过去的时代那样扮演绝对"教育权威"的角色。[②] 信息化时代学校教育的功能限度问题开始凸显。

近几年来,风靡全球的慕课以其低成本、精品化、可共享等特征,开始冲击学校的知识传递功能。慕课(MOOC)全称是"大规模在线开放课程"(Massive Open Online Course),其基本的理念是要把世界上最优质的教育资源传播到

①　吴康宁.教育社会学[M].北京:人民教育出版社,1998:20.
②　胡一杰.信息时代学校功能的限度与转型[J].中国现代教育装备,2006(2):85-88.

地球的每一个角落，一般是以名师主讲的 5 分钟到 15 分钟短小视频的形式呈现，有利于学生集中注意力，提升教学效果，不同国家地域的人们都可以随时观看、互动交流，其实质是低成本、精品化、生成式、可广泛共享的在线微课程。

MOOC 起源自加拿大，2008 年由加拿大学者 DaveCormier 和 Bryan Alexander 首次提出。2012 年，经美国 Coursera、MITx 和 Udacity 三家 MOOC 企业的推广，很快在全世界引起广泛关注，成为近几年全球教育领域最热门的话题之一。[①] 慕课最初的应用领域是在高等教育领域。2012 年以来，慕课开始引发基础教育领域的研究与实践热潮。高中被认为是基础教育阶段慕课最具发展潜力的阶段。布尔(Bull,2013)总结了慕课可以应用于高中学习的 10 种方式，如用于大学预科学习、作为混合学习的课程材料等。

此后，美国佛罗里达州的课程和测试计划将慕课纳入学生在线课程选择范围，并对课程平台、内容和授课教师等作出了规定。马萨诸塞州、俄亥俄州、迈阿密全球学院和 Amplify 公司等以促进 K-12 教学为目的的慕课网站和课程数量不断上升。2013 年，荷兰开办了 11 所"乔布斯"学校，招收了 1000 名 4~12 岁的学生，通过 iPad 提供虚拟的教学环境，由学生自行决定学习时间和内容，教师仅提供一定的指导。韩国、日本、马来西亚、新加坡等国家也有类似举措。[②]

MOOC 兴起后，我国教育部主管部门积极作出回应，众多知名高校纷纷加入 MOOC 实践行列。2013 年 10 月，清华大学的慕课平台——"学堂在线"正式投入运营。2013 年 9 月，华东师范大学成立了慕课研究中心，并分别联合国内优质中小学校，成立了 C20 慕课联盟，希望借助慕课，实现我国基础教育的新变革。2014 年 4 月，北京市东城、西城、朝阳、海淀的 25 所中小学建立了数字学校研究基地，并成立了北京数字学校慕课联盟，以开展基于网络环境下的微课开发，开发面向学生和家长的开放式课程，以及面向区域的高中选修课，推动线下与线上学习的结合。[③]

MOOC 具有大规模（课程的覆盖面、针对的人群很广）、可重复（每一个教学视频都可被不同学生重复利用、重复学习）和共享性（同时在线共享）等优势，为学生提供了一个大规模的资源在线共享平台。同时，不同于传统远程教育平台，慕课为资源提供了一个过滤机制，对于优秀的教学资源采用激励机

① 李亚员,管国立.慕课的政治文化本质与政治安全[J].理论探索,2015(1):54-58.
② 聂晶,张羽.慕课接轨基础教育的现状与走向[J].中小学管理,2014(7):25-27.
③ 聂晶,张羽.慕课接轨基础教育的现状与走向[J].中小学管理,2014(7):25-27.

制,从而确保了课程平台上资源的质量。慕课的以上三大优势,使得慕课在短时间内风靡全球。慕课不但为学生提供了重复学习知识的机会,同时也为偏远地区的学生提供了选择优质教育资源的机会,极大地促进了教育公平的实现。慕课使全世界各类学校的学生在技术的支持下,可以随时随地从网上获得最优质的教学资源,极大冲击了传统学校的知识传递功能。

从信息技术对知识传递功能的影响分析来看,信息技术具备更快捷、更生动、有更多选择性的优势,可以更好地承担知识的传递功能,如慕课可以汇集当地、全国乃至全世界最优秀的教师,提供最优质的教学资源,可以同时开放给所有的学校。因此,在信息技术与新的学习观的支持下,学校将可以逐步下放知识的传递功能,更加关注知识的吸收与内化。

如果说,慕课借助其技术优势冲垮了传统学校的知识传递功能,将教师从知识传授的角色中解放出来,那么真正击溃或转变传统学校知识传递功能的则是当下风靡一时的"翻转课堂"。"翻转课堂"把课堂传授知识和课外内化知识的结构翻转过来,形成学习内化在课堂、传授知识在课外的新教学结构,其核心就是颠倒传统教学中知识传递与内化过程,学生通过在课前观看教学视频学习新知识以完成知识传递,教师在课上引导学生对问题进行协作探究,以达到知识的迁移和内化。"翻转课堂"颠覆了传统课堂的教学结构,将传统的课上听教师讲解,课下完成相应习题练习的方式翻转成学生在课前通过小视频进行自主学习,课上通过教师的指导与小组间的讨论完成知识的内化。

"翻转课堂"具有传统教学课堂没有的优势:第一,教学过程互动性。教师与学生、学生与学生之间有充足时间进行协作互动,有利于培养学生小组协作能力。[1] 第二,全新的课堂体验。讨论协作探究是主要教学形式,学习氛围相对轻松自由,这种全新学习体验会提高学生学习的兴趣和动力,有利于对知识的深入理解和同化吸收。[2] "翻转课堂"引发了教学结构的根本性变革,师生的角色发生转变,更强调了学生的主体地位,利用课上时间进行问题辅导,让学生真正掌握学习的决定权。此外,具有灵活性、主动性和参与性等特点的"翻转课堂"也能够改善教学目标过于单一的传统教学的现状。

更为重要的是,"翻转课堂"将课堂内的知识传授转移到课堂之外甚至是学校之外进行,并借助技术实施知识传递的功能。慕课的出现和汇集了最优

---

[1]　朱宏洁,朱赟.翻转课堂及其有效实施策略刍议[J].电化教育研究,2013(8):79-83.

[2]　王红,赵蔚,孙立会,等.翻转课堂教学模型的设计——基于国内外典型案例分析[J].现代教育技术,2013(8):5-10.

秀的教学资源,为学校知识传递功能的弱化提供了更大的可能。"翻转课堂"将传统课堂教学中最重要的"传授知识"功能转移到了课外,而慕课则借助技术进一步将"传授知识"的功能转移到了校外,甚至是教育系统之外,由此,"传授知识"的功能开始与传统的教育系统开始分离。"翻转课堂"与慕课联手强烈地冲击了传统教育的知识传递功能。

袁振国指出,由于历史条件的限制,教育的一个次要功能——传授知识的功能一直过于膨胀,挤占了教育的其他功能和主要功能。而信息技术借助慕课与"翻转课堂"将教育从单一传授知识的桎梏中解放出来,使教育有可能把精力和重点放到其主要功能上来,即育人的功能。因此,随着信息技术的发展,原有意义上的有固定场地、固定班组、固定活动的学校教育形式,将成为学生进行社会交往的处所,而知识的学习将让位给不受时间和地域限制的信息技术。[①]

德国马尔科教授也指出:"知识可以创造行为能力,可靠的信息又是它的前提,但是只有富有意义的正确判断才能唤醒其活力。"[②]因此,在信息化时代,教育的使命不在于传递知识,而在于能使信息变成知识,使知识变成智慧。学校教育的功能将转向弱化知识的目标,强化社会性的目标;弱化知识的传递功能,强化知识的获取、提炼与分析能力,将更关注学生的交往,而非知识的传授。

在教育信息化的背景下,教育育人功能的凸现促使教育更关注学生的交往,而非知识的传递。知识是教育对象之间交往的中介。换言之,教育交往主要是一种精神性交往而非物质性交往。在教育活动中,虽然人们也经常参与一些物质性或实物性交往活动,但这些活动主要是为促进人的精神世界成长服务的。[③]

有研究者指出,人是社会性的动物,与他人相遇交往不但是教育的需要,同时也是人性的需要。"人类的本质特征在于与他人的交往。我们几十万年来发明了一些自然不能做的东西:人类彼此间的相互意识。"(阿尔贝·雅卡尔,2006)人类学及相关学科的研究已经证明,人与人之间的交往与沟通在人的诞生和发展中起到了非常关键的作用,可以说交往需要已经在人类的发展过程中沉淀为人性的内在需要。高德胜(2006)指出个人与人类文化的不对称

① 袁振国.信息技术及其对教育的影响[J].湖南教育,2000(1):18-20.
② 鲁洁.网络社会·人·教育[J].江苏高教,2001(1):14-22.
③ 黄济.王策三现代教育论[M].北京:人民教育出版社,1996:20.

性以及人类交往的需要,预示着学校的未来,或者说学校可以从这两个方面寻找新的合法性依据。①

总而言之,慕课的出现为学校功能的转变提供了可能,而"翻转课堂"则将这种可能转化为一种真实的教学模式。"翻转课堂"与慕课的携手真正将学校功能的转变落地,这种转变将教师从传授知识的禁锢中解放出来,使教师可以更关注学生的课堂互动与交往,在互动与交往中培养学生的主动性和主体性,塑造学生的情感与价值观,从而回归教育最根本的功能。

三、信息技术的融合与教育教学方式的革新

信息技术与学校教育融合所带来的知识传播形态的改变将推动教育从"以教为中心"开始转向"以学为中心"。因为,信息技术的发展将支持学生对知识的主动建构,信息技术所提供的学习环境呼唤学习主体的学习的主动性,这是信息技术环境下学习的最大特征。沃森对国际信息处理联合会第三届技术委员会(TC3)自 1985 年以来所有的会议出版物以及报告的主题分析也发现,国际信息处理联合会对信息技术的关注点从技术(包括技术的应用环境以及基于信息技术的教学)开始转向学习者(包括学校机构内外的学习者)。②

按照本·米尼斯(B. Means)等人的观点③,现代教育改革的核心是使学生变被动型的学习为投入型的学习(Engaged Learning),让他们在真实的(Authentic)环境中学习和接受挑战性的学习任务。在教育中应用技术的未来目标是促进教学形态由低投入(被动型)转向高投入(主动型)。

信息技术作为一种高科技工具,其贡献恰恰有利于建构一种以学为中心的、投入型的学习环境:它既是学习的资源,又是对问题进行思考的催化剂。④作为工具,信息技术可以完成以各种形式处理和展示信息的繁重工作;作为学习的资源,信息技术可以增加学生对所学科目本质的认识,不论是历史、自然科学、数学,还是地理,所有这些科目在某个阶段都需要独特的数据搜集和解释方法;作为思考活动的催化剂,信息技术可以组织信息并对学习者进行展

---

① 高德胜."不对称性的消逝"——电子媒介与学校合法性的危机[J].高等教育研究,2006(11):11-17.

② Deryn Watson: Understanding the relationship between ICT and education means exploring innovation and change[J]. Educ Inf Technol, 2006(11): 199-216.

③ 祝智庭.信息技术改变教育[J].教育与职业,2006(7):104-106.

④ [英]艾薇儿·拉夫莱斯.教育技术与课堂教学[M].宋旸,译.北京:北京师范大学出版社,2006:26.

示,同时帮助他们培养自己对问题进行分析、说明和评估的能力。

在信息技术的支持下,学校将可以营造更加有利的"以学为中心"的学习环境和学习方式:

1. 更加真实的、泛在的学习环境

信息技术能够突破学校教育的时空限制,将有助于加强课堂与现实世界的联系,提供更加真实的学习环境。如利用计算机多媒体可以模拟大量的现实世界情境,把生活引入课堂,使用者在其中可以与环境相互作用。模拟技术可以为探索和启发式活动提供一个逼真的情境,使学习者能够构建适合环境和过去经验的心智模式。模拟环境中提供的交互作用使学习者能看到实验的结果(而这在现实世界中进行或许太危险了或成本太高了),从而在相对较短的时间内获得经验。克林斯(Collins,1996)的研究发现[1],通过向学生布置各种真实可信的学习任务,可以在很大程度上提升学生的学习动机。学生在学习过程中体验到任务的真实性,可以在很大程度上激发他们对学习任务的兴趣,从而大大地提升他们的学习动机。

随着信息技术的发展,虚拟仿真实验室开始应用到教育系统之中。具备技术含量高、仿真高度强以及与教材联系紧密的虚拟仿真实验室,可以在教学中为学生创造一个良好的条件,进而帮助学生在直观的环境中去观察问题和分析问题,并且能够有效帮助学生进行演示,提高学习兴趣和积极性。具体而言,虚拟仿真实验室具有以下特点:[2]

第一,虚拟仿真实验室具有高仿真和直观性的特点,可以大大提高学生的学习兴趣。在虚拟仿真实验室中,提供的器材仿真程度高,可以进行模拟实验,并且模拟实验的效果十分好,便于学生进行准确操作,也可以提高学生的学习兴趣,有利于学生去观察实验现象。同时,虚拟仿真实验室也可以使用动画演示的方式对一些抽象概念进行形象的展示,可以极大地弥补传统实验教学中的不足。例如,《原子的结构》《分子的运动》《原子核外电子排布》这一类的抽象概念便可以直观呈现给学生,可以激发学生的学习兴趣,提高学生对抽象概念的理解能力。

第二,虚拟仿真实验室具有智能化的特点,可以提高学生的动手操作能

① ［英］艾薇儿·拉夫莱斯.教育技术与课堂教学［M］.宋旸,译.北京:北京师范大学出版社,2006:118.
② 刘琼,何洁凝,关官恒等.虚拟仿真实验室对教学的作用研究［J］.中国教育学刊,2015(2):318-319.

力。在虚拟仿真实验室中,所进行的各种仿真实验都具有智能化的设置和功能,对于一些实验步骤,会自动进行下一个环节的提醒,能够帮助学生在学习和实验的过程中,自主学习和操作,有利于学生自主意识的培养和自主能力的锻炼。在虚拟仿真实验室中,学生可以通过虚拟仿真实验进行自主化的学习和实验,并且学生的操作过程有详细的解说和引导,能够促进学生学习积极性的提高。

第三,虚拟实验室可以进行危险实验,更好地提高学生的实验能力。在以往的教学中,尤其是在物理、化学这一类需要进行实验的教学中,由于一些实验中有较高的危险性,因此,在实施具体的教学过程中,出于安全因素的考虑,这一类实验往往不能在学生面前呈现。这不利于学生掌握知识以及在今后的实验中有效避免这一类危险。而在虚拟仿真实验室中,由于实验过程是虚拟的,在具体的实验中,可以对危险性高的实验进行操作,而且在操作的过程中,虚拟仿真实验室还可以对危险性高的实验的具体过程进行展示。如果学生在实验操作中出现了错误的行为,相对应的虚拟仿真实验室就会根据错误模拟出导致的结果,将之展现在学生的面前,让学生自己认识到实验一旦操作失误所导致的危险后果,进而增强学生规范操作的意识,进一步提高学生的实验能力。

此外,随着泛在计算技术的发展,一种能够提供随时随地学习的泛在学习环境开始形成,并在部分中小学得到了应用与实践。如,嘉兴市实验小学借助自适应学习理念的数字化学习环境的技术平台,为学生提供一种泛在的学习环境,在这一环境中,学生能随时超越课堂,随时随地随处利用适应个体特征的泛在技术和泛在学习资源进行学习,他们称之为全域学习。

场景一:学科拓展——基于在线学习平台的泛在学习

闲暇时间,嘉兴市实验小学每位孩子都可以随时利用各种终端设备登录小思阅读平台,在阅读纸质书籍后,通过平台记录阅读经历,并在平台上完成相应的答题、短评、读书笔记等。平台设置有阅读积分、读书升级体系、阅读达人榜等多种方式激励学生,同时能借助大数据分析手段,帮助教师、家长有效了解学生阅读数量、阅读类型等阅读数据,从而营造学校、家庭、学生三位一体的阅读生态圈。

三至六年级的孩子们还在广泛使用"指尖探索"在线学习平台,学生随时随地登录平台,以探究式问测为主的学习方式,在多层次、多情景的自主探究中巩固、梳理所学的知识,提升学习效果和学习动机。

场景二:项目探究——基于项目(PBL)的泛在学习

由于学校所营造的数字化环境可以让学生随时随地利用各种数字化设备和工具开展学习探究,这也就意味着一组学生开展基于项目的泛在化学习成为现实。如在综合实践活动课上,学生组成课题小组,拿着平板电脑到校园里探访、研究校园的树木。他们发现校园里的树木如果仅仅是挂一个木制名片,信息量极其有限。于是,他们在老师指导下开展了调查问卷、数据统计、资料查询、实地考察、绘制电子植物分布统计图、制作校园树木网页、为每一种树制作二维码等活动。之后,校园里的每一棵树木上都挂上了学生自主开发的二维码名片。其他老师、学生只要凭借智能手机、平板电脑即时扫描一下树木二维码,就可以深入了解这一树木的特征以及在实验小学的分布情况。

再如,六年级科学课《形状与结构》单元学习后,学生组成项目小组思考如何设计出一个既坚固又安全的建筑。他们先用乐高积木搭建了一个地震模拟器,使其可以震动建筑,并给地震模拟器编写程序,使其可以模拟不同等级的地震。然后利用地震模拟器对不同建筑的抗震能力进行测试比较,在此基础上分析抗震能力强的建筑在结构上所具有的优势,最后各组再搭建展示最有效的抗震建筑设计。这样的利用模拟技术展现难以感知的现象或微观世界,使得项目学习变得更生动真实。

2. 更具有协作性、探究性的学习方式

信息技术使师生之间在教学中以一种交互的方式呈现信息,学生在网络的交互中不仅在接受同时也在表达,教师则可以根据学生的反馈情况调整教学。[①] 此外,在 Web2.0 的环境中,教师可以很轻松地通过 wiki、blog 或者网络上一些现成的软件,如在线讨论组去实现协作式的学习环境。[②] 教师可以自己建立讨论组,也可以通过 RSS 或者邮件方式订阅其他讨论组的更新内容,对某个问题需要大家集中进行语言碰撞的时候就可以用这些工具进行协同讨论。

目前,协作学习能提高成绩的观点已被广泛认可。在协作学习条件下,学习成功的原因是:[③]学生之间可以敞开心扉并有机会与其他人互相讨论各自的想法、意见和信念。在这种互动过程中,或许会产生冲突。但从另一种角度来看,这种冲突也许会促使学生们重新考虑自己的观点,并进一步去寻找和形

① 鲁洁.网络社会・人・教育[J].江苏高教,2001(1):14-22.
② 程军,徐芳.浅谈 Web2.0 带来的教育变革[J].科技信息,2008(19):49-62.
③ 缪蓉,赵国栋.教育技术研究的方法与策略[M].北京:北京师范大学出版社,2003:80.

成其他的解释,从而帮助他们重新建构起自己的理解。另外,冲突还能触发学生对问题作出解释。通过冲突、阐明与对问题的解释,学生们可以在其他人的观点上建立起自己的观点和认识。

在未来几十年里,可以预见,在线协作学习将会取得更大的进展。协作工具的发展将促进更多新的学习交互和参与形式。目前,基于网络的协作学习使用较普遍的是基于问题或基于项目的协作学习类型。如,一个典型的应用实例为:学生在学习 FrontPage 内容之后,教师公布本学期的协作任务为自行组建小组,建设一个具备初等规模的网站,网站题材不限,同时公布协作任务的详细考核及量分方法。教师确认分组后,指导学生自行学习专题学习网站上搜索引擎使用、网页制作工具、网页美化工具等内容。接下来的 7 天为学生自行利用各种即时网络通信工具(如 QQ、MSN 等)协作完成网站制作,少数计算机水平较高的学生还利用了协作工具来完成任务。接下来,教师评阅学生以附件方式提交的网站并反馈意见,小组成员再次讨论修改,并再次提交协作任务。教师将各小组网站挂在校园网上供各小组互相学习评论,最终完成整个教学任务。在这个过程中,学生在短短的几个星期内掌握了怎样利用搜索引擎搜索并下载文字、图片、动画、视频等素材,掌握了 FrontPage 的使用并制作出了一个界面友好的网站,又综合利用了 Word、Excel 等工作制作处理了网站总体规划书、小组成员分工表等内容,培养了学生与人合作、沟通的能力。① 因此,基于网络的协作学习注重人际互动和集体协同效应,有利于培养学习者的合作与创新能力。

再如,嘉兴市实验小学依托云课桌建构起了网络协作学习模式,老师将问题发送到云课桌上,引导学生以小组形式开展网络协作学习。如场景三与场景四所示。

场景三:自交互——实现群体互动生成性学习

在语文课《老人与海鸥》中,嘉兴市实验小学的朱老师利用网络学习平台,在自主探究的基础上,组织学生写下自己的体会和感受,同学之间可以互相浏览留言、针对留言还可以进行点评,通过网络交流平台,每一位同学在教师引导下,经过充分酝酿、构思,发表了自己的微观点、微点评。见图 5.14。

思维导图也是学校老师在组织复习总结时,引导学生比较常用的一种认知工具。课堂上同学可以互相观看各自提交的作品,可以对其他同学的思维

---

① 尹呈良,于倩倩,王金财.基于网络的协作学习探究与实践[J].中国技术装备,2007(11):44-46.

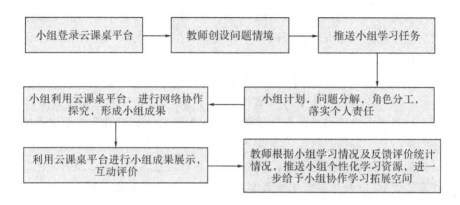

图 5.14 基于云课桌的网络协作学习模式

导图表示赞同或者提出质疑，实时进行生生之间的交流和探讨，极大地丰富了交流渠道和交流方式。

英语教师李老师利用"云课桌"和五年级的学生进行英语语音复习时，同组同学一起在"云课桌"上进行自主语音归类、跟读，合作语音拼图、排序……学习者在协作交往中自然而然地学习同伴的认知风格和学习方法，非常有利于学生在合作复习中纠错与弥补发音缺陷。

嘉兴市实验小学的教师们利用超媒体技术，使学习资源呈现具有超文本、友好交互、虚拟仿真、远程共享等特性。通过这些富媒体化的学习资源，学生不仅可以受到多感官的形象刺激，还可以通过丰富多维的交互，有效促进伙伴型同学关系和成长型师生关系的建立，使得学生在虚实结合的环境中找到适应自己的最佳学习状态。

　　场景四：自协作——实现小组合作研创型学习

在云课桌动画课《e时代易动画》中，每位学生要在一堂课上创作一个动画，并非是一件易事。因此，夏老师将学习任务设计为通过小组分工合作的学习方式，运用画图和 Ulead GIF Animator 软件，在云课桌上共同制作完成富有创意的主题小动画。这样，不同兴趣特长的孩子就能在这一网络协作任务中发挥不同的作用。小组利用平台进行分工与研讨、合作创意，故事编创高手、绘画表现高手、数字技术高手、动画合成高手合作有序，各种微动画便通过云课桌平台被高效地制作了出来。

　　3. 更具有参与式、个性化的学习内容与学习形式

信息技术的发展将使学习者步入一种全新的学习文化。从根本上来说，

在这种文化中,个体具有把自己当作一个学习者的意识,对于参与到学习过程中究竟意味着什么也有了全新的认识。这种文化是参与式和个性化相融合的一种文化。①

在这种文化中,那种自上而下、由教室驱动的、通常也是令人厌烦的演讲式学习形式将逐渐让位于学习者赋权的学习形式,它将打造全新的教和学的理念。学习不再是简单的消费式驱策,相反,年轻的学习者们将是参与式学习文化中的一员。在信息技术的支持下,个体能够对知识建构过程做出贡献,而不是被动地、消耗性地接受预先封装好的知识和信息。在这种文化中,随着信息技术的发展,以及这些技术在教育中的应用,学习将更具个别化、自定义化和个性化。

在信息化时代的教育领域中,越来越多的个性化的或"以学为中心"的工具和资源(Web2.0、Facebook、博客等)找到了它们的用武之地。随着信息技术的发展,教育形态将更加多样与丰富,在线学习、混合学习的出现,将更好地满足学生个性化、多样化的发展需求,每个个体将可以获得适合自己的教育形式。这对于促进教育公平具有重要意义(时间不便者及行动不利者将获得更多的教育机会)。同时,信息技术的智能化特征,可以根据学习者的情况自动生成相应的教学内容和教学进度,确定相应的针对个人的评价标准,实现教育的个性化,使因材施教的理想真正成为现实。②

如,科大讯飞针对学生和老师对个性化产品的诉求:"大部分学生周考完成后,会将错题采用剪切的方式贴在自己的本子上进行复习,但对于同一知识点的相似题巩固并没有更好的办法,只能利用题海战术,不停做练习",建立AI错题本,用纸质个性化手册充当媒介,将产品与学校周考结合起来,实现人工智能再教育场景中的落地应用。AI错题本根据每位学生历次的考试成绩和学习轨迹进行分析,进而得出具体考生在哪个知识点掌握并不牢固,形成本次考试的成长记录,并推送三道同类型知识点的相关题目,帮助学生强化练习。如果这个班是54个人,对应的将是54本不同的复习题,隐藏在这一过程中的是智能化的计算与推送。③

再如,嘉兴市实验小学依托学校所建构的"自适应学习生态环境",逐步形

① [美]柯蒂斯·J.邦克.世界是开放的:网络技术如何变革教育[M].焦建利,译.上海:华东师范大学出版社,2011:305.

② 袁振国.信息技术及其对教育的影响[J].湖南教育,2000(1):18-20.

③ 李静.科大讯飞的AI错题本[N].经济观察报,2019-03-18(03)

成基于课堂转型和超越课堂的几种基于"自适应学习"理念的个性化、数字化学习模式。学校将数字化学习贯穿于预习、上课、作业、辅导、评测等学习各个环节，覆盖课前、课中、课后，逐步形成以"课前导学—互动探究—自适应评价—个性化推送—课后助学"为基本特征的一对一数字化学习模式（见图5.15）。

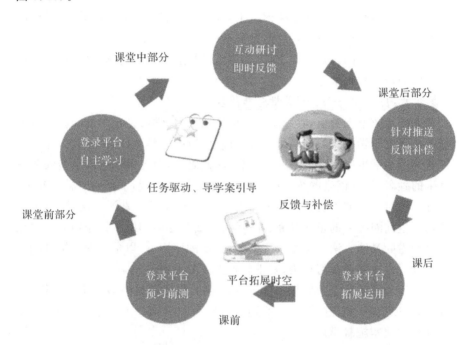

图5.15　基于"电子书包"的一对一数字化学习模式

　　在具体的实施过程中，学校又根据不同年段的学生、不同的课型、不同的教学内容，在环节和操作流程上作出适当的调整，形成不同的应用变式。于是我们在嘉兴市实验小学数字化学习课堂上看到了这样的场景：

　　场景五：自引导——实现班级差异化学习

　　科学实验室，吴老师执教的一节五年级科学课《食物链和食物网》。在吴老师引领下，学生登录学习平台，相继自主完成"自连食物链，画食物链箭头""食物链闯关游戏""连一连草原上的食物链，认识食物网""自主选择一案例，利用食物链和食物网分析保护生态环境的重要性，并上传案例分析"等四项网络学习任务。每一个学习任务都给了孩子极大的自主学习空间，孩子可以根据自己的能力、水平自主选择相应的学习任务。如完成"食物链闯关游戏"这一学习任务时,我们看到能力强的同学由易到难连闯九关,所认识的食物链构成也越来越复杂,而能力弱一些的同学则可以玩到四、五关,对于自然界中的食物链也建立起了比较丰富的认识。游戏过程中系统还反馈了操作过程中出现了几次错误,学生可以选择再重新玩一次,以不断建构对食物链这一科学概念的认识。

在嘉兴市实验小学的数字化课堂上,各科老师们都努力通过前端分析、资源汇聚,然后分层分类进行个性化、差异化学习任务设计,从而使每个孩子能够更好地根据自己的认知方式、学习特质选择最适合自己的学习任务,并可自定步调地进行个性化学习。

场景六:自反馈——实现课堂精准化教学

曹老师的数学课堂上,收到学生提交的结果后,学习系统中的即时反馈平台马上自动判断学生练习的结果是否正确,同时统计学生的答题情况,并且能立即看到哪些学生做对,哪些学生做错。除此之外,曹老师还可以点击任何一位学生的姓名,打开该生的练习白板,展示他的解题过程,了解他的思考方法,进而可以针对学生的不同错误点进行全班讨论和针对性讲评。这样,不仅可以实现学生前测练习的正误判断、即时统计,而且还能即时了解做错的学生在解题过程中的具体方法与思维过程,找出错误的原因,并以学生的思维过程为资源有针对性地展开复习讨论,真正有效提高复习课的效率。

嘉兴实验小学的老师们越来越发现课堂上通过数据的即时统计分析,反馈评价,可以更好地跟踪学生的学习轨迹,精准地获知学生的学习状况,从而更有针对性地实施教学。

场景七:自调节——实现班级异步调学习

数学复习课《平面图形面积的复习》的练习环节,朱老师设计了"闯关"游戏,学生答题若不正确,系统会提示学生再思考,并推送配合该习题讲解的微视频,引导学生在理解该习题的解题思路和方法后再进入第二关。之后系统还能根据学生闯关过程中的不同表现,自动推送内容不同、难度不一的课后作业(如图 5.16)。这样的自适应学习智能推送,自动匹配最适合学生个体的学习资源和内容,从而实现真正意义上的个性化学习。

较之传统课堂教师牢牢把握课堂统一进程的场景,在嘉兴市实验小学的数字化课堂上,由于系统可以根据学生的学习过程作出智能判断,推送个性化的学习路径和学习资源,学生可以不断进行自我评估、自主调节,所以课堂上经常会出现不同的学生按不同的学习进程、学习不同内容的场景,他们称之为异步调学习。

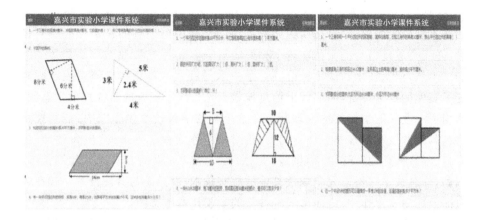

图 5.16　自适应学习诊断系统智能推送不同要求的作业

　　总而言之,信息技术与学校教育的融合将使学校更容易构建"以学为中心"的教育,促进"以学为中心"的教育理念的实现,以及更加开放的学习与教学的方法,随时随地的信息获取提高了学生的自治性。信息技术支持更多主动的、参与式的、自我导向的学习以及发展拓展性的学习社区,学生将需要为他们自己的学习承担更多的责任。借助信息技术,学生在学习过程中的学习主动性大大增加。特别是 20 世纪 90 年代以来,建构主义理论的兴起与发展为新技术生态圈的这些潜能的实现插上了腾飞的翅膀,并将有力指导教师进一步利用信息技术的潜能,推进学校教育的变革。

第四节　结　语

　　从教育技术化的视角来看,信息技术与学校教育的融合过程实际上就是信息技术的属性、结构、功能等技术因素通过某种方式作用于学校教育,进而使学校教育发生技术化的变化过程。因此,在这一章中,本书将信息技术视为变革学校教育的"特洛伊木马",并根据生态学的观点来考察信息技术这匹"特洛伊木马"如何从内部突破现有的教育束缚,实现学校教育的变革。

　　根据生态学的观点,信息技术与学校教育的融合过程实际上是一个外来

"生命种群"对学校系统的"入侵"。① 这种"入侵"首先带来了学校生态系统中的技术种群的变化,信息技术在充满冲突的环境中与现有的技术种群展开较量,并需要通过自身的变化在这个种群的竞争中生存下来,最终取得竞争的胜利。当然,信息技术在这个种群的竞争中取得胜利并不意味着信息技术驱赶走了其他的技术种群,而实际上信息技术只是打破了现有的学校技术生态圈,重构了一个新的学校技术生态圈。在这个新的学校技术生态圈中,信息技术将与其他的技术共存并互补。因为,信息技术作为一个外来的"生命种群"也有自己的"栖息地",这个"栖息地"决定了信息技术的生存广度及其使用范围。因此,信息技术并不能完全取代其他的所有技术,而只是与其他技术一起在各自的范围内发挥作用,进而形成一种新的学校技术生态圈。

由信息技术所建构的新的学校技术生态圈为学校教育带来了新的知识传播形式和新的教育交往方式。信息技术以数字化的形式来呈现知识,使教育摆脱时空的限制,使知识传播变得更加无限可能。借助信息技术,信息资源可以实现超时空的传递、交流,从而消除了跨地域沟通的"时滞"。同时,信息技术所构建的数字化、网络化空间不但改变了教育交往的空间,同时也形成了新的教育交往共同体,并进而塑造了教育交往的多极主体性。最终,信息技术将使得学生个体的主体性得以更充分的弘扬。

本书认为,信息技术在知识传播形式以及教育交往方式方面的新特征为学校教育的变革提供了新的可能性。首先,信息技术的开放性正冲击学校的封闭体系,为学校系统特征的变化提供了可能。信息技术的发展,包括新近常用的工具,如 Web2.0 使得任何人都可以在任何时候和地点向任何人学习任何东西。这不但会转变学生的学习方式,使交互与协作成为学生学习的最大特征,同时也将改变学生的学习空间,使得学生的学习不一定在学校里,也不一定在家里,学习将可以是移动的。

其次,信息技术的发展将打破学校对知识的垄断,使学校下放知识的传递功能,转而关注对学生的知识获取、信息提炼与分析能力的培养,进而使得学校的教育功能开始发生变化,学校的教育将弱化知识的目标,强化育人的目标;弱化知识的传递功能,强化知识的获取、提炼与分析能力;更关注学生的社会交往,而非知识的传授。

最后,信息技术的发展将为学校从"以教为中心"转向"以学为中心"提供

---

① 赵勇,雷静,肯尼斯·弗兰克.计算机技术在学校环境中传播的生态学分析[J].教育技术通信,2006(3):23-27.

更多的技术支持。信息技术作为一种高科技工具有利于建构一种以学生为中心的、投入型的学习环境：它既是学习的工具，又是学习的资源，同时又是对问题进行思考的催化剂。信息技术将更有利于学校构建一种真实、协作性、探究性的学习环境，为学生提供更具个性化的学习内容与学习方式，真正实现向"以学为中心"的学习方式转变。而建构主义理论的兴起与发展将为信息技术变革学校提供了更多的理论支持。

当然，信息技术所构建的新的学校技术生态圈只是为学校教育的变革提供了新的可能性，这种可能性并不会必然带来学校教育变革的现实性。因为，在信息技术所构建的新的学校技术生态圈中，信息技术并不是唯一的选择，传统技术、媒体技术同样存在于这一技术生态圈中。因此，信息技术变革学校教育的可能性实现的关键就在于教育者对这种可能性的选择与利用。信息技术变革学校教育的钥匙始终掌握在学校生态系统的"中坚种群"——教师的手中。

第六章 信息技术的发展与学校教育
的未来展望

——基于未来发展的视角

信息技术一旦与学校教育实现融合,即技术教育化与教育技术化的过程真正启动,信息技术的特性将逐步转变为学校教育的特性,同时这些特性将在技术应用的调整与创新阶段为教育变革带来新的可能性。这种可能性不但会出现在过去,体现在当下,同时也必将延伸到未来。

可以预料,未来经过信息技术改造后的教育实践能力更强,因为它吸纳了具有某些"优势"的未来技术因素,教育的主体性也随之增强,未来的信息技术将产生积极的"效应",教育技术化促进了作为主体的教育的发展和完善。[①]在未来信息技术与学校教育的融合过程中,学校教育将继续吸收信息技术的潜在"优势"因素,从而使得自身的教育功能不断增强。因此,未来的信息技术必将进一步促进作为主体的教育的发展与完善。

美国波士顿科学馆强调 21 世纪是计算机的世纪,计算机的发展将势不可当! 在过去几十年里,我们不断见证了计算机的发展奇迹。而现在,我们更可以看到掌上计算机的应用无处不在,移动计算技术也正处于不断进步之中。在计算机物理体积不断缩小的同时,我们也发现,计算机的功能越来越强大,操作越来越智能化。与此相应的是,计算机的发展已经超越了单纯的计算机语言时代,全面进入多媒体与智能化时代。

但信息技术的发展历史告诉我们,信息技术的微型化与智能化仅仅只是信息技术发展过程中的"冰山一角",信息技术的发展将超出任何乐观的预期,即便是早期的计算机先驱者也必将惊讶于当今计算机的巨大变化。例如,早期的计算机先驱无法预料无线网络与移动技术的出现,正如他们无法预料物联网与 3D 打印技术一样。因此,要预测未来信息技术的发展确实是一个令人倍感挑战,同时又是极其困难的任务。所幸,未来学家以及其他的相关研究为我们提供了研究的依据。

---

① 颜士刚.技术的教育价值论[M].北京:教育科学出版社,2010:80.

第一节 信息技术在学校中的应用前景
——基于《地平线报告》的分析

描述未来的技术发展是一个令人倍感挑战,同时又是极其困难的任务,但这恰恰是未来学家最感兴趣的任务。美国两位最负盛名的未来学家,托夫勒与尼葛洛庞帝都在其巨著中对未来的技术发展进行了预测,为我们勾画了一幅未来的技术图景。但这些技术究竟何时能在现实中落地,何时能应用于学校教育之中,仍是一个极大的未知数。因此,对于教育研究者而言,更关注的是近几年内有可能在教育中应用的新技术。

自 2004 年起,美国新媒体联盟(NMC)开始发布每年一度的《地平线报告》(*Horizon Report*),该报告试图预测未来 1～5 年期间,可能成为教育领域主流的新兴技术或实践,同时展示在相同时间段内即将改变教育工作方法的挑战和发展趋势。① 目前,《地平线报告》已成为预测教育信息技术发展趋向的权威资讯源,在全球引起了很大的关注和共鸣,成为一个名副其实的信息技术发展趋势的风向标。② 因此,对《地平线报告》的研究与分析将可以为我们探讨未来可能在学校中应用的信息技术提供坚实的基础,同时也为我们预测未来的学校变化指引方向。

一、《地平线报告》的内容及产生过程

《地平线报告》是一份连续的工作报告,最初由美国新媒体联盟(NMC)独立发布,自 2005 年起,美国新媒体联盟开始与美国高等教育信息化专业组织(EDUCAUSE)合作联合发布《地平线报告(高等教育版)》。2009 年开始,新媒体联盟的"地平线项目"又推出专门针对基础教育的地平线报告(Horizon Report:K-12 Edition),K-12 指的是幼儿教育、初等教育和中等教育,统称基础教育或大学前教育。③

从内容上看,每一期的《地平线报告》都会分三部分进行介绍,一是核心趋

---

① 张诗潮,冉花,吴丽君,等.2004—2012 地平线报告技术分析及教育潜力[J].中小学信息技术教育,2012(7):13-18.

② 张诗潮,吴丽君.《地平线报告》:教育信息化新技术[J].中国教育网络,2012(11):36-39.

③ 赵呈领,李青,闫莎莎.地平线报告(K-12)对基础教育改革与发展的启示[J].远程教育杂志,2012(1):68-73.

势:关注新兴信息技术的时效性,反映教育界的现状,乃至整个世界的发展趋势;二是重大挑战:应对当前的发展趋势,预测未来五年来对教育将产生重大影响的挑战;三是需要关注的技术,每期重点介绍六大新兴技术,按各自进入教育教学、学习、创新应用的时间框架,大体分为近期(1 年以内)、中期(2~3 年)和远期(4~5 年)三个时间段。① 这是报告的主体部分,同时也是报告重点关切的内容。目前,《地平线报告》已分为高等教育版与基础教育版进行分别发布。基础教育版报告与主报告类似,提出了未来五年将对基础教育阶段的教学、学习及创造性应用产生重大影响的六项新兴技术。

从产生过程来看,每一年的《地平线报告》都是基于"地平线项目"的研究。"地平线项目"经过严谨的研究设计,主要包括团队组建、文献综述、形成共识和成果应用四个阶段,通过网络在线协作的方式完成。② "地平线项目"的研究专家通常人数在 30~40 人左右,都是来自全球的教育、研究、技术等领域享有盛誉的专家,每年的夏天经过遴选组成专家委员会,正式启动本年度的研究工作。

在研究过程中,专家委员会首先将围绕新兴技术或实践进行系统的文献综述,形成一个关于技术、趋势和挑战的候选列表,在此基础上梳理大量的潜在主题供进一步研究讨论。在框架性工作完成后,整个研究工作将进入形成共识阶段,在此过程中,专家们将通过多重反复的"德尔菲法"形成专家共识。③ 最后,再组织专家评级,排名前六位的新兴技术将最终被确定为年度报告的评级结果。年度报告的"核心趋势"和"重要挑战"部分也是通过相同的程序,由专家评议最终确定。在整个评级过程中,专家委员会着重把握的关键是技术与教育应用的关联程度。④

二、《地平线报告》对信息技术在学校中应用前景的分析

到目前为止,美国新媒体联盟已连续 17 年发布年度报告,2019 年的《地平线报告(高教版)》也已经发布。本书作者对这些年度报告进行了梳理归类,表 6.1、6.2 是对 2004—2019 年间地平线报告系列(包括高教版与基教版)的

① 赵呈领,李青,闫莎莎.地平线报告(K-12)对基础教育改革与发展的启示[J].远程教育杂志,2012(1):68-73.

② 编辑部.关于地平线报告的 Q&A[J].中小学信息技术教育,2012(7):19.

③ 张诗潮,吴丽君.《地平线报告》:教育信息化新技术[J].中国教育网络,2012(11):36-39.

④ 赵呈领,李青,闫莎莎.地平线报告(K-12)对基础教育改革与发展的启示[J].远程教育杂志,2012(1):68-73.

整体回顾。

表 6.1 2004—2019 年《地平线报告(高教版)》的技术图谱 ①

	1 年内采用		2～3 年采用		4～5 年采用	
2004	学习对象	矢量图	快速原型	多模态界面	境觉计算	知识 Web
2005	拓展学习	泛在无线	智能搜索	教育游戏[4]	社交网/知识 Web[6]	境觉计算/增强现实[3]
2006	社会计算	个人广播	便携电话[1]	教育游戏[4]	增强现实/可视化[3]	境觉环境与设备
2007	用户自创内容	社交网[6]	移动电话[1]	虚拟世界	数字学术发表	众量玩家游戏
2008	草根视频	协同 Web[6]	移动宽带[1]	数据混搭	集体智能	社会操作系统
2009 高教	移动个人终端[1]	云计算	数字地理	个人 Web	语义觉知应用	物联网[5]
2010 高教	移动计算[1]	开放内容	电子书	简单增强现实[3]	姿势计算[6]	可视化数据
2011 高教	电子书	移动设备[1]	增强现实[3]	悦趣学习[4]	姿势计算[6]	可视化学习分析[2]
2012 高教	移动应用[1]	平板计算	悦趣学习[4]	学习分析[2]	物联网[5]	姿势计算[6]
2013 高教	开放课程	平板电脑	悦趣学习[4]	学习分析[2]	3D 打印	可穿戴技术
2014 高教	翻转课堂	学习分析技术[2]	三维打印	游戏和游戏化学习[4]	量化自我/生活	虚拟助理
2015 高教	自带设备[1]	翻转课堂	创客空间[8]	可穿戴技术	自适应学习技术	物联网[5]
2016 高教	自带设备[1]	学习分析和自适应学习[2]	增强现实和虚拟现实[3]	创客空间[8]	情感计算	机器人
2017 高教	自适应学习	移动学习[1]	物联网[5]	学习管理系统	人工智能[9]	自然用户界面

———————

① 改编自张诗潮,吴丽君.《地平线报告》:教育信息化新技术[J].中国教育网络,2012(11):36-39.
注:表 6.1 中上标数字为《地平线报告(高教版)》中多次出现的 9 项技术。

续表

	1 年内采用		2～3 年采用		4～5 年采用	
2018 高教	学习分析[2]	创客空间[8]	自适应学习技术	人工智能[9]	混合现实[3]	机器人
2019 高教	移动学习[1]	分析技术[2]	混合现实[3]	人工智能[9]	区块链	虚拟助理

(本书作者修正了 2012 年高教版内容,并增加了 2013—2019 年高教版内容)

表 6.2　2009—2017 年《地平线报告(基教版)》的技术图谱[①]

	1 年内采用		2～3 年采用		4～5 年采用	
2009 基教	协作环境	在线沟通工具	移动技术[1]	云计算[2]	智能对象	个人互联网
2010 基教	云计算[2]	协作环境	悦趣学习[3]	移动设备[1]	增强现实	柔性显示
2011 基教	云计算[2]	移动技术[1]	悦趣学习[3]	开放内容	学习分析[4]	个性化学习环境
2012 基教	移动设备与应用[1]	平板电脑	游戏化学习[3]	个性化学习环境	增强现实	基于手势的运算
2013 基教	云计算[2]	移动学习[1]	学习分析[4]	开放内容	3D 打印	虚拟和远程实验室
2014 基教	自带设备[1]	云计算[2]	游戏化学习[3]	学习分析[4]	物联网	可穿戴技术
2015 基教	创客空间[5]	自带设备[1]	3D 打印	自适应学习技术	可穿戴技术	数字徽章
2016 基教	在线学习	创客空间[5]	虚拟现实	机器人	可穿戴设备	机器人
2017 基教	创客空间[5]	在线学习	分析技术[4]	虚拟技术	人工智能	物联网

　　根据 2004—2019 年《地平线报告(高教版)》的分析发现,以下 9 项技术在 12 个地平线报告中多次出现(3 次以上),代表了高等教育中信息技术的主流趋势。前 7 项技术分别为:(1)移动技术(包括从移动电话,到移动设备与移动应用、自带设备,到移动学习,11 次);(2)学习分析(7 次);(3)增强现实和混合现实(7 次);(4)悦趣学习(包括教育游戏与悦趣学习,6 次);(5)物联网(4 次);(6)社交网络(包括社交网与协作环境,3 次);(7)基于手势的计算(3 次),

---

① 表 6.2 中上标数字为《地平线报告(基教版)》中多次出现的 5 项技术。

2015 年以来创客空间和人工智能开始频繁出现在地平线报告的高教版,成为《地平线报告》中出现 3 次的新技术;(8)创客空间(3 次);(9)人工智能(3 次),并开始进入 2～3 年采用的技术领域。

根据 2009—2017 年《地平线报告(基教版)》的分析发现,以下 5 项技术在 6 个《地平线报告(基教版)》中多次出现(3 次以上),可以被视为是基础教育领域最具应用前景的信息技术趋势。这 5 项技术分别为:(1)移动技术(包括移动设备与应用,7 次);(2)云计算(5 次);(3)悦趣学习(或称为游戏化学习,4 次);(4)学习分析(4 次);(5)创客空间(3 次)。2015 年以来,在基础教育领域,创客空间异军突起,迅速进入 1～2 年的应用领域。

由此可见,由于高等教育与基础教育具有不同的文化特征以及对信息技术不同的应用取向,信息技术在高等教育与基础教育领域具有不同的应用前景,但从中也可以透视一些共同的发展趋势:在 25 个《地平线报告(高教版与基教版)》中多次出现的 10 项技术中(有 4 项技术在高教版与基教版重叠,分别为移动技术、悦趣学习与学习分析、创客空间),有 4 项技术(社交网络、云计算、移动技术、悦趣学习)已在《地平线报告》中下线。这表明这 4 项技术已跨越近期运用(1 年之内)的阶段,开始应用于学校教育之中。

1. 社交网络

社交网最早出现在 2005 年的《地平线报告(高教版)》中,此后在 2007 年的《地平线报告(高教版)》中再次出现。在 2008 年的《地平线报告(高教版)》中,社交网出现了新一代的网络系统——社会操作系统,将人作为网络的中心。

第一代社交网络主要定位于文件的分享和应用,而新一代的社交网络系统——社会操作系统,则把人作为网络的中心,把互联网的价值之定位于帮助我们建立、确认和维持人际关系。这种表面上看起来很微妙的变化——从强调文件分享到人际关系,将会对我们的在线交互方式产生深远的影响。①

新一代的社交网络极大地改变了信息和知识关联的方式,改变了研究和评价的方式,并进而改变教育者与学生之间相互作用的方式,改变学生在专业领域的学习方式。新一代的社交网络对人际关系的关注打破了人们之间的距离约束,极大地增加了有共同目标的团队成员之间的协作。因此,在 2009 年、2010 年的《地平线报告(基教版)》中就提出了基于网络的协作环境。基于网络的协同环境最核心的技术是使人们较为容易地分享兴趣和想法,共同参与

---

① 张诗潮,冉花,吴丽君,等. 2004—2012 年地平线报告及教育潜力分析[J]. 中小学信息技术教育,2012(8):13-18.

项目。① 而新一代社交网络的发展可以为基于网络的协同环境的构建提供有力的技术支撑。

2. 云计算

从 2009 年起,连续五年(2009 年、2010 年、2011 年、2013 年、2014 年)的《地平线报告(基教版)》都提到了云计算,特别是在 2010 年、2011 年、2013 年、2014 年的《地平线报告(基教版)》中都预测了云计算将在近期(1 年以内)运用于学校之中。这表明云计算已日趋成熟,即将在学校中应用。2015 年,云计算从《地平线报告》中正式下线。与此相应的是,有越来越多的学校开始运用云计算工具,有越来越多的学生可以获取云计算应用及服务。

云计算是通过分布式计算、并行计算和网格计算,将基于互联服务的大规模数据处理能力和存储能力整合形成易于获取的服务和应用。② 借助云计算,电子邮件、文字处理、电子表格等多重工作或学习任务都可以通过一个浏览器完成,而所有软件和文档都能储藏在云环境里。因此,在云计算的环境中,只要是计算机能够接入互联网的地方,学习者都可以利用网络浏览器完成对各种文档、数据表或邮件等的处理工作,而且不需要分别购买和安装不同的软件包。③

云计算的优势首先在于获取的便捷性,只有能接入网络就能轻易获取基于浏览器的应用软件;其次是云计算能极大地节约学校的软件维护和管理的成本。通过互联网,将数据存储能力要求大的应用程序转移到云环境之中,可以极大地减少学校维护和管理设备的潜在支出。

《地平线报告》预测,在未来几年来,学校将越来越多地利用功能不断扩张的云计算应用,帮助终端用户完成原本需要通过网上注册、程序安装并且对个人软件包进行维护的任务。并且,随着越来越多的学校开始使用这类资源,将可能出现更多新的、更先进的资料共享方式,减少了学校维护和管理设备的潜在支出。④

3. 移动技术与移动应用程序

移动技术一直是过去几年中《地平线报告》关注的领域。2006 年《地平线

---

① 张诗潮,冉花,吴丽君,等.2004—2012 年地平线报告及教育潜力分析[J].中小学信息技术教育,2012(8):13-18.

② 张诗潮,吴丽君.《地平线报告》:创新技术推动教育发展[J].中国教育网络,2013(1):25-26.

③ 张诗潮,吴丽君.《地平线报告》:创新技术推动教育发展[J].中国教育网络,2013(1):25-26.

④ 张诗潮,冉花,吴丽君,等.2004—2012 年地平线报告及教育潜力分析[J].中小学信息技术教育,2012(8):13-18.

报告》首次关注到利用"便携电话"提供资源和服务的实践。2007年,移动技术被称为"进入数字生活的入口",受到更多的关注。2008年,《地平线报告》再次强调了移动技术的进步(移动电话、移动宽带等)以及价格的下降。2009年,《地平线报告(高教版)》开始将移动技术放在近期阶段(一年以内),称其已经可以完成那些原本必须在电脑上完成的工作任务。2010年、2011年和2012年的《地平线报告(高教版)》中也同样出现了移动技术的身影。2015年,移动技术在《地平线报告(高教版)》中被更加灵活的自带设备所代替。

相比而言,移动技术在基础教育领域的应用相对缓慢。2009年、2010年的《地平线报告(基教版)》中,"移动技术"仍出现在中期阶段,2011年"移动技术"才开始出现在《地平线报告(基教版)》的近期阶段,此后一直持续到2014年,"移动技术"被更具灵活性的自带设备(BYOD,Bring Your Own Device)所替代。2017年开始,在《地平线报告(高教版)》中,自带设备被进入场景应用的移动学习替代。

移动技术的发展与移动设备与移动应用程序的发展密切相关。近几年来,移动设备(包括移动电话、平板电脑等)在全球变得越来越流行,成为获取网络资源的主要途径。移动应用程序的发展则更是为个人上网方式的转变提供了技术支撑。移动应用程序是指为了完成某项或某几项特定任务而被开发运行于移动设备操作系统之上的程序。[①]自2008年的"苹果软件商店"正式开放以来,简单实用的移动应用程序正在突飞猛进地进入人们的生活,影响越来越多的人群。随着越来越多的移动应用程序的开发,特别是与学习和工作效率有关的应用程序的开发,目前移动应用程序的教育功能越来越强大。2013年4月,148Apps网站的报告显示,在所有iTunes的下载分类中教育应用程序的下载量位居第二,超过娱乐和商业应用程序的流行度。其中,增长最快的一个类别是针对少年儿童学习者开发的应用程序。[②]

移动应用程序与移动设备的叠加使移动学习在教育领域中具有了广阔的前景。如,美国一些高校甚至向还没有移动设备的学生提供其移动设备,通过委托定制服务于学生群体的应用程序。如今,越来越多的大学在建设"移动学习"的道路上越走越广阔。[③]从国际上看,目前已有了一些大规模的全国性和

---

①　张诗潮,吴丽君.《地平线报告》:教育信息化新技术[J].中国教育网络,2012(11):36-39.

②　L.约翰逊,等.新媒体联盟地平线报告(2013年基础教育版)[J].北京广播电视大学学报,2013(80):32-53.

③　张诗潮,吴丽君.《地平线报告》:教育信息化新技术[J].中国教育网络,2012(11):36-39.

国际性移动学习项目,比如,由欧洲委员会提供资金的 MOBIlearn 项目和 m-Learning 项目,以及英国工程与自然科学研究委员会(EPSRC)资助的森林环境项目。① LearnDash 创始人 Justin Ferriman 指出,美国移动学习 7 个数据显示移动学习在美国教育中趋向流行,应用实践也将得到广泛普及。

从国内来看,目前移动学习研究主要应用于中小学基础教育及高校教育,并开始关注教师教育及成人职业教育。《2014 年中国移动互联网学习用户研究报告》指出,青年群体(大学生及 30 岁以内在职人员)对移动学习的使用频率比较高,约占总调查人数的 70.2%。② 尽管,目前我国中小学已基本具备开展移动学习的技术基础,但仍缺少有效的移动学习运行模式。因此,目前移动学习在我国中小学的推进仍面临较大阻力,怀疑与反对之声甚众。

相较而言,移动学习在企业中的应用比在教育中要更为广泛,实效也更为明显。2011 年召开的"中国企业学习信息化论坛"中,北京移动公司移动学习项目、诺基亚客户服务移动学习项目、中国移动广东有限公司"微学习"体系建设项目,在"最佳企业移动学习方案"中榜上有名。掌握通信及移动设备等核心技术环节的企业在移动学习的推广中往往有着举足轻重的作用,但企业移动学习限于其不可避免的功利目标,使得学习活动设计中对学习者的关注更倾向于促进绩效而非人的发展,对学习效果的评价也往往借助为企业节省的传统培训开支和员工由于减少休息日集中培训所增加的培训满意度来衡量。③

4. 悦趣学习

悦趣学习在 2005—2007 年的《地平线报告》中数次提出,沉寂三年之后,悦趣学习在 2011、2012 年、2013 年又连续三年出现在《地平线报告(基教版)》《地平线报告(高教版)》中,2012 年"悦趣学习"改称为"游戏化学习",突出对游戏的关注。2014 年,悦趣学习再次出现在《地平线报告(基教版)》中。"悦趣学习"曾多次出现在《地平线报告》中,但一直未能跨越中期应用阶段,这表明目前悦趣学习在学校教育中的应用仍存在诸多限制。

悦趣学习指的是将游戏作为知识的载体,让学习者通过游戏,来对相应知

① ［英］迈克·沙普尔斯.移动学习:研究、实践与挑战[J].肖俊洪,译.中国远程教育,2013(3):5-11.

② 沪江网,百度教育.2014 年中国移动互联网学习用户研究报告[R].2014.

③ 王佑镁,王娟,杨晓兰,伍海燕.近二十年我国移动学习研究现状与未来趋势[J].现代远程教育,2013(1):49-55.

识进行学习。[①] 新媒体联盟的众多研究者认为,研究和经验已表明,游戏在多个学习情景中的应用效果是极其显著的,游戏可以使学习者获得其他地方和工具无法实现的体验。[②] 如游戏中的角色扮演和情景模拟等学习方式能让学生在情境中学习,学生在这样的场景中基于自身的经验寻找线索并想方设法解决难题,会让学习者产生真实的生活体验。

从目前来看,在国外,特别是美国,教育游戏作为一种新型的教育和学习支持工具,不仅受到了政府的支持,同时也受到了社会各界的广泛关注。各级研究机构和中小学校正如火如荼地推进游戏化学习的研究与实践。如由美国印第安纳大学 Sasha Barab 教授主持开发的 Quest Atlantis(QA)自 2002 年免费向全球开放以来,到 2009 年已有超过 2 名儿童注册,并被美国、澳大利亚、新加坡、丹麦等国家的中小学教师应用于课堂教学。[③]

从国内来看,我国教育界对游戏化学习的研究起步较晚,目前基本上仍停留在理论研究阶段,主要集中于游戏化学习的发展及综述性研究、基本理论的研究、技术设计与开发的研究,真正进入实验阶段的游戏化学习研究相对较少。目前仅有的少数游戏化学习软件的开发与应用主要是由行业或企业承担,基本上缺少政府的支持,也缺少教育者的参与。因此,从教育的角度来评估,这些游戏化学习软件的总体开发水平是较低的,尚无法满足在中小学的广泛应用需求。

《地平线报告》预测,年轻一代普遍具有在线游戏的经历并希望将游戏作为学习工具。基于游戏的学习策略倡导学生积极参与,使参与者能始终处于交互体验的中心,并能激发学生去开拓数学、科学、工程、技术等领域的研究和探索。[④] 因此,随着教育领域的不断扩大以及游戏设计人员不断探索新的方式,游戏将在学校教育中变得越来越流行、越来越有用。有研究者从热点归纳研究中发现,区别于传统的游戏设计,目前发挥技术优势,应用于教育领域的游戏化学习大多借助移动平台,呈现向线上转移和向"社群"转移的特征。[⑤]

　　① 陈娜,牛朕,吴昭,等.2011 地平线报告:未来五年改变教育的六大技术[J].上海教育,2011(8):8-22.

　　② 张诗潮,冉花,吴丽君,等.2004—2012 年地平线报告及教育潜力分析[J].中小学信息技术教育,2012(8):13-18.

　　③ 尚俊杰,肖海明,贾楠,等.国际教育游戏实证研究综述:2008—2012 年[J].电化教育研究,2014(1):71-78.

　　④ 张诗潮,冉花,吴丽君,等.2004—2012 年地平线报告及教育潜力分析[J].中小学信息技术教育,2012(8):13-18.

　　⑤ 吴绮迪.近三年国内游戏化学习研究现状与分析[J].教育教学论坛,2019(11):232-235.

此外，根据 2004—2019 年《地平线报告（高教版）》《地平线报告（基教版）》的分析，在 25 个《地平线报告》中出现频率最高的 10 项技术中，以下 6 项技术（学习分析、增强现实、基于手势的计算、物联网、人工智能、创客空间）还将继续出现在《地平线报告》的近期、中期或远期的预测中。这些技术将有可能在未来几年内开始运用于学校教育之中。

5. 学习分析

学习分析最初出现在 2011 年《地平线报告（基教版）》与《地平线报告（高教版）》的远期预测中（未来 4～5 年内在学校中运用的技术），到了 2012—2013 年，学习分析已出现在《地平线报告（高教版）》的中期预测中（未来 2～3 年内在学校运用的技术）。2013—2014 年，学习分析开始出现在《地平线报告（基教版）》的中期阶段。2014—2019 年，学习分析曾 4 次被《地平线报告（高教版）》列为未来 1 年内有可能在学校中运用的技术。这表明，"学习分析"在高等教育以及基础教育中的应用已开始加速。

学习分析指的是对一个大范围内数据的解释和分析，以评估学生的学习进展，并预测学生未来的表现，同时发现学生潜在的问题。这些数据通过搜集学生的明确行为而得来，如作业和考试、网络社会互动、课外活动以及论坛讨论等。《地平线报告》指出，学习分析不但可以识别出有困难的学生，其更大功能是让教师可以更精确地找出学生的学习需要并进行适当的教学指导，这不只是针对个别学生表现的影响，而是对教育者如何看待教学、学习和评估的影响。[①]

从目前来看，国内外学习分析应用仍主要集中高等教育阶段，重点关注以下两个层次：[②]（1）适应性测试、跟踪和报告。大多数大型教育公司（如 Pearson、Blackboard 和 Desire2Learn）在记录和跟踪学习过程方面投入了大量的资金，旨在获取大量的数据，包括记录和跟踪学习者花费在资源上的时间、发帖的频次、登录次数等，如可汗学院（Khan Academy）的在线学习系统。（2）早期预警和干预。还有一些学习分析工具通过收集并整合各种信息管理系统中的学生学业数据，旨在帮助教育工作者评估学生们的学业危险程度，制定早期的干预措施，如普渡大学（Purdue University）的课程警示系统（Course Signals）。

---

① 张诗潮，吴丽君.《地平线报告》：创新技术推动教育发展[J].中国教育网络，2012(12):33-35.

② 马洪亮，袁莉，郭唯一，等.反省分析技术在教育领域的应用[J].现代远程教育研究，2014(4):39-46.

但总体而言,目前国内外学习分析的应用仍有许多局限性:一是学习分析的重点仍集中在学生个体身上,特别是有问题的学生身上,如有辍学倾向的学生、表现不理想的学生等,尚无法为增进对教和学的理解,优化学习及其发生的环境提供更多的数据支持;二是由于学习是一个复杂的社会活动,而学习分析主要借助量化的方法来分析学习过程,这无疑简化了学习的过程,并危及对深度学习和有意义学习的关注;三是无论在学习分析系统的设计,还是在数据的收集、解释阶段,目前都是以教育公司为主导的,普遍缺少教师的参与。

尽管,目前学习分析技术仍处于早期阶段,特别是基础教育阶段,大部分工作还只是概念性的。但不可否认的是,学习分析技术极大地满足了教育实践者对学习过程进行分析的需求,同时也可以为教师提供一个有价值的视角去审视学生的学习。因此,《地平线报告(基教版)》预测,学习分析将会成为未来学习的一个基本环节,学习分析工具的发展,将会为学习管理系统扩大信息的收集能力。[①]

6. 增强现实技术

2005 年《地平线报告(高教版)》中首先提出"增强现实"一词,它与境觉计算相关联;2006 年《地平线报告(高教版)》中也出现了"增强现实"一词,是与增强可视化关联。[②] 此后,在 2010 年、2011 年,《地平线报告(高教版)》又分别预测"增强现实"技术将在未来 2～3 年内在学校中得以运用。2012 年开始,"增强现实"在《地平线报告》中销声匿迹 5 年,2016 年开始重新出现在《地平线报告(基教版与高教版)》中。这表明,"增强现实"这种将虚拟信息应用到真实世界的技术已开始渗透到社会生活的各个方面,重新受到关注,并开始实现在学校教育中的应用。

增强现实技术的发展与虚拟现实技术密切相关,随着虚拟现实技术的发展,计算机硬件设备的升级,人们已不满足于只能够呈现虚拟场景,越来越期待能够于虚拟世界进行交互,因此增强现实技术应运而生。增强现实(Augmented Reality,简称 AR)技术是将计算机生成的文本信息、图像、虚拟3D 模型、视频或场景等实时准确地叠加到使用者所感知的真实景物中,实现虚拟场景和真实场景的有机融合,从而达到超越现实的感官体验。[③] 即将经

---

① 赵呈领,李青,闫莎莎.地平线报告对基础教育改革与发展的启示[J].远程教育杂志,2012(1):68-73.

② 张诗潮,冉花,吴丽君,等.2004—2012 年地平线报告及教育潜力分析[J].中小学信息技术教育,2012(8):13-18.

③ 顾长海.增强现实(AR)技术应用与发展趋势[J].中国安防,2018(8):81-85.

计算机处理过的数据投射到真实世界中,使用户得到更多的信息。

增强现实技术的各种表现形式,最初始于早期的头盔显示器,至今已有30多年的发展历史。近几年来,随着带宽的增加、智能手机的普及以及应用程序的发展,增强现实逐渐从一个冷门的小工具发展成技术领域中的核心角色。特别是人们对真实体验的追求,不断推动着增强现实技术应用于最前沿的领域,如商务、技术、娱乐和教育等。

在更广的教育范围内,增强现实是具有强大吸引力的,因为它与情境学习相匹配。[①] 借助增强现实技术,可以创设一种连贯性的情境层,使学生能够发现实际生活和他们接受的教育之间存在一定的内在联系,从而有效促进学习迁移能力(从一种情境到另一种情境)在范围和层次上的提高。有别于传统的教学模式,增强现实能够真正实现"情景式学习",加深学习者对于学习内容的理解,给学习者提供动手操作的机会以此提高实践能力,提高学习者的参与度,促进学习者之间的协作,提供维持学习者学习动机的外部激励。

当前,在计算机视觉与人工智能技术的推动下,增强现实技术表现出了强劲的发展势头,虽然目前增强现实技术仍不够成熟,内容不够丰富,存在许多争议,但不可否定的是增强现实将极可能成为未来交互的新平台、新方式。随着智能可穿戴产品的不断发展,结合增强现实的应用,未来人们可以通过更自然的人机交互方式与系统进行交互,未来增强现实技术将在很大程度上改变人类生活,是科技发展的必然趋势。[②]

7. 基于手势的计算

基于手势的计算在 2010 年、2011 年的《地平线报告(高教版)》中被提出,预计在未来的 5~6 年内将在学校中应用,在 2012 年、2013 年《地平线报告(高教版)》中,基于手势的计算继续出现,并保持在同样的位置。

基于手势的计算指的是离开键盘、不用鼠标,通过手势的互动来操控计算机——这种开放、直接的运用方式给人们提供了前所未有的互动体验。[③] 基于手势的计算在模拟训练中已被证明是有效的,手的触摸能够让用户方便地进行那些控制鼠标难以进行的精确操作。但目前基于手势的计算还处在实验的阶段,主要用在商业领域,还不能全面应用于教育的各个方面。

---

① 陈娜,牛朕,吴昭,等.2011 地平线报告:未来五年改变教育的六大技术[J].上海教育,2011(8):8-22.

② 王昊宸.增强现实的应用与未来展望[J].中国包装,2020(1):56-58.

③ 陈娜,牛朕,吴昭,等.2011 地平线报告:未来五年改变教育的六大技术[J].上海教育,2011(8):8-22.

　　《地平线报告》预测,虽然在教育中完全实现基于手势的计算需要数十年的时间,但基于手势的计算对教育的意义不容低估,特别是对习惯于以感触、跳跃、移动作为获取信息方式的新时代学生,基于手势的计算具有强大的潜在教育价值。①

　　2010—2015 年《地平线报告》的分析发现,手势计算技术已经连续 5 年成为新教育信息技术的发展动态,逐步升级的可穿戴设备和虚拟助手等设备技术正日趋成熟并在教学中广泛应用。手势计算将逐渐取代"键盘与鼠标"的控制文化,让教师和学习者摆脱"线"制,以智能化的方式更加自然地进行人机交互,并进行有意义教学,能充分调动学习者的学习兴趣,让学习者更加积极主动地参与到学习之中。同时,手势计算也将营造出一种新型的智能化学习环境,学习者、手势计算技术、数字化学习资源和智能教学环境将达到高度耦合的状态,学习者的个性化学习和创造性活动实践将得到长远的发展。②

　　手势计算技术在文件浏览、游戏和培训模拟操作等方面具有很大的优势,在教育和学习中也有很大的潜力。如在教育领域,手势计算将给学习者带来不一样的活动实践体验。借助手势计算技术,学生只需用手指在屏幕上对操作对象进行拖动、旋转、点击等操作便可进行交互学习。同时,手势计算技术还可以通过多点互动来提高团队协作能力。在手势计算技术的支持下,学习者可以尽情扮演学校中的各种角色,并产生身临其境般的学习、生活感受。研究者认为,在不久的将来,基于手势计算技术的新人机交互技术会在触觉、视觉、听觉等多元通道,营造出技术和学习者自然融合且深度无缝的交互学习环境。

8. 创客空间

　　2015 年、2016 年《地平线报告(高教版)》中将创客空间列为 2～3 年内进入应用的技术,2018 年,创客空间进入 1 年内采用的技术行列。无独有偶,2015 年开始,《地平线报告(基教版)》连续三年将创客空间列为 1 年内采用的技术。可见,异军突起的创客空间近几年,受到极大关注,并快速进入教育领域的应用。

　　克里斯·安德森认为,创客空间是配备创客所需设备、资源且供其完成产

---

　　①　张诗潮,冉花,吴丽君,等.2004—2012 年地平线报告及教育潜力分析[J].中小学信息技术教育,2012(8):13-18.

　　②　李玲,胡卫星,赵苗苗,张丽伟.手势计算技术教学应用的现状与问题分析[J].现代教育技术,2016(1):34-38.

品的开放性工作场所,它不仅是创客运动实践的重要场所,而且有助于发挥创客的创新能力和实践能力。近年来,创客空间在国内如雨后春笋般涌现,并受到社会各界的青睐,这与其五大特征(包容性、开放性、共享性、互助性和便利性)是分不开的。① 创客空间打破了传统的闭门造车模式,摒弃了条条框框的束缚,给予人们自由交流的空间。创客空间为大家提供必需的创新资源,但不干涉创客之间的交流和创作,这就使他们可以天马行空地展开奇思妙想。

创客空间凭借其开放性和创造性的特点吸引着各行各业创新人士的加入,随着创客风潮的不断"席卷",国内创客空间也逐年递增。近年来,教育部大力推进高校创新创业教育改革,鼓励高校整合学科专业平台构建创客空间②。在政策的强势推动下,国内部分高校先后建立起创客空间,如清华大学的 i.Center、浙江大学的 Idea Bank、西北工业大学的飞天创客等。这些高校创客空间虽然配置了齐全的设备,但部分空间的使用率较低,空心化严重,同时也面临着创客团队随着学生毕业而夭折等困境③。

此外,近几年创客空间也开始应用于基础教育,为中小学师生提供了一个开放、协作的场所。在创客空间中,可以彼此碰撞火花,更容易激发创造灵感。创客空间在我国基础教育的应用案例很多,例如,浙江省温州中学建立的创客空间④、"电子书工坊"创客空间等。但总体而言,目前基础教育创客的队伍建设还很薄弱,仍处于探索阶段,未来将逐渐走向成熟。

物联网与人工智能技术在论文第二章已进行介绍,本章不再进行分析论述。

根据有关学者的研究⑤,本书作者将 2004—2019 年《地平线报告》中出现信息技术从内容类目上进行了归类,划分了以下六个类目:数字化内容开发/出版(包括电子书与开放内容)、互联网技术(包括社交网络与云计算)、智能技术(包括增强现实与基于手势的计算)、娱教技术(悦趣学习)、移动技术(包括移动设备与应用程序、平板电脑)、数据分析(学习分析)。以这六个内容类目

---

① 赵君,刘钰婧,王静.国外创客空间发展的经验和启示[J].创新创业教育,2019(1):102-107.

② 王佑镁,陈赞安.从创新到创业:美国高校创客空间建设模式及启示[J].中国电化教育,2016,23(8):1-6.

③ 胡莹莹.高校创客空间的主体性缺位问题探究[J].科技创业月刊,2016,23(2):71-72.

④ 谢作如,刘正.做一个可复制的创客空间[EB/OL].http://www.wzms.com/read.asp? wzms=8&newsID=21475.

⑤ 张屹,朱莎,杨宗凯.从技术视角看高等教育信息化——历年地平线报告内容分析[J].现代教育技术,2012(4):16-20.

为分析框架,考察《地平线报告》中所筛选的信息技术在 2004—2019 年《地平线报告》中发展历程以及上线、下线的时间,我们可以大致判断出学校信息技术的主要发展趋势。

一是互联网技术已经跨越教育的地平线,开始广泛运用学校教育之中。根据《地平线报告》的分析,互联网技术不仅实现了从有线向无线的跨越,更要重要的是,互联网技术从最初的分享文件开始转向建立人际,社交网落成为互联网技术的核心。随着社会性网络工具的普及,社交网络在教育领域的应用逐渐深入,互联网技术既可用于课堂教学环节,也可用于师生的课外交流。借助社交网落,当今用户已由独立的个体转变为相互联系的群体,同时社交互动又将推动着个性化服务、内容创新和知识的获取。此外,云计算的发展也将使互联网进一步摆脱了对学校服务器的依赖。

二是随着电子书与开放内容的发展,数字化内容已跨越教育的地平线,广泛运用于教育之中。《地平线报告》的分析发现,随着电子书与开放内容的发展,数字化内容会越来越多地利用互联网进行分享或正式出版。互联网技术再加上数字化内容将我们彻底带入了一个数字化的教育新时代。

三是移动技术正在逐步取代互联网技术成为新的关注热点,并将开始移动学习带入学校教育之中。

四是智能技术已出现在教育的地平线上,并将成为未来学校中信息技术的关注热点。

五是数据分析技术已在教育的地平线上初露曙光,在未来几年中将有长足发展。数据分析技术与个人化网络的结合将进一步满足学生个性化学习的需求。

第二节　信息技术塑造未来的学校教育

在有关未来学校教育的研究中,除个别激进的观点外,大多数研究都认为,未来的学校将继续存在,但未来的学校和现在将会有很大的不同。未来学家预测,教室的结构和教学本身都会发生改变。伊力克认为,未来的学校不会消亡……但在形态与教育功能上将会完全不同于现有的学校。①

---

① ［英］艾薇儿·拉夫莱斯.教育技术与课堂教学［M］.宋旸,译.北京:北京师范大学出版社,2006:120.

经济合作与发展组织（OECD）秘书处在《面向未来的学校》（*What School for the Future*，2001）一书中综合考虑了多种因素——发展趋势、各组变量之间的关系、主导政策等，描述了未来15～20年的学校教育方案。

表 6.3　未来的学校教育方案[①]

现状演化	重塑学校	去学校化
方案一：强大的官僚制学校系统	方案三：学校成为主要的社会中心	方案五：学生网络和网络化社会
方案二：市场模式的扩展	方案斯：学校成为专门的学习型组织	方案六：远离教师——消融方案

在这六个未来学校的方案中，OECD将信息技术视为未来学校变革的重要力量，方案三与方案四是得到广泛支持的未来学校教育的发展方向。这一发展方向预测在未来信息技术发展的基础上学校教育的职能将发生转变，而方案五与方案六则基于信息技术的发展预测了"去学校化"的可能趋势。尽管，OECD六个未来学校的方案中有两个是基于学校的现状推导出的未来的学校教育方案（方案一与方案二），但OECD认为，信息与通信技术的广泛使用已打破传统教室的界限，将极有可能打破学校教育的现状。

2002年初，英国政府教育与技术部出台了一部讨论性文件，名为《改革我们的学习方式：电脑技术在学校里的前景》（教育与技术部，2002）。[②] 文件展示了一幅未来学校学习环境的图画。该文件认为，学校未来的情况应该是技术成分很高，可以灵活地使用手提电脑，校内网络的开发将使各种学习材料、媒介等唾手可得，可以越来越广泛地利用展示性技术，学生将有机会利用数码媒介来展现其创造力，而且新技术的使用还可以帮助有特殊教育需要的学生全面参与到学习过程中。

在OECD与英国政府对未来学校图景的描述中，尽管内容不尽相同，但OECD与英国政府都认为，未来的学校将具有一个共同的特点，那就是高技术的成分。也就是说，OECD与英国政府都坚信未来的学校将离不开信息技术的支持。

[①] 经济合作与发展组织.面向未来的学校[M].李昕,曹娟,译.北京:教育科学出版社,2009:62.

[②] ［英］艾薇儿·拉夫莱斯.教育技术与课堂教学[M].宋旸,译.北京:北京师范大学出版社,2006:124.

因此,可以预见信息技术的发展趋势及其在未来学校中的应用前景将会在很大程度上决定未来学校教育的特征。根据《地平线报告》对未来学校中信息技术应用前景的分析,本书作者将从以下三方面对信息技术支持下的未来学校教育的变化进行探讨。

一、未来的学校——从数字校园到虚拟学校

信息技术的最大特征在于数字化。数字化技术的发展首先推动学校实体形态(教室、图书馆与学校形态)向数字校园形态的变化。如美国费城的未来学校——教室里没有黑板,没有粉笔,学生课桌上没有纸、笔和书本。在这所学校内,教室像一个商业公司的会议室,学生坐在环形圆桌前上课,大屏幕等离子电视和电子投影仪取代了黑板,每个学生面前没有纸、笔和书本,只有一台笔记本电脑。一个强大的无线网络覆盖了整个校区,所有的教学活动都在网上进行。[1] 更为重要的是,数字化技术的发展还将导致更高的、新的学校形态,推动学校从数字校园到虚拟学校的变化。

1. 计算机实验室与图书馆的消失以及数字媒体实验室的出现

在一个数字化的学校中,学校图书馆将转变成为学校的媒体中心。这个媒体中心将安装更多的技术系统,包括在线目录、演示软件、视频编辑工作台以及光盘塔(CD-ROM Towers),为学生提供各种类型的数字化资源。[2] 同时,借助互联网学校的媒体中心将有可以存取全世界的信息,成为一个没有围墙的图书馆。

随着信息技术的进一步发展,图书馆或媒体中心将有可能与计算机实验室合并,创建数字媒体实验室。未来的数字媒体实验室既存在于物理空间——数字媒体实验室,又存在于虚拟空间——基于网络的资源集合。因此,未来的媒体中心将不再是繁多的书架和期刊,而是拥有更多数字存储和检索的系统。数据或数据库存储和检索的过程,将成为信息与其需求者之间的重要纽带。下一代互联网将为图书馆提供网络能力,而媒体中心将提供丰富的全球多媒体数字图书馆,包括实时视频(Miller,2006)。[3]

---

① 徐逸鹏. 没有纸笔和书本的美国未来学校[J]. 基础教育,2007(1):38.

② [美]Shron E. Smaldino,James D. Russel & Robert Heinich et al. 教学技术与媒体[M]. 郭文革,译. 北京:高等教育出版社,2008:423.

③ [美]加里·G. 比特,简·M. 莱格西. 课堂中的技术应用[M]. 余泰,刘娜,王其冰,译. 北京:中国人民大学出版社,2011:86.

2. 小型教学中心（Attendance Centers）以及数字化学习空间的出现

在数字化技术的支持下，早期基于交通运输的学校组织结构正在发生改变。过去，学校的运作建立在这样的假设基础上[①]：学生要学习，就必须要"物理地"到达教师的"领地"。因此，依靠校车和私人汽车，我们把众多的人集合在一起，建成更大的学校。

但交通成本的增加使家长们越来越关注孩子在路上消耗的时间，越来越关注高额的交通费用。未来信息技术的进步将使得分散的、多样化的教学场景下为相对较少的一组学生提供教学成为可能。因此，那些鼓吹公共教育分散化的人，可以依靠技术的进步来实现他们的希望。以上这些因素都将使人们越来越希望能够回归到小型的、数量众多的"教学中心"（Attendance Centers）的形态。

同时，基于传感技术、富媒体技术以及智能技术等的支撑与推进，未来实体学校的教育时空将会在形态上发生一系列数字化变革。在物理时空设计上，数字化"学习空间"中的温度、湿度、亮度、色彩、照明，都可以根据用户的需要和喜好进行个性化定制……不同高度、色彩的课桌可以根据实际情况有层次地布局，未来实体学校的物理布局能够基于不同个体的身体、心理需求灵活地加以调适，从而为每一位教师、学习者提供具身性的物理教育时空支持。[②]

3. 虚拟学校的发展与演变

目前，基于在线学习的虚拟学校已在美国中小学找到了生存空间。据统计，美国已有 12 个州已经建立了在线高中课程，另外有 5 个州正在建设当中（Trotter，2002）。尽管，目前注册在线课程的 40000～50000 学生，只占中小学生总数的千分之一。但顶点小组 2002 年发布的一个报告（Peak Group，2002）预测，在线学习具有广阔的市场前景。[③]

尽管，目前世界上有许多国家有一为学生或教师提供基于网络的在线课程，但北美在线学习理事会（North American Council for Online Learning，

---

① ［美］Shron E. Smaldino，James D. Russell & Robert Heinich et al. 教学技术与媒体［M］. 郭文革，译. 北京：高等教育出版社，2008：412.

② 罗生泉，王素月. 未来学校的内涵、表现形式及建设机制［J］. 中国电化教育，2020(1)：40-55.

③ ［美］Shron E. Smaldino，James D. Russell & Robert Heinich et al. 教学技术与媒体［M］. 郭文革，译. 北京：高等教育出版社，2008：414.

NACOL)认为,只有美国和加拿大的虚拟学校可以归为真正意义上的虚拟学校。[①] 从美国、加拿大两国的虚拟学校的发展来看,未来的虚拟学校将会以两种形式存在:作为实体学校的课程补充,或以独立的形式存在。

一种是虚拟学校为实体学校的正规课程提供补充。这种类型的虚拟学校借助远程技术可以在一定程度上弥补学校在课程内容以及师资方面的不足。如,美国明星网络和爱荷华远程教育联盟这样成功的项目表明,通过双向电视传递课程,填补中学课程的空白。与城市和郊区学校相比,农村学校更欢迎卫星、网络或者交互电视提供的课程。[②]

还有一种形式的虚拟学校是以独立的形式存在,提供全部的课程内容,如美国的网络特许学校。根据墨菲和斯菲曼(Murphy & Shiffiman,2002)的研究,"它们趋向于更加频繁使用技术"。网络特许学校能够提供全部经认证的学校教育,与其他的虚拟学校仅仅作为正规教育的一种补充形式不同,网络特许学校是作为一种独立的教育形式存在,它与传统教育同样有正规的课程体系以及严格的评价制度,但它又以完全不同于传统学校的教育形式(随时、随地、按需进行)满足了部分有特殊需求学生(如在家学习或希望加快学习进程度的学生)的教育需求。[③]

因此,以独立形式存在的网络特许学校不仅得到了美国联邦政府的大力支持,同时也受到了家长与学生的欢迎。2003 年美国仅有 13 个州开办了 60所网络特许学校,然而到了 2009 年,这个数字增加三倍达到了 195 所,网络特许学校为 25 个州的超过 105000 位学生服务。[④] 有专家预言,从某种程度上说,"网络特许学校将是成为美国大部分地区教育的未来"[⑤]。

可以预见,借助人工智能技术的高度融合创新,未来学校将突破单一的虚

① Powell,A,Patrick,S. An International Perspective of K-12 Online Learning:A Summary of the 2006 NACOL International e-learningSurvey [DB/OL]. http://www.inacol.org/resources/docs/InternationalSurveyResults-Summaries.pdf,2008-7-20.

② Shron E. Smaldino,James D. Russell & Robert Heinich et al. 教学技术与媒体[M]. 郭文革,译.北京:高等教育出版社,2008:420.

③ Gray,E.,Tucker,B. Students are Streaming to State Virtual Schools [DB/OL]. http://www.educationsector.org/analysis/analysis_show.htm? doc_id=420347,2008-10-10.

④ Kevin P. Brady,Ph.D.,Regina R. Umpstead,J.D.,& Suzanne E. Eckes. Unchartered Territory:The Curren Legal Landsscape of Public Cyeber Charterschools[J]. Educationa and Law Journal,2010,2:195.

⑤ Teresa Hartzell. Trends In CharterSchools:Are Cyber-Charters the Answer? [EB/OL]. http://scholar.google.com.hk/scholar.

拟学校或实体学校的形式,将可能拥有一种虚实交融的泛在时空。未来学校场域既包括超越时空限制的虚拟学校时空,也包括处于一定时空背景之下的实体学校组织;基于学习者个体发展需求,虚拟学校与实体学校得以有机无缝螺旋式衔接,从而共同构成虚实交融的未来学校。① 未来的虚拟学校可以随时随地为学习者提供教育服务,未来的实体学校需要学习者基于自身所处的地域位置进行相应的预约再无条件使用,学习者可以基于自身的个体偏好自由预约任何一所实体学校。由此,未来学校的虚拟学校与实体学校将基于每一位学习个体的学习需求自由混搭与组合,从而无缝螺旋式衔接并有机整合为适应每一位学习者的泛在学校。

二、未来的教室——从多媒体教室到智能教室

计算机的出现,尤其是多媒体技术的应用,导致了多媒体教室(multimedia classroom)的出现。但随着越来越多地电子设备在教室中运用,多媒体教室的弊端开始显现。各设备之间的相互独立性使得教师在掌握各设备的操作及其功能协调和连接方面存在困难,这增加了教师和教学服务人员的工作负担,同时也影响了这些设备在教室中的实际应用。②

因此,为解决多媒体教室中设备的相互独立性,整合教室之中的各类信息,在技术发展的支持下,智能教室的概念开始出现。智能教室的核心就是互动,这种互动活动是课堂教学活动中人、技术、资源和环境之间的高度耦合,它跟传统教室最大的不同,在于它借助先进科技来打破学习空间限制,更加强调并赋予学生更大的主动性。在智能教室里,教学模式不再是教师讲学生听的传统灌输模式,更多的是基于学习资源和问题解决的学生个性化学习与小组协作。③

从目前来看,国内外对智能教室的研究已突破理论研究阶段,开始向实践应用阶段过渡。有研究者(胡卫星、田建林,2011)总结了国内外有关智能教室的主要研究成果,认为目前的研究主要从以下三个方面展开:④一是从智能教室的物理架构入手,主要探讨如何实现新科技软硬件设备的优化组合使用;二是从计算机算法上入手研究智能教室教学系统的智能代理技术,主要分析如

① 罗生泉,王素月.未来学校的内涵、表现形式及建设机制[J].中国电化教育,2020(1):40-55.
② 陈卫东,叶新东,张际平.智能教室研究现状与未来展位[J].远程教育杂志,2011(4):39-45.
③ 胡卫星,田建林.智能教室系统的建构与应用模式研究[J].中国电化教育,2011(9):127-132.
④ 胡卫星,田建林.智能教室系统的建构与应用模式研究[J].中国电化教育,2011(9):127-132.

何实现智能教室中学生的个性化学习问题;三是智能教室的实践教学案例或活动分析,主要探讨如何在这种高科技支持下的新学习环境中构建出教与学过程的最优化活动模式和方案。

胡卫星、田建林认为,在上述三方面的研究中,当前主要停留在物理建构的方面,具有知识管理和专家指导的智能代理软件研制和多元化教与学活动新模式研究还只是刚刚起步。尽管如此,未来课堂的设计与应用已逐渐成为教育技术学研究一个新领域,而智能教室作为未来课堂的一个重要形式,对智能教室的研究必将有助于构建一个充分关注课堂主体自由、发展的未来教室。

随着云计算、泛在技术、智能技术以及数据分析的发展,可以预见,未来的智能教室将能更有效实现环境的智能化,实现教室之中的信息加工与整合,从而更有效地满足学生个性化的学习需求。

三、未来的学习——从移动学习到泛在学习

随着信息技术的发展,未来的学习正在跨越移动学习阶段,向泛在学习阶段大步迈进。

21世纪以来,移动技术的快速发展和广泛应用,推动了移动学习的兴起和发展。移动学习,即Moblie Learning,简称M-Learning,是指学习者在自己需要学习的任何时间和任何地点,通过无线移动通信设备(智能手机、具有无线通信模块的PDA等)和无线通信网络获取信息资源,在满足自身个性化学习的同时,还能够与他(她)人进行随机交流互动的一种学习方式。[①] 英国伯明翰大学的塞普尔斯(Sharples,2000)教授指出:先进的且快速发展的移动技术正推动E-Learning向M-Learning转变,而这一转变不是数字化学习的简单扩展和延伸,是由于移动学习的可移动性和情境性相关的特点,使得移动学习成为一种全新的数字化学习技术和形式。[②]

移动学习被视为是数字化学习的进一步拓展,其包含有三层含义[③]:一是形式上是移动的。学习环境和时间是移动的,学习者不一定非要坐在图书馆、教室或家里进行学习,坐车、散步的零碎时间都可以随时获取学习资源。二是内容是互动的。学习者可以通过无线网络实时收听或收看教师的授课,并能

① 叶成林,徐福荫,许骏.移动学习研究综述[J].电化教育研究,2004(3):12-19.

② Sharples M. The Design of Personal Mobile Technologies forLifelong [J]. Computer and Eudcation, 2000(34):177-193.

③ 武芳,郭骞.M-Learning的现状及发展趋势[J].教育与职业,2013(11):163-164.

够反复聆听授课过程,同时还可以和其他学习者进行交流、探讨等。三是实现方式是数字化的。

近几年来,随着泛在技术(Ubiquitous Computing)的提出及发展,一个 U时代渐行渐近。与此相应的是,教育信息化时代的学习形态也从 E-learning、M-Learning 开始转向 U-learning,如表 6.4 所示。U-Learning 即 Ubiquitous Learning,泛指无处不在的学习,中文译为"泛在学习"。[①]

表 6.4　数字化学习、移动学习与泛在学习的比较[②]

项目形式	数字化学习	移动学习	泛在学习
学习场所	具有上网环境与设施的特定场所	具有无线上网环境及移动通信设施的特定场所	任何地点、任何环境
学习工具	联网计算机和特定驱动软件	移动通信设备和特定驱动软件	智能化通信设备
学习技能	上网、使用计算机和信息检索	使用移动设备和信息检索	使用智能化通信设备
学习需求	学生自行输入或根据历史记录识别	学生自行输入或根据历史记录识别	学生自行输入、根据历史记录识别或根据学生所在地点和环境自动识别
学习记录	部分学习内容和学习活动	部分学习内容和学习活动	自动记录全部学习内容、学习活动和学习环境信息
学习支持	通过网络系统获取	通过无线网络系统获取	根据学生背景主动提供
学习管理	手动与自动相结合管理部分学习活动	手动与自动相结合管理部分学习活动	智能化管理全部学习活动

泛在学习充分发挥了移动和无线技术的功能和优势,为学习提供了无缝的和无处不在的连接,但人们并没有意识到它所依赖的技术。简单地说,如果你在用技术进行学习,而你并没有意识到它的存在,那么,你可能正在体验泛

---

① 魏雪峰,张永和,魏志慧.从数字化学习到泛在学习的转变——访国际知名教育技术专家金书轲教授[J].开放教育研究,2012(4):4-8.

② 薛伟.从 E-learning 到 U-learning[J].中国教育信息化,2007(12):7-9.

在学习。泛在学习成为一种"回归自然"的学习,本质上以人为中心、以学习任务为焦点,泛在学习使学习成为一种自然、自发的行为;另一方面,技术加强(technology-augmented)的在泛在学习中,学习环境使学习回归到现实世界(embedded in real life),在泛在学习中,学习者可以更充分地体验、更有效地进行知识建构。[①]

泛在学习将无线网络和现实时空完美无缝融合,给人们提供了一个充分自由的学习空间,从而使"学习作为一种生存的方式(Learning as a way of being)"(Open Consulta-tion,2001)。因此,泛在学习被视为一种未来的学习方式,其智能化的学习环境几乎克服了数字化学习和移动学习的所有缺陷,能够让学习者随时、随地地充分获取学习信息。[②] 在泛在学习的环境中,学习者可以根据自身需求,在多样的空间、以多样的方式进行学习,即所有的实际空间都能成为学习者的学习空间,学习将无处不在。

从目前来看,与泛在计算相关的设备发展,无论是无线手持设备还是内嵌计算机的物件都取得了重大进展,而通过 RFID 标签和各种传感器、GPS 技术进行人机交互与设备联网的方式也基本成熟,基本能满足无线高带宽、安全性、高服务质量等需求,同时也能实现不同设备之间通信的需要。但要实现泛在学习和人人终身学习,设备的价格与普及始终是个关键问题。[③]

第三节　结　语

美国波士顿科学馆强调 21 世纪是计算机的世纪,计算机的发展将势不可当!在过去几十年里,我们不断见证了计算机的发展奇迹。计算机的体积在不断变小,同时,计算机的功能越来越强大,操作越来越智能化。但信息技术的发展历史告诉我们,计算机的微型化与智能化趋势仅仅只是信息技术发展过程中的"冰山一角",未来信息技术的发展将超出任何乐观的预期。

美国两位最负盛名的未来学家托夫勒与尼葛洛庞帝在他们的未来学巨著中为我们勾画出了一幅未来的技术图景。但这些技术究竟何时能在现实中落

---

①　李卢一,郑燕林.泛在学习的内涵与特征解构[J].现代远距离教育,2009(4):17-21.

②　薛伟.从 E-learning 到 U-learning [J].中国教育信息化,2007(12):7-9.

③　李素慊,顾凤佳,顾小清.U-learning 国际现状调查与分析[J].开放教育研究,2009(2):98-104.

地,何时能应用于学校教育之中,仍是一个极大的未知数。因此,对于教育研究者而言,更关注的是近几年内有可能在教育中应用的新技术。所幸,自2004年起,美国新媒体协会开始发布每年一度的《地平线报告》(*Horizon Report*)为探讨未来有可能在学校中应用的信息技术提供了坚实的基础,同时也为预测未来的学校变化提供了指引。

根据对2004—2015年《地平线报告》中主要技术的发展历程及上线、下线时间的分析,本书作者可以大致判断出未来学校信息技术的主要发展趋势:一是互联网技术已经跨越教育的地平线,开始广泛地运用学校教育之中;二是数字化内容也已经跨越教育的地平线,电子书与开放内容已实现在高等教育的广泛运用,也包括在基础教育中的运用;三是移动技术正在逐步取代互联网技术成为新的关注热点,并将移动学习带入学校教育之中;四是智能技术已经出现在教育的地平线上,并将成为未来学校中信息技术的关注热点;五是数据分析技术已经在教育的地平线上初露曙光,在未来几年来将有长足发展,数据分析技术与个人化网络的结合将进一步满足个性化学习的需求。

大量的研究表明,信息技术的发展将为学校教育的未来提供新的可能。从OECD与英国政府对未来学校图景的描述中,可以发现,他们都坚信未来的学校将具有一个共同的特点,那就是较高的技术成分。在信息技术的支持下,本书作者认为,未来的学校教育将出现以下几方面的变化:(1)未来的实体学校将发生变化,虚拟学校将得到进一步的发展;(2)未来的教室将从多媒体教室转向智能教室;(3)未来的学习形态将从移动学习向泛在学习发展。随着泛在学习的发展,我们将最终实现"任何时间、任何地点、任何方式、任何速度"学习的美好前景,真正建成一种学习型的社会。

第七章　余　论
——问题及反思

在信息技术的发展过程中,一直存在另外一种声音,那就是对信息技术的质疑与担忧:"信息社会"的批评者认为信息技术带来了一种污染,或者叫做"数据烟雾"(Schenk,1997),并对信息处理与知识、理解力之间建立潜在的联系提出了挑战(Roszack,1994)。[①] 美国儿童研究会(the Alliance for Childhood)的一份报告也显示(Cordes & Miller,2000),随着儿童开始接触技术,他们像成年人那样长时间地久坐在网上冲浪,使得他们与其他人及自然的接触,以及作为儿童的时间受到了极大地干扰。同时,该报告还认为,这种"久坐"的学习方式导致了大量的学生肥胖,同时与电脑的单一接触也剥夺了儿童与其他人的情感交流。该报告的作者还提醒教育者掉入商业陷阱的危险——他们认为,学校中所提供的技术与商业有着千丝万缕的联系。[②]

在信息技术的发展洪流中,这种质疑与担忧一直被掩盖在对信息技术的狂热之中。随着近几年信息技术的快速发展,我们发现,信息技术已全面渗入社会的各个肌体,并开始改变我们的社会生活。同时,可以预见的是,信息技术将更加广泛地应用于未来的学校教育之中,随之而来,教育的变化也将势不可当。因此,在这种背景下,有必要重新审视信息技术的另一种声音,重新考虑信息技术的广泛使用可能会对学生个体所带来的影响以及对学校教育带来的新挑战。

信息技术被视为是推进教育改革的"特洛伊木马",为增进教育的多样性、提高教育公平带来了无限的可能性。但信息技术是否仅仅作为工具为我们使用? 信息技术的使用是否仅仅对教育本身产生影响? 信息技术的使用是否会对个体带来无法预知的影响? 现有关于新兴技术的讨论往往把技术当做个体

[①] [英]艾薇儿·拉夫莱斯.教育技术与课堂教学[M].宋旸,译.北京:北京师范大学出版社,2006:4.

[②] David Reynolds,Dave Treharne and Helen Tripp. ICT-the hopes and the reality[J]. British Journal of Educational Technology,2003,34(2):151-167.

用来强化其优势或弥补其劣势的手段,恰恰忽视了技术可能给个体带来的影响。这种习以为常的观点背后隐含的是一种"技术工具论"的倾向。"技术工具论"将主客体分离,认为技术是受人支配的,作为主体的人不会因为使用了不同的技术而有所改变。[①] 而实际上,技术已改变了人的方方面面。如,德国学者莱德尔迈(Leidlmair,1999)认为,我们的心智结构被我们使用的不同媒体所改变,不同媒体对心智结构有不同的影响,书写技术就对古希腊人的认知结构产生了某种影响。[②]

不同于技术工具论的观点,许多人文主义学者认为,不能将人与技术的关系简单地归结为"目的—手段"这一范畴。技术不只是一种简单的手段或操作工具,它反过来会对人的思维感知、社会文化产生巨大影响。如,海德格尔就曾指出,技术并非一种中性的手段,它负载着这样或者那样的"偏见",人们在不知不觉中受到技术的"统治"和束缚,人本身依赖技术体系,人与其说是利用技术,不如说是为技术所用,人本身成为技术体系的职员、附属、辅助,甚至是它的手段。[③]

在有关信息技术对人的影响的研究中,最有力的证据来自媒介学派的相关研究,伊尼斯、波兹曼、麦克卢汉等人都曾深刻地论述过技术对人的影响,特别是伊尼斯在《传播的偏向》一书中从技术的偏向视角深刻地分析了技术对人的影响,其论断震耳发聩。

第一节　信息技术对人的影响——技术的偏向分析

伊尼斯认为,新的传播技术不仅给予我们新的考虑内容,而且给于我们新的思维方式。伊尼斯强调说,传播技术的变化无一例外地产生了三种结果:它们改变了人的兴趣结构(人们所考虑的事情)、符号的类型(人用以思考的工具),以及社区的本质(思想起源的地方)。[④]

波兹曼也警告我们,新技术将转变"我们思考的方式……我们思考的事

① 颜士刚. 技术的教育价值论[M]. 北京:教育科学出版社,2010:105.

② Karl Leidlmair. From the Philosophy of Technology to a Theory of Media [J]. Society for Philosophy and Technology, 1999(3):78-96.

③ [法]贝尔纳·斯蒂格勒. 技术与时间:爱比米修斯的过失[M]. 裴程,译. 南京:译林出版社,2000:30.

④ [美]尼尔·波兹曼. 童年的消逝[M]. 吴燕莛,译. 桂林:广西师范大学出版社,2004:33.

情……以及思想发展的舞台。"因此,技术将成为一个学术研究的重要舞台(Mollgaard & Sides-Gonzales,1995)。①

　　麦克卢汉也认为,我们对媒介的认识有一个典型的谬误,即媒介只是无关紧要的形式,媒介所传播的内容才是最重要的。麦克卢汉坚信,即任何技术或媒介都有自己的偏向,都为人的使用预设了一定的方向。②

　　因此,伊尼斯、波兹曼、麦克卢汉等人均坚信,任何技术都带有一种对知识形态、思维方式的偏向性,媒介的偏向性决定了信息技术将给我们带来一种新的知识形态,这一新的知识形态将改变我们思考的事情,我们思想发展的舞台,在此基础上将使我们形成一种新的思维方式。由此,生活在信息时代的人也被深刻地改变了。

一、信息技术改变知识形态——知识的超链接与碎片化倾向

　　尼古拉斯·卡尔(2010)认为③,过去500多年来,我们的阅读主要所面对的是一个由印刷术主导的文本世界,这一文本世界倡导线性的知识表述,注重逻辑结构,追求表达的流畅性,以及精美的排版设计。这种技术曾让人痴迷于读书的体验。因为,即使我们一口气读上几十页甚至上百页印在纸上的文字,我们可能也不会觉得眼睛疲劳。并且,翻动真实书页要比翻动虚拟书页迅速得多,也灵活得多,同时,翻动真实书页的声音也让我们怦然心动。

　　更重要的是,随着书籍成为交流知识和见识的首要手段,书籍所带来的智能伦理(对线性表述、逻辑结构的追求)也逐渐变成了我们文化的根基,成为我们文学伦理规范的表达方式,也成为历史学家的伦理规范、哲学家的伦理规范,甚至是科学家的伦理规范。尼古拉斯·卡尔(2010)认为④,印刷在书页上的长篇大论实现了高效率的繁衍增殖,从而激发了读书写作以及认知、思考方式的改变,如果没有这种改变,任何一项重大智力成就都不可能取得。

　　但信息技术的出现让文本世界开始发生变化。尼古拉斯·卡尔(2010)发

---

　　① [美]尼尔·波兹曼.童年的消逝[M].吴燕莛,译.桂林:广西师范大学出版社,2004:44-45.
　　② [加]马歇尔·麦克卢汉.理解媒介:论人的延伸[M].何道宽,译.北京:商务印书馆,2000.
　　③ [美]尼古拉斯·卡尔.浅薄——互联网如何毒化了我们的大脑[M].刘纯毅,译.北京:中信出版社,2010:107
　　④ [美]尼古拉斯·卡尔.浅薄——互联网如何毒化了我们的大脑[M].刘纯毅,译.北京:中信出版社,2010:80.

现①,我们正处在两个技术世界("屏幕世界"与"书本世界")之间,但更为明显的是,印刷技术及其产品在问世550年之后,正被我们从智力生活的中心推向边缘。对"书本世界"的第一波冲击来自广播、电影、唱片和电视等电子媒介,它们带来了廉价、丰富而又无穷无尽的娱乐产品,让我们"娱乐至死"。而真正击溃"书本世界"的则是来自计算机与互联网的第二波冲击,特别是互联网的出现使计算机或数字处理器日渐成为我们形影不离的好伙伴,彻底将我们带入了一个"屏幕世界"。

随着互联网应用的日益增加,人们用来阅读印刷品的时间不断减少,阅读报纸和杂志的时间变化尤为明显,图书也是一样。有统计发现,在四种主要的个人化传媒当中,印刷传媒现在用得最少,远远落后于电视、电脑和广播。根据美国劳工统计局的统计结果,截至2008年,14岁以上的美国人每周用于阅读印刷品的平均时间已经下降到143分钟,比2004年的平均水平减少了11%。② 而与此相应的是2006—2010年间的数字图书出版总数增长了126倍,达到280万种,是传统图书近年出版种树的近9倍。2009年,数字出版和数字化图书销售更是出现新的发展,电子图书销售的增长相当惊人。根据美国出版商协会月度销售报告显示,2009年11月份,12家出版集团的电子书销量上涨185%,达到1.5亿美元。③

中国第十一次全国国民阅读的调查数据也表明,中国国民报刊和期刊的阅读量继续保持下降趋势。④ 据统计,2013年人均报纸阅读量较2012年的77.20期(份)下降了6.35期(份),期刊的人均阅读量也比2012年的6.56期(份)下降了1.05期(份)。与此同时,受数字媒介迅猛发展的影响,2013年我国成年国民数字化阅读方式接触率持续增长,首次超过半数,达到50.1%,较2012年上升了9.8个百分。其中,网络、在线阅读、手机阅读和电子阅读器阅读均有所上升。

因此,不可否认的是,在全球范围内,信息技术所主导的网络世界正逐步取代由印刷术所主导的文本世界,成为人们的主要阅读载体。基于网络的阅

---

① [美]尼古拉斯·卡尔.浅薄——互联网如何毒化了我们的大脑[M].刘纯毅,译.北京:中信出版社,2010:81.

② [美]尼古拉斯·卡尔.浅薄——互联网如何毒化了我们的大脑[M].刘纯毅,译.北京:中信出版社,2010:93.

③ 刘霄.国际出版业蓝皮书指出:数字革命突进[N].中华读书报,2012-9-19.

④ 徐砲.第十一次全国国民阅读调查:数字化阅读首次超过半数[J].当代图书馆,2014(6):76-77.

读形式不仅开始成为社会主流的阅读方式,同时也开始进入学校系统。如,美国大学正在停止印刷学术专著和学术期刊,普遍改用发行电子版的方式。美国公立学校正在鼓励学生使用网络参考资料,以取代前加利福尼亚州州长施瓦辛格所说的"陈旧、笨重、昂贵的教科书"。①

信息技术所带来的重大影响不但将印刷术及其产品推到一边,将我们带入一个全新的"屏幕世界",更为重要的是,信息技术将彻底改变知识的形态。信息技术的核心是计算机技术与网络技术,计算机技术带来了数字化的信息,而网络技术则带来了知识的"超链接"。"超链接"的意思就是,点击某一个词后会出现这个词以外的其他信息。这是网页导航的关键技术。如今,在技术不断发展的多媒体网络媒体中,不但文本可以实现超链接,音频与视频同样可以实现超链接。因此,随着"超链接"技术的发展,"电子书刊"与"超媒体"也随之而来。

随着"超链接"技术的发展及其广泛应用,知识形态开始发生变化。传统的文本中知识与信息是按线性结构来排列,而随着信息技术的发展,特别是与互联网的相关的"超链接"技术的出现,知识间的联结不再是线性的,而是网状的,并且可以有多种联结组合方式与检索方式。因此,传统的阅读与检索就变成了一种全新的超文本(hypertext)阅读与检索方式。

从某种意义上说,"超链接"就是文本当中提示、引用及注释的变种,而这些内容一直都是文档中的普遍要素。但"超链接"不仅仅是指向相关内容或补充内容,而且推动我们浏览这些内容。"超链接"鼓励我们在一系列相关文本之间跳来跳去,而不是持续专注于某一文本。因此,"超链接"作为一种有效的导航工具,虽然极大地拓展了我们的阅读视野,但也不可避免地带来了知识的碎片化。

波兹曼在《童年的消逝》一书中指出,电报的发明使信息变得无法控制。不知从哪儿来的新闻意味着处处都是新闻,一切都是新闻,而且没有特别的顺序。电报创造了读者和市场,它们不仅消费新闻,而且消费各种支离破碎的、不连贯的、基本上不相干的新闻。② 而信息技术所带来的"超链接"技术则进一步延续并加剧了知识的碎片化倾向。

---

① [美]尼古拉斯·卡尔.浅薄——互联网如何毒化了我们的大脑[M].刘纯毅,译.北京:中信出版社,2010:98.

② [美]尼尔·波兹曼.童年的消逝[M].吴燕莛,译.桂林:广西师范大学出版社,2004:103.

二、信息技术影响人的思维方式——学习与思考的浅表化

古腾堡发明的活字印刷术让深度阅读成为社会普遍流行的阅读习惯……在这种阅读习惯中，"寂静是书中含义的一部分，寂静是读者思想的一部分。"①在这种阅读习惯中，我们秉承的是一种全神贯注的智力传统，我们关注的是一种线性的思考过程。

而互联网的出现让我们开始舍弃卡普所说的"过去那种线性思考过程"。平心静气，全神贯注，聚精会神，这样的线性思维正在被一种新的思维模式取代，这种新模式希望也需要以简短、杂乱而且经常是爆炸性的方式收发信息，其遵循的原则是越快越好。②

尼古拉斯·卡尔在《浅滩》一书中详细描述了他个人使用互联网的经历。他感受到互联网的使用让他更加依赖互联网，为了换取互联网所蕴藏的宝贵财富，他会花费越来越多的时间在电脑屏幕上，并越来越习惯并依赖于互联网上的信息和服务，最终导致了他越来越多的行为习惯和做法的改变。卡尔发现，自己的大脑开始变得游移不定，对一件事的注意力无法超过几分钟，即便在他离开电脑的时候，他也渴望着收邮件，点击链接，搜索网页。因此，卡尔认为，我们的思考方式、认知方式和行为方式既不是完全由基因决定的，也不是完全由童年经历决定的。我们通过自己的生活方式，也通过我们所使用的工具，来改变上述三种方式。③

信息技术的使用实际上给我们带来了一种新的思维工具——互联网。随着互联网的使用，我们越来越习惯甚至痴迷于使用互联网，互联网不但成为一种可靠的信息搜集工具，同时也成为一种新的生活方式，由此我们开始形成一种新的学习方式与思考方式，即浅表化的学习与思考，具体表现为"浅阅读"的风行与思考的浅表化。

有大量的研究表明，"浅阅读"的产生与互联网的发展，特别是互联网的"超文本"技术密不可分。2005 年，加拿大卡尔吨大学应用认知研究中心的两位心理学家戴安娜·德斯特法诺和乔安妮·勒菲弗对以往做过的 38 个涉及

---

① ［美］尼古拉斯·卡尔.浅薄——互联网如何毒化了我们的大脑[M].刘纯毅,译.北京:中信出版社,2010:8.

② ［美］尼古拉斯·卡尔.浅薄——互联网如何毒化了我们的大脑[M].刘纯毅,译.北京:中信出版社,2010:8.

③ ［美］尼古拉斯·卡尔.浅薄——互联网如何毒化了我们的大脑[M].刘纯毅,译.北京:中信出版社,2010:33.

超文本阅读的实验进行了综合评述。她们发现,[①]"超文本中增加的对作出决定和视觉处理的需求削弱了阅读功效",在跟"传统的线性呈现方式"相比较的时候尤其显著。她们总结说:"超文本的很多特征导致认知负荷加重,从而对工作记忆提出了超出读者能力的容量要求。"而工作记忆恰恰正是个体对文本进行加工、理解的场所,工作记忆的超负荷影响了个体对文本的深入解读,降低了我们对文本的理解程度,让我们的阅读成为一种"浅阅读"。

挪威文学研究教授安妮·曼根(Anne Mangen)也认为[②],从纸面转到屏幕,改变的不仅是阅读方式,它还影响投入阅读的专注程度和沉浸在阅读之中的深入程度。互联网对深度阅读的削弱并不在于屏幕本身,而在于互联网所支持的超文本、超媒体的阅读方式,这种阅读方式极大地增加了我们的认知负荷,削弱了我们的学习能力,从而降低了我们对文本的理解程度。

"浅阅读"让我们成为网络的"掠食者",让我们习惯于对网络信息浅尝辄止,逐渐地我们变得很难进行深度的思考了。有研究者发现,各种媒体所应用的符号系统可能有不同的特征,[③]例如,印刷品利用从左到右的线性的信息加工,电影片子则是印象主义地和引导性地进行交流,而互联网则以"超文本"的形式引导我们的"浅阅读"。因此,这些媒体所应用的不同符号系统可能会在很大程度上影响学生的思维特征。选择网上阅读,我们就牺牲了实现深度阅读所需要的条件,回到了"单纯的信息解码"状态。在全神贯注地深度阅读时,我们形成了建立丰富的神经连接的能力,现在这种能力基本上被闲置了。[④]

尼古拉斯·卡尔在《浅滩》一书中指出,信息技术以及其他智力技术的运用在生物学的意义上引导着人类意识发展的方向,并在一定能够程度上改变了我们的大脑。大量的研究表明,当我们上网的时候,就进入了一个鼓励粗略阅读、三心二意、肤浅学习的环境。[⑤] 互联网所依托的"超文本"技术使得我们的大脑难以集中注意力并且热衷寻找新的信息,其后果就是人们无法进行深

---

① [美]尼古拉斯·卡尔.浅薄——互联网如何毒化了我们的大脑[M].刘纯毅,译.北京:中信出版社,2010:140.

② [美]尼古拉斯·卡尔.浅薄——互联网如何毒化了我们的大脑[M].刘纯毅,译.北京:中信出版社,2010:96.

③ [美]R.J.谢佛森,J.D.温克勒.信息技术在美国教育中的潜能[J].陈琦,译.江苏高教,2001(1):55-58.

④ [美]尼古拉斯·卡尔.浅薄——互联网如何毒化了我们的大脑[M].刘纯毅,译.北京:中信出版社,2010:133.

⑤ [美]尼古拉斯·卡尔.浅薄——互联网如何毒化了我们的大脑[M].刘纯毅,译.北京:中信出版社,2010:126.

入的思考。

两年前,尼古拉斯·卡尔在《大西洋月刊》上发表了一篇文章《谷歌是不是在把我们变蠢?》,在文中卡尔提出,网络造成的结果是,我们从网络得到的是知识的宽度,而失去的是知识的深度。我们正失去阅读严肃作品所需的持久、深入思考的能力。所以,卡尔在《浅滩》一书中建议,置身于互联网时代的人们要敢于进行周期性的"断网",让大脑恢复思考的功能,而不至于变得功能性"残废"。

三、信息技术导致人的异化——虚拟社会的影响分析

在互联网出现之前,不同的媒体都沿着不同的路径向前发展,并开辟了各自的"专属领地"。图书和报纸可以呈现文字和图像,但无法处理声音和视频。电影和电视之类的可视化传媒适合呈现图像与声音,但不适合展示文字,除非是数量极少的文字信息。广播、电话、留声机和录音机的作用仅限于传播声音。[1] 总之,不同媒体有自己不同的优势与局限性,它们共同建构起一个支离破碎的媒介发展史。

信息技术的出现实现了传播的数字化,媒体之间的边界由此消失。我们以通用工具取代了专用工具。互联网以其强大的通用性极大地挤压了传统媒体的生存空间,并开始成为当今社会一种重要的生存形式。随着互联网的用途不断扩展,以及网络连接速度的日益提高,我们用于上网的时间急剧增加,我们已越来越离不开网络了。有统计显示[2],截至 2009 年,北美地区成年人每周花在网络上的平均时间是 12 小时,这个数字比 2005 年的平均水平翻了一番。如果只考虑有机会接触互联网的那些成年人,他们的平均在线时间会大幅攀升,平均每周超过 17 小时。

根据 2014 年《中国互联网发展状况统计报告》显示[3],截至 2013 年 12 月,我国网民规模达 6.18 亿,全年共计新增网民 5358 万人。互联网普及率为45.8%,较 2012 年底提升 3.7 个百分点。在上网人群中,高中及以上学历人

---

① ［美］尼古拉斯·卡尔. 浅薄——互联网如何毒化了我们的大脑［M］. 刘纯毅,译. 北京:中信出版社,2010:94.

② ［美］尼古拉斯·卡尔. 浅薄——互联网如何毒化了我们的大脑［M］. 刘纯毅,译. 北京:中信出版社,2010:91.

③ 中国互联网信息中心. 中国互联网发展状况统计报告［EB/OL］. http://wenku.baidu.com/link? url =-PG7mwk3oUjpDURb5cKg7sB _ KfouIy61LFiDMTi5AdwsnXorUolUk9F3ki _ HwkvaMpYrAtWDEajEPrGBPbs7mr_fLUXTSXZle3L1LGSfp2W

群中互联网普及率已经到较高水平,而小学及以下学历人群的相比 2012 年有所上升,占比为 11.9%,保持增长趋势,中国网民继续向低学历人群扩散。此外,从上网时间来看,2013 年,中国网民的人均每周上网时长达 25.0 小时,相比上年增加了 4.5 个小时。近年来,我国网民上网时长不断增加,尤以 2013 年上网时长增加最多。

互联网为人类建构了一个虚拟的生存空间,这一虚拟的生存空间为人类带来了极大的生活便利,极大地满足了个人的表达欲望,以及个人化的信息需求。但在这一虚拟的生存空间中,网络符号使人异化,符号成为我们在网络社会的生存方式,不但人所面对的是符号,同时人自身也成了一个符号,这将导致人在符号世界中的主体性丧失。

鲁洁教授指出,虚拟性交往不同于,也永远不能取代现实生活中的交往。现实生活中交往的缺失会造成人性的某种丧失。[1] 美国计算机科学家约瑟夫·魏泽鲍姆(Joseph Weizenbaum)也指出,在我们跟计算机越来越密不可分的过程中,我们越来越多的人生体验通过电脑屏幕上闪烁摇曳、虚无缥缈的符号完成,最大的危险就是我们即将开始丧失我们的人性,丧失人之所以区别于机器的本质属性。[2] 沉醉在虚拟的网络生活中,一旦人们放弃自我的主体性,就沦为了符号的异化物。

众所周知,主体性是人的普遍属性之一,"它是人区别于动物的根本特征。这一特征在于:在一定的客观条件的影响下,人能把自己从这些条件中区分出来,作为一个相对独立的力量对待其他所加诸的影响,并对之进行适应、改变或改造"[3]。因此,网络生活所可能导致的人性丧失主要指的是主体性的丧失,如果我们在网络生活中丧失了自我,就可能网络的异化物。

第二节 信息技术对学校的挑战——教育的使命与应对

随着信息技术的发展,不可否认的是,未来的学校将会迥然有异于今日的学校。但我们确信,信息技术并不会导致"学校的消亡",学校作为教育的主体

[1] 鲁洁.网络社会·人·教育[J].江苏高教,2001(1):14-22.
[2] [美]尼古拉斯·卡尔.浅薄——互联网如何毒化了我们的大脑[M].刘纯毅,译.北京:中信出版社,2010:226.
[3] 王启康.关于教育主体性问题的进一步思考[J].华中师范大学学报(人文社会科学版),2000(6):131.

仍将在很长时间内存在。信息技术时代人所面对的主要客体的变化给人的发展带来了新的可能,但同时也给人的发展带来了新的异化的可能(从物的异化到符号的异化)。因此,信息时代仍将作为教育主体存在的学校必将承担新的使命,做出新的应对。

一、关注人的本质力量——唤起人在信息社会中的主体性

魏泽鲍姆认为,人之所以为人的最大特点恰恰就是人最不可能计算机化的部分——我们思想和身体之间的联系,塑造我们记忆和思维的经验,我们具有丰富情感的能力。[①] 人最不可能计算机化的部分即人的本质力量,其核心就是人的智慧和情感。智慧和情感可以让人在信息洪流中能够运用推理、领悟、记忆和情感的能力来分析与运用信息,将信息转化为知识,成为主动的信息创造者,而非被动的信息消费者,避免我们成为冷漠的道德"旁观者"。

因此,只有养成并运用人类最"人性化"的部分——智慧和情感,人才能在信息社会中彰显其主体性。而要完成智慧和情感的养成使命,教育的介入必不可少。因为教育的真谛就在于:将知识转化为智慧,使文明积淀成人格。[②] 但由于历史条件的限制,教育的一个次要功能——传授知识的功能一直过于膨胀,挤占了教育的主要功能:对智慧和人格的追求。因此,在信息时代,教育要唤起人的主体性,需要在以下方面做出转变,回归其智慧和情感养成的主要功能。

1. 教育应改变"技术主义"的倾向,不能只关注技术,而忽视人的存在

信息技术的巨大潜能往往让学校在使用信息技术的过程中产生错觉,过度关注技术的重要性,而忽视人的存在,以至"信息技术的应用并没有革新传统的教学,而是使教学由'人灌'变成了'电灌'"。[③] 鲁洁教授指出,教育如果对电脑、信息、网络等对象,只停留于技术、知识层的传授,不去关怀这些知识和技术的人性内涵、人的主体性统摄,这种意识的滞后可能会导致网络社会中人和人的主体性失落,操作电脑的人会成为电脑的奴隶,进入网络社会的人会成为"网中之物"。[④] 因此,在信息社会中,要养成人的智慧和情感,唤起人的

---

① [美]尼古拉斯·卡尔.浅薄——互联网如何毒化了我们的大脑[M].刘纯毅,译.北京:中信出版社,2010:226.

② 袁振国.信息技术[J].华中师范大学学报(人文社会科学版),2000(6):131.

③ 陈曦.交互式电子白板的课堂应用研究[D].上海:华东师范大学,2010.

④ 鲁洁.网络社会·人·教育[J].江苏高教,2001(1):14-22.

主体性，首先需要改变教育中的"技术主义"倾向。

改变教育中的"技术主义"倾向，要求我们在技术的使用中，不能只关注技术，应充分认识到人的重要性，关注人的存在。美国的西奥多·罗斯托克就曾强调，没有观念就没有信息，是观念建立信息而不是相反，由此说明要使信息具有属人的性质，转化为知识，其关键在于人，在于人所具有相应的信息加工能力和思想观念。[①] 德国马尔科教授也曾指出："知识可以创造行为能力，可靠的信息又是它的前提，但是只有富有意义的正确判断才能唤醒其活力。"[②] 只有通过恰当的观念和加工，信息才能转变为真正有用的知识，而只有人类才具有这种的能力。因此，要使信息具有属人的性质，转化为知识，其关键在于人，在于人所具有相应的信息加工能力和思想观念。在技术的使用过程中，人始终是第一要素。

2. 教育应转变功能，关注个体"最人性化"部分，即人的智慧和情感的培养

在工业社会，人所面对的主要客体是物质，而在信息社会中，信息成为人所面对的主要客体。人只有通过对信息的掌握，才得以更为有效地把握客观的物质世界。信息时代人所面对主要客体（从物质转向信息）的变化，需要教育转换功能以应对这种变化。魏泽鲍姆认为，在运用计算机的过程中，我们要有足够的自我意识和无畏胆识，拒绝把我们精神活动和智力追求中最"人性化"的工作，尤其是"需要智慧"的任务委派给计算机。[③] 联合国教科文组织也曾指出，"由于信息社会不断发展，增加了接触数据和事实的可能性，教育应使每个人都能利用种种信息，收集、选择、整理、管理和使用这些信息。"[④]

为应对信息社会中人所面对的主要客体的变化，教育需要转变功能，需要高度关注个体"最人性化"的部分，也即智慧和情感得到发展，使受教育者学会认知、把握情感。这种智慧和情感能让个体在汹涌而来的信息潮中做出自己的理解、判别、筛选、选择，更重要的是，能使个体主动运用信息进行创新，创造出新的知识、新的思想和观念。正是这种智慧和情感所实现的知识创新才是人"最人性化"的部分，才能充分体现人的主体性，才能充分体现人在信息面前的主体地位。

---

① 鲁洁.网络社会·人·教育[J].江苏高教,2001(1):14-22.

② 鲁洁.网络社会·人·教育[J].江苏高教,2001(1):14-22.

③ ［美］尼古拉斯·卡尔.浅薄——互联网如何毒化了我们的大脑[M].刘纯毅,译.北京:中信出版社,2010:226.

④ 联合国教科文组织.教育:财富蕴藏其中[M].北京:教育科学出版社,2010:34.

二、关注人的真实存在——应对信息技术对人的异化

有研究发现,人的真实世界的存在对于人的发展而言至关重要。这种真实世界的存在指的是人在现实生活中的直接交往。这种直接交往是出于人的本性的一种需要,满足这种需要是人之发展所不可或缺的。① 美国信息技术专家德图佐斯把这种出之于人之本性的交往需要喻之为"洞穴力量",他说:"这些洞穴力量是人的生命中最初看上去远为重要也远为普遍的一个因素。它们是神奇的力量,能把父母和孩子……同胞手足……亲朋好友……结合起来……它们对于我们的生命来说至关重要,居于核心地位,它们不可能在信息市场上流通的这个事实,为信息市场所能支持的人际联系的性质和程度设定了一个明确的闭和边界"②。

由此可见,人在虚拟符号世界中的异化不但在于人的主体性的丧失,实际上也在于人在网络生活中放弃了人的真实存在。因此,信息时代的学校教育在关注人的本质力量的同时,也应关注人的真实存在,以应对信息技术对人的异化。

1. 教育应关注人的真实世界的存在,教会人与技术保持距离

德图佐斯指出,"虚拟的遭遇也不能弥合有形世界和信息世界之间这个根本差异"③。尽管现实社会正越来越依赖虚拟的网络世界,但虚拟的遭遇并不能替代现实的生活,现实生活中交往的缺失会造成人性的某种丧失。因此,为防止人被符号(技术)异化,教育应关注人的真实世界的存在,应使人懂得与信息技术保持一定的距离。

正是由于计算机和互联网开辟了一个虚拟的符号世界,教育更应回归生活,重视真实生活的教育。教育更应有意识地将一个丰富的真实世界展现于受教育者之前,并引导他们积极参与其中,用各种方法让他们感受和意识到真实的事物、真实的我、真实的他人、真实的关系,归结到最重要的一点也就是要时时处处感受和意识到人的真实存在。只有这样,当个体进入网络的符号世界中时才能去分辨真实世界与符号世界,明确以真实的人的身份去把握符号,

---

①　鲁洁.网络社会·人·教育[J].江苏高教,2001(1):14-22.

②　[美]迈克尔·德图佐斯.未来的世界——信息世界的展望[M].周昌忠,译.上海:上海译文出版社,1999:337.

③　[美]迈克尔·德图佐斯.未来的世界——信息世界的展望[M].周昌忠,译.上海:上海译文出版社,1999:337.

把握符号世界中的一切,成为符号世界中的主体,而不致丧失自我,沦为异化物。[①]

鲁洁教授指出,教育要使人走进网络,同时也要使人能走出网络。[②] 德洛克在向联合国教科文组织提交的报告中也提出,教育"还应帮助人们与传媒和信息社会保持一定的距离"。这种"距离",似乎在提醒我们以符号为其标志的信息、传媒世界毕竟与现实世界是"有距离"的。

2. 教育应回归其人格养成的主要功能,凸显对教育交往的关注

谢维和教授认为,教育的基本功能应包含两个方面:[③]一是为学习者提供系统的知识学习和能力等方面的培训。在这方面,学校具有一整套的教学计划和课程体系以及教学管理制度,同时也包括必要的学习条件和设备,等等。从某种意义上说,这个基本功能是学校组织建设和发展的基本依据。二是为学习者提供一个进行交往和相互学习的场所和环境。即学校决不仅仅是个单纯上课的地方,也不仅仅是为学生提供书本知识的场所。它还是学生们在一起进行交往的空间。所谓学校教育的潜在课程也正是在这种环境和交往的基础上的。

在谢维和教授对教育基本功能的论述中,知识学习的功能指向的是智慧的养成,而交往的功能则指向人格的完善。我们认为,在信息社会中,教育在关注学生智慧养成的同时,更应关注通过教育的交往功能促进学生人格的完善。因为,人是社会性的动物,与他人相遇交往是人性的需要。人类的本质特征在于与他人的交往。我们几十万年来发明了一些自然不能做的东西:人类彼此间的相互意识。人类学及相关学科的研究已经证明,人与人之间的交往与沟通在人的诞生和发展中起到了非常关键的作用,可以说交往需要已经在人类的发展过程中沉淀为人性的内在需要。[④]

而教育的交往更是人的精神成长的重要途径。"教育作为人类的一种特殊交往方式,它主要是以精神世界而非物质世界为交往对象和交往中介的。换言之,教育交往主要是一种精神性交往而非物质性交往。在教育活动中,虽然人们也经常参与一些物质性或实物性交往活动,但这些活动主要是为了促进人的精神世界的成长服务的"[⑤]。因此,对教育交往功能的关注实际上是在

---

① 鲁洁. 网络社会·人·教育[J]. 江苏高教,2001(1):14-22.

② 鲁洁. 网络社会·人·教育[J]. 江苏高教,2001(1):14-22.

③ 谢维和. 教育活动的社会学分析:一种社会学的研究[M]. 北京:教育科学出版社,2000:197.

④ 高德胜. 不对称的消逝:电子媒介与学校合法性的危机[J]. 高等教育研究,2006(11):11-17.

⑤ 黄济,王策三. 现代教育论[M]. 北京:人民教育出版社,1996:20.

回应教育的另一大主要功能：人格的养成。

第三节　信息技术与新的教育不公平
——"数字鸿沟"的出现与应对

互联网是 21 世纪世界所特有的一个全球化技术的样本。互联网把许多地方的人联结起来，带来了信息和知识的爆炸，并产生了诸多新的道德困境。……今天所发生的快速变化，使世界范围内"数字鸿沟"不断扩大，从而对第三世界国家产生危险。拥有电子设备的人与不拥有电子设备的人之间的分离，是当前道德关注的重点之一，也是未来数十年世界仍将继续面临的问题。① 卡德尔（Kadel,2006）指出，拥有技术和未拥有技术的人之间的鸿沟已让我们感到困扰，它的存在时刻提醒我们，不公平的使用技术的状况已经存在，并将持续存在。②

一、学校教育中"数字鸿沟"的主要特征及表现

有许多研究表明，学校中信息技术的公平使用既涉及学生的性别差异，种族和社会经济背景，同时也与学生的智力和体力水平相关。③ 塞克指出，性别技术的公平获得是人们关注的主要问题（Seik et al.,2006）。研究发现，相对而言，男性比女性对技术更感兴趣并能更好地使用技术。软件总是趋向于强调以男性为主宰的行为，游戏总是用暴力和竞争作为激励。这些软件的特性更能吸引男性的目光。

种族和文化群体是进一步分析数字鸿沟的主要焦点。④ 少数民族群体有时会呈现出教育不利处境的常见模式，在"数字鸿沟"方面也同样如此，社会和经济问题又会加剧这一不利处境。如，1998 年，美国少数民族学生入学率不足 6% 的公立和私立学校里有 57% 的教室能连接到互联网，但少数民族学生

---

① ［美］艾伦·贾纳斯泽乌斯基,迈克尔·莫伦达.教育技术:定义与评析[M].程东元,王小雪,刘雍潜,译.北京:北京大学出版社,2010:262.

② ［美］加里·G.比特,简·M.莱格西.课堂中的技术应用[M].余泰,刘娜,王其冰,译.北京:中国人民大学出版社,2011:110.

③ ［美］加里·G.比特,简·M.莱格西.课堂中的技术应用[M].余泰,刘娜,王其冰,译.北京:中国人民大学出版社,2011:109.

④ 经济合作与发展组织.学会跨越数字鸿沟[M].北京:教育科学出版社,2009:60.

入学率在 50% 或高于 50% 的学校中却只有 37% 的教室可以上网。[1]

信息技术使用中的公平问题除了由学生性别和种族所带来的差异,还会受学校或学校所在地区的经济能力的影响。如,尽管在美国中小学计算机与学生的比例已稳步提高,但仍有很多经济水平差的学校在计算机接入互联网尤其是教室接入互联网方面的能力有限。来自美国国家教育统计中心的一份报告显示,1999 年春,有 52% 的中低贫困水平学校(按照美国的规定,有资格享受免费或是打折午餐的学生总数在 11% 以下即被定为中低贫困水平学校)的教师使用计算机和互联网制作教学材料,而仅有 32% 的高度贫困学校(有资格享受免费或是打折午餐的学生总数达到 71% 或以上即被定为高度贫困水平学校)的教师使用计算机和互联网制作教学材料。在使用电脑和互联网进行行政管理备案以及同事之间沟通方面也出现了类似的差异(NCES,2000)。

同时,相比于性别的差异与少数族裔以及社会背景的差异,残疾人在信息技术的公平使用方面形势更加严峻。美国商务部(2000)公布的数据显示,尽管少数族裔使用技术的人数在缓慢增长,但残疾人却只有一半(基于国民的平均水平)可以接入互联网。有 25% 的正常人从未使用过计算机,而从未接触过计算机的残疾人有接近 60%。只有 20% 的盲人或是视力受损的人可以接触互联网。[2] 而根据一份来自美国加州大学旧金山残疾统计中心的报告,所有在美国生活的人中大约有 50% 拥有电脑,而所有残疾人中仅有 24% 拥有电脑(Greeene,2000)。同样,使用互联网的人大约占美国总人口的 38%,而其中的残疾人比例仅占残疾人总数的 10%。[3]

因此,我们可以发现,信息技术的不公平使用在教育领域广泛存在,这种不公平表现在个体由于性别、种族、社会经济地位背景以及智力和体力水平方面的差异所导致的拥有技术设备或者接触到的教育技术资源和信息网方面的差异,以及个体在运用这些技术设备方面的差异。相关的研究表明,[4]信息技术获取方面的差异不仅关系到教育环境中是否会定期使用信息技术,同时也关系到信息技术的使用方式。例如,新西兰在圆桌会议上的研究报告提出了不同社会背景的教师和学生在信息与通信技术使用方式上的区别:具有较高

---

[1] 经济合作与发展组织.学会跨越数字鸿沟[M].北京:教育科学出版社,2009:76.

[2] [美]加里·G.比特,简·M.莱格西.课堂中的技术应用[M].余泰,刘娜,王其冰,译.北京:中国人民大学出版社,2011:110.

[3] 经济合作与发展组织.学会跨越数字鸿沟[M].北京:教育科学出版社,2009:74.

[4] 经济合作与发展组织.学会跨越数字鸿沟[M].北京:教育科学出版社,2009:57.

社会经济地位的学校倾向于将信息技术用于高级的应用和思维活动,而其他学校则更可能将应用集中在基本技能的培养上,甚至用在电脑游戏等一些转移注意力的活动上。

信息技术在使用中的不公平是与社会的不公平相互交叉在一起的。但信息技术的不公平使用又将进一步加剧社会的不公平,同时也产生了新的教育不公平。经济合作与发展组织指出①,信息技术的不公平使用是各种社会不公平的表现形式,同时,由于信息技术在社会和经济的发展过程中扮演越来越重要的作用,信息技术的不公平使用将进一步加剧了现有的各种不公平,包括教育的不公平,这种不公平被称为"数字鸿沟",以至于技术素养低已逐渐成为最重要的社会排斥形式之一。具备很少或者不具备信息与通信技术应用能力的人将根本无法利用新的、非常强大的学习和信息资源形式,这样就会形成一种双重排斥。② 教育者关注到,信息的贫困导致了一种新形式的贫困。在知识经济导向的社会中,拥有更多计算机经验的人将会获得更高的工资,而那些具备较少或没有计算机经验的人将处于劣势。美国商务部(2004)指出,自1994年来,美国社会开始出现数字鸿沟。③

二、学校教育中"数字鸿沟"产生的原因分析

学校教育中的"数字鸿沟"从某些方面来说可能源于不同国家以及不同地区正规教育之间的差距,以及一所学校或校区与另一所学校或校区之间在设备、材料、连接、专业程度和教学/学习环境内部的信息技术融合方面的差距。尽管没有这方面的充足数据,但经济合作与发展组织的研究表明(OECD,2001)④,某些教育领域信息与通信技术投资方面的主要不平等是与国家、教育层次、信息与通信设备质量(及其所能实现的教育用途)以及互联网连接的差异密切相关。

有更多的研究表明,学校教育中的"数字鸿沟"在很多方面是来自社会性的原因,而非技术性的原因。如个体的态度、价值和经历,以及他们的物质情况及其人生期望都会影响个体对技术的态度与使用。这些方面主要是由个体

---

① 经济合作与发展组织.学会跨越数字鸿沟[M].北京:教育科学出版社,2009:65.
② [美]加里·G.比特,简·M.莱格西.课堂中的技术应用[M].余泰,刘娜,王其冰,译.北京:中国人民大学出版社,2011:109.
③ [美]加里·G.比特,简·M.莱格西.课堂中的技术应用[M].余泰,刘娜,王其冰,译.北京:中国人民大学出版社,2011:109.
④ 经济合作与发展组织.学会跨越数字鸿沟[M].北京:教育科学出版社,2009:55.

的家庭和社会文化背景所决定的。因此,"数字鸿沟"的许多方面实际上是由信息与通信技术在正规教育体系外的拥有和使用情况决定的,特别是由信息技术拥有差异所导致的使用差异决定的。

有研究表明,学生对信息技术的使用能力一方面受家庭的影响。有许多研究者认为,那些相对拥有信息技术优越性的学生早已在校外的电子网络中捷足先登,从而有利于他们的自身教育,并进而增强了自己的优势。① 另一方面,学生对信息技术的使用能力也受文化的影响。信息技术主要是男性创造,也是为男性创造的。女性往往会感到电脑游戏"枯燥、重复、暴力以及计算机职业平淡"(AAUW,2000),并对计算机文化持一种批判的态度。同时,女性也往往会表现出对科技本身不是很感兴趣,而更关心它能带来什么样的益处。在瑞士的高等教育中,女性参与计算机课程的比例一直少于10%。在计算机工业中,女性所占比例更少。女性感兴趣的是事情的来龙去脉和意义,男性更注重科技本身的价值。② 另外,还有一些人则由于文化水平较低或是缺乏语言沟通的理解能力,无法了解文本信息,因此也无法使用信息技术。此外,学生对信息技术的使用能力也会受到个体的智力和体力水平的限制。有一些学生由于受到自身残疾的影响,要么不能操作键盘,要么无法看到图像和文本,因此,也无法享受信息技术所可能带来的学习潜能。

有研究者指出,对于在信息技术使用方面有特殊教育需要的学生而言,首先要保证他们对信息技术的使用机会,但更重要的是要通过信息技术来扩展他们的能力,弥补他们所缺失的能力。大卫·霍克里奇和汤姆·文森特(David Hawkridge & Tom Vincent,1992)通过"使用机会"和"对能力的扩展"两个方面来解释教育技术对存在学习障碍的学生在教育方面所能起到的帮助作用。他们指出:"我们工作的基本原则是要运用技术来拓展(有特殊教育需要的学生)现有的能力,尽力回避那些认知上、情感上以及身体和感觉上的不便。"③布拉密尔斯(Blamires,1999)认为,"能促进发展的技术"不仅仅提供了使用的机会,而且也通过创造性和感知性的活动使学生在身体、社会和认知等层面全面参与,从而不将任何人排除在外。

---

① 经济合作与发展组织.学会跨越数字鸿沟[M].北京:教育科学出版社,2009:61.
② 经济合作与发展组织.学会跨越数字鸿沟[M].北京:教育科学出版社,2009:126.
③ [英]艾薇儿·拉夫莱斯.教育技术与课堂教学[M].宋旸,译.北京:北京师范大学出版社,2006:87.

三、学校在消除"数字鸿沟"中的作用

尽管"数字鸿沟"的许多方面实际上是由信息与通信技术在正规教育体系外的拥有和使用决定的,但有许多研究者认为,学校和其他教育机构可以扮演一个具有补偿作用的均衡者的角色。①

首先,学校作为基础作用的均衡者,必须确保能为所有群体(特别是残疾学生以及偏远地区或贫困地区的学生)提供获取信息和知识的必要途径。

在过去几十年里,工业化国家的学校已在增加残疾学生学习的便利性方面取得长足的进展。如在过去十年间,欧美等国已开发了许多为残疾人服务的计算机辅助设备,极大地提高了残疾学生对信息技术的使用便利性。以下是一些辅助技术的例子:自适应键盘、数字文本、屏幕放大器、屏幕阅读器、语音识别软件、移动技术等。② 再如,对于患有弱视的人,也可以利用文语转换系统以及屏幕阅读器来解决其阅读问题。目前正在迅速发展的语音识别技术也为残障人士在计算机录入方面提供了相当大的帮助。

同时,为满足特殊学生的需要,欧美等国的教师和管理者对教室进行了一定的改造。如安装一些特殊的设备,方便那些有学习障碍或者身体缺陷的学生;让学生能够控制教学内容的播放速度;在计算机显示器屏幕上放大信息,以更好的阅读数据库检索结果;用一个语音合成器阅读印刷材料的内容;或者是用一个电子存储设备记录课堂笔记,然后用盲文打印出来。还有很多技术和工具是为了帮助特殊教育学生而开发的,如,为有听力障碍的学生提供讲义和笔记;为视力有缺陷的学生开发录音带等。此外,还有一些网页是专门为特殊教育学生设计的,这些网页上带有选择图形和文本选项,满足学生的特殊需要。③

为解决偏远和贫困地区学生获取信息技术的不足,主要工业化国家正在这方面加大投入。如,美国教育信息服务折扣率(E-rate)保证偏远地区的学校能以低廉的价格使用电信设施。2000 年,美国总统克林顿还提出了一个耗资 1 亿美元的计划,在低收入城乡居民去建立 1000 个社区技术中心

---

① 经济合作与发展组织.学会跨越数字鸿沟[M].北京:教育科学出版社,2009:56.

② [美]加里·G.比特,简·M.莱格西.课堂中的技术应用[M].余泰,刘娜,王其冰,译.北京:中国人民大学出版社,2011:82.

③ [美]Shron E. Smaldino,James D. Russell,Robert Heinich,Michael Molenda.教学技术与媒体[M].郭文革,译.北京:高等教育出版社,2008:417.

(Clinton,2000)。① 新加坡信息与通信发展管理局已拨出 2500 万美元用于一项把用得起和易使用的电脑和互联网连接与技术培训一同带到 30000 户低收入家庭的计划,目的是使低收入家庭孩子与较富裕家庭的学生一样通过自己的设备和服务提供商获得计算机资源。②

此外,在大多数工业化国家中,包括中国多数地区,所有学校的大部分教室都已配备信息技术设施。虽然这一举措不会消除由于其他因素所形成的不平等,例如教师为将信息技术和教学相结合所做的准备等,但它能够缩小贫困地区和富裕地区学校之间的差距。

尽管,在各国政府的努力下,互联网使用的接触面在迅速增加,但有证据表明,由数字技术所造成的差距并没有缩小,而且现存的不平等现象显示出永久性的趋势。③ 因为,数字技术所造成的差距并不在于表面的设备拥有和信息充足程度,而在于个体所能获得的帮助以及对信息的利用能力。这种能力会受到个体的社会地位、就业状况以及自身的家庭状况的影响,如个体的社会经济地位会决定互联网的接触机会、所用资源的种类和质量以及所参与活动的性质等。个体的就业状况也会影响技术的使用情况以及对技术与工作之间相关性的看法。因此,安迪·卡文(Andy Carvin,2002)指出,在考虑数字技术所带来的社会差别时,应超越技术设备的拥有和使用机会这些表面问题,要考虑对技术的掌握程度以及合理的技术资源含量所带来的重要影响,这样才能真正满足人们在信息资源方面的需求和渴望。④

其次,学校作为关键作用的均衡者,要超越对信息技术使用技能的过度追求,应引导学生充分地利用信息技术拓展自身能力,获得自身发展所需的信息资源。

例如,由于女性对计算机的偏见以及批判态度,使得女性在使用计算机的意愿和能力方面与男性存在显著差异。美国大学妇女协会的一份报告显示⑤,许多妇女和女孩子把计算机世界看成是一处荒漠(AAUW,2000)。该协会发现,女孩子感到编程班烦琐、枯燥、乏味和单调,电脑游戏"枯燥、重复、暴

---

① 经济合作与发展组织.学会跨越数字鸿沟[M].北京:教育科学出版社,2009:77.

② 经济合作与发展组织.学会跨越数字鸿沟[M].北京:教育科学出版社,2009:78.

③ [英]艾薇儿·拉夫莱斯.教育技术与课堂教学[M].宋旸,译.北京:北京师范大学出版社,2006:85.

④ [英]艾薇儿·拉夫莱斯.教育技术与课堂教学[M].宋旸,译.北京:北京师范大学出版社,2006:84.

⑤ 经济合作与发展组织.学会跨越数字鸿沟[M].北京:教育科学出版社,2009:78.

力以及计算机职业平淡"。为了纠正这种情况,该协会建议学校和社区采取若干步骤,包括改变计算机的公众形象,使女性不再感到它是那么冷漠和不近人情;给女孩子提供一些机会让她们表达对科技的遐想等等。① 同时,为消除"数字鸿沟",教师还应尽力避免信息技术使用过程中的性别差异,鼓励女孩子对信息技术的使用。教师在课堂中应谨慎地选择软件,淡化学生在使用软件中的性别差异,并转化软件的设计使其受到更多用户,包括女性用户的喜爱,要根据女性的特点要教给她们怎样使用计算机作为提高生产力的工具。

安迪·卡文(Andy Carvin,2002)认为,"如果我们要解决数字技术所造成的差距问题,就必须采取措施,以保证所有的个体以及整体都有能力接收到有利于其发展的必要消息资源——社会方面的、经济方面的以及学术方面的……我们必须接受的观念是每个公民不仅是这些资源的消费者,他们也应该是生产者。"但安迪·卡文也认识到,就现有条件而言,通过信息网络的内容来消除由数字技术所造成的差距还存在很多障碍。② 首先,获得长期资助和维护的地方性与社区性的内容不多,缺少文化的多样性;其次,这些内容都以高文化水平的人为对象,到目前为止,还不能反映不同文化水准的需要;再次,语言障碍问题仍明显存在,目前网上的内容多以英文为基础,其他人口较多的语种,比如阿拉伯语和西班牙语的内容很少得以体现;最后,推动残疾人网络使用标准问题上虽有政策方面的改进,但各种建议的实施率仍然很低。萨尔彼特(Salpeter,2006)指出,虽然一些数字鸿沟问题正在不断改善,但这个问题还没有完全解决。

第四节　结　语

人与技术的关系并不能简单地归结为"目的—手段"这一范畴。信息技术作为一种技术创新并不只是一种简单的手段或操作工具,它会反过来对人的思维方式、社会文化产生巨大影响,这种反向作用被伊尼斯称之为"传播的偏向"。

首先,信息技术的"偏向性"表现在信息技术将改变我们思考的内容——

---

① 经济合作与发展组织.学会跨越数字鸿沟[M].北京:教育科学出版社,2009:78.

② [英]艾薇儿·拉夫莱斯.教育技术与课堂教学[M].宋旸,译.北京:北京师范大学出版社,2006:84.

知识的形态。信息技术依托的是一种"超文本"的技术，倡导的是一种非线性的、发散性的知识表述方式。信息技术的知识表述方式将极大冲击文本世界所倡导的一种线性的、注重逻辑结构、追求流畅性的知识表述方式，导致知识的碎片化倾向，并将对个体思维的逻辑性带来严峻的挑战。

其次，信息技术的"偏向性"表现在信息技术将改变我们思维的方式。信息技术的"超文本"技术让我们习惯于在不同的内容之间游荡，使我们失去阅读严肃作品所需要的持久、深入思考的能力。在信息技术的影响下，我们开始形成一种新的学习方式，即"浅阅读"，我们的思维也开始变得浅表化。

再次，信息技术的"偏向性"还表现在信息技术所构建的互联网世界正逐渐成为当今社会的一种重要的生存方式。我们将越来越离不开网络世界，这是一个与现实社会相对应的"虚拟社会"。在这个社会中，符号将成为我们的生存方式，不但我们面对符号，同时我们自身也成了一个符号。在这种符号化的生存中，人的情感处于麻木的状态，人的主体性开始丧失——人的异化开始了。

信息技术"偏向性"将改变思考的内容与思维的方式，导致人的异化，不但对人的真实生存提出了严峻的考验，同时也对学校教育的使命提出了新的挑战。在信息时代仍将继续作为教育主体存在的学校需积极承担起培养学生在信息社会中的主体性的重任，应对信息技术对个体的异化。

为应对信息技术对人的异化，教育的重要使命应在于唤起人在信息社会中的主体性。而要唤起人的主体性，教育应转变功能，关注个体"最人性化"部分，即人的智慧能力的培养。只有这种能力能使人在汹涌而来的信息潮流中做出主动的选择与创新，体现人在信息面前的主体性。同时，教育应关注人的真实世界，教会人与技术保持距离，避免技术对人的异化。

当然，信息技术对教育的挑战还在于信息技术带来了新的教育不公平。随着信息技术与学校教育融合的深入推进，信息技术所导致的学校教育中新的不公平——"数字鸿沟"将不断扩大，并将持续存在。学校教育中的"数字鸿沟"一方面体现在不同人群在接触信息技术水平方面的差异，另一方面也体现在不同人群运用信息技术能力与水平的差异。尽管，目前学校教育中的"数字鸿沟"的许多方面是由信息技术在学校教育体系外的拥有和使用决定的，但许多研究者认为，学校和其他教育机构可以扮演一个具有补偿作用的均衡者的角色。学校不但应确保所需投资及时到位，确保为所有群体提供获取信息技术的必要途径，同时也应保证人们有能力利用这些信息技术。

总而言之，信息技术虽导致了新的教育不公平，但同时信息技术也被认为是消除各种教育不公平的最佳利器。

参考文献

外文文献

（一）著作

1. Abbott，C. *ICT：Changing Education*［M］. London：Routledge Falmer，2001.

2. Anne，M.，John M & Anthony J *et al*. *Researching IT in education：theory，practice and future directions*［M］. London：Routledge Falmer，2010.

3. Collins，A. & Halverson，R. *Rethinking Education in the Age of Technology*［M］. New York：Teachers Collge Press，2008.

4. Cox，M.，Webb，M. & Abbott，C. *et al*. *ICT and pedagogy：A review of the research literature*［M］. London：Becta for the Department for Education and Skills，2003.

5. Cuban，L. *Teachers and Machines：the Classroom Use of Technology Since* 1920［M］. New York：Teachers Collge Press，1986.

6. Douglas H. Clements. Computers in early and primary education ［M］. New Jersey：Prentice-Hall，Inc，1985.

7. Heinich，R. *Instructional media and technologies for learning*［M］. 北京：高等教育出版社，2002.

8. Illich，I. *Deschooling Society*［M］. London：Maruib Boyars Publishers Ltd，2002.

9. Judy Lever-Dutty，Jean B. McDonald，AlP. Mizell. *Teaching and learning with technology*［M］. Boston：Pearson/Allyn and Bacon，c2005.

10. Ken Spencer. *The psychology fo educational technology and instructional media*［M］. London：Routledge，1988.

11. Mcluhan，M. *Understanding Media：The extensions of man*［M］. London and New York：Teachers Collge Press，2010.

12. Mumford，L. *The City in History：Its Origins，its*

Transformations, and its Prospects [M]. New York：Harcourt and World，1961.

13. Pelgrum，W. J. & Law，N. *ICT in education around the world：trends, problems and prospects* [M]. Paris：the United Nations Educational，Scientific and Cultural Organization，2003.

14. Postman，N. *Teaching as a Conserving Activity* [M]. New York：Delacorte Press，1979.

15. Postman，N. & Weingarther，C. *Teaching as a Subversive Activity* [M]. New York：Dell Publishing Co. , Inc. , 1979.

16. Roblger，M. D. *Integrating Educational Technology into Teaching* [M]. New Jersey：Merrill Prentice Hall，2003.

17. Sharon E. Smaldino. *Instructional technology and media for learning* [M]. 北京：高等教育出版社，2005.

18. Watson，D & Tinsley，D. *Integrating Information Technology into Education* [M]. London：Chapman & Hall，1995.

19. Yelland，N. , Neal，G. A. & Dakich，E. *Rethinking Education with ICT* [M]. Rotterdam：Sense Publishers，2008.

20. 赵江涛. 智能教室在美国 [M]. 北京：知识产权出版社，2007.

(二)期刊及其他

21. Amy Staples，Marleen C. Pugach & Dj Himes. Rethinking the Technology Integration Challenge：Cases from Three Urban Elementary Schools [J]. Journal of Research on Technology in Education，2005，37(3)：285-311.

22. Ann E. Barron，Kate Kemker，Christine Harmes，Kimberly Kalaydjian：Large-Scale Research Study on Technology in K-12 Schools：Technology Integration as It Relates to the National Technology Standards [J]. Journal of Research on Technology in Education，2003，35 (4)：489-507.

23. Antonacci，D. M. *Integrating technology into instruction in higher education* [R]. University of Missouri-Kansas City IS Training & Communications，December 11，2002.

24. Apple Computer，Inc. *Changing the conversation about teaching learning & technology：A report on 10 years of ACOT research* [R] Apple

Computer, Inc, 1995.

25. Bachhouse, B. *Information and communication technology integration: beyond the early adopters*[J]. TechTrends, 2004, 47(3): 5-8.

26. Barron, A. E., Kemker, K. & Harmes, C. *et al. Large-scale research study on technology in K-12 schools: technology integration as it relates to the national technology standards* [J]. Journal of Research on Technology in Education, 2003, 35(4): 489-507.

27. Bauer, J. & Kenton, J. *Toward technology integration in the schools: why it isn't happening* [J]. Journal of Technology and Teacher Education, 2005, 13(4): 519-546.

28. Bose, S. *Enabling secondary Level teachers to integrate technology through ICT integrated instructional system* [EB/OL]. http: // eric. ed. gov/? id＝ED511722

29. Butler, D. L. & Sellbom, M. *Barriers to adopting technology*[J]. Educause Quarterly, 2002(2): 22-28.

30. Cemil YUCEL, Ismail ACUN, Bulent TRMAN, Tugba METE. A Model to Explore Turkish Teachers' ICT Integration Stages [J]. The Turkish Online Journal of Educational Technology, October 2010, 9(4): 1-9.

31. Cher Ping Lim. Effective integration of ICT in Singapore schools: pedagogical and policy implications [J]. Education Tech Research Dev, 2007, (55): 83-116.

32. Chizmar, J. F. & Williams, D. B. *What do faculty want*[J]. Educause Quarterly, 2001(1): 18-24.

33. Chonyacha Suebsin, Nathasit Gerdsri. Key Factors Driving the Success of Technology Adoption: Case Examples of ERP Adoption [DB/OL]. http: //ieeexplore. ieee. org/xpls/abs_all. jsp? arnumber＝5261818

34. Conlon, T. *Visions of Change: information technology, education and postmodernism*[J]. British Journal of Educational technology, 2000, 31(2): 109-116.

35. Cowie, B. & Jones, A. *Teaching and Learning in the ICT environment*[A]. Saha, L. J. & Dworkin, A. G. Internatinal Handbook of Research on Teachers and Teaching [C]. Springer Science＋Business Media

LLC，2009. 791-801.

36. Cox，M. J. & Marshall，G. *Effects of ICT：Do we know what we should know*[J]. Educ Inf Technol，2007 (12)：59-70.

37. Daniel W. Surry，David C. Ensminger and Melissa Haab. A model for integrating instructional technology into higher education[J]. British Journal of Educational Technology，2005，36(2)：327-329.

38. David Reynolds，Dave Treharne and Helen Tripp. *ICT-the hopes and the reality*[J]. British Journal of Educational Technology，2003，34 (2)：151-167.

39. David Thorburn. Technology Integration and Educational Change；Is It Possible[DB/OL]. http：//etad. usask. ca/802papers/thorburn/.

40. David C. Dwyer，Cathy Ringstaff，and Judy H，Sandholtz. Changes in Teachers'Beliefs and Practices in Technology-Rich Classrooms [DB/OL]. http：//www. ascd. org/ASCD/pdf/journals/ed_lead/el_199105 _dwyer. pdf

41. Department for education and skills. *Fulfilling the potential：transforming teaching and learning through ICT in schools*[R]. Annesley：DFES Publications，2003.

42. Dwyer，D. ，Ringstaff，C. & Sandholtz，A. J. *Changes in teachers'beliefs and practices in technology-rich classrooms*[J]. Educational Leadership，1991 (5)：45-52.

43. Earle，R. *The integration of instructional technology into public education：promises and challenges*[J]. ET Magazine，2002，42(1)：5-13.

44. Ely，D. *Toward a philosophy of instructional technology：thirty years on* [J]. British Journal of Educational technology，1999，30 (4)：305-310.

45. Franklin，T. ，Turner，S. & Kariuki，M. *et al. Mentoring Overcomes barriers to technology integration*[J]. Journal of Computing in Teacher-Education，2002，18(16)：26-31.

46. Hooper，S. ，& Rieber，L. P. (1995). Teaching with technology (EB/OL). http：//www. dll. org/LRS/PersonalizedLearning/Documents/ Hooper＋and＋Reiber. pdf

47. J. Tondeur，M. Coopert & C. P. Newhouset. From ICT

coordination to ICT integration: a longitudinal case study[J]. Journal of Computer Assisted learning, 2010, 26(4): 296-306.

48. Jennifer Sclater, Fiore Sicoly, Philip C. Abrami & C. Anne Wade. Ubiquitous technology integration in Canadian public schools: Year one study[J]. Canadian Journal of Learning and Technology, 2006, 32(1): 221-247.

49. Kopcha, T. J. *A systems-based approach to technology integration using mentoring and communities of practice* [J]. Education Tech Research Dev, 2010 (58): 175-190.

50. Lim, C. P. *Effective integration of ICT in Singapore schools: pedagogical and policy implications* [J]. Education Tech Research Dev, 2007 (55): 83-116.

51. Linckels, S. , Kreis, Y. & Reuter, R. A. P. *et al. Teaching with information and communication technologies: preliminary results of a large scale survey*[R]. SIGUCCS'09, October 11-14, 2009.

52. *Margaret J. Cox, Gail Marshall. Effects of ICT: Do we know what we should know*[J]. Educ Inf Technol, 2007, (12): 59-70.

53. Mee Chin Wee, Zaitun Abu Bakar. *Obstacles Towards the use of ICT Tools in Teaching and Learning of Information Systems in Malaysian Universities* [J]. The International Arab Journal of Information Technology, 2006, 3(3): 203-209.

54. Nichol, J. & Watson, K. *Editorial: Rhetoric and reality—the present and future of ICT in education*[J]. British Journal of Educational technology 2003, 34(2): 131-136.

55. Prabowo, H. *The concept and strategy of ICT integration in teaching and learning process at BinaNusantaraUniversity—Jakarta*[A]. Innovations in E-learning, Instruction Technology, Assessment, and Engineering Education [C]. Springer, 2007. 127-131.

56. *Qiyun Wang. A generic model for guiding the integration of ICT into teaching and learning* [J]. *Innovations in Education and Teaching International*, 2008, 45(4): 411-419.

57. Reynolds, D. , Treharne, D. & Tripp, H. *ICT—the hopes and the reality*[J]. British Journal of Educational technology, 2003, 34 (2):

151-167.

58. Sclater, J., Sicoly, F. & Abrami, P. C. et al. Ubiquitous technology integration in Canadian public schools: year one study[J]. *Canadian Journal of Learning and Technology*, 2006, 32(1).

59. Semary, H. E. Barriers to the effective use of Technology in education: case study of UAEUniversity[J]. Asian Transactions on Science & Technology, 2011, 1(5): 22-32.

60. Staples, A., Pagach, M. C. & Himes, D. *Rethinking the technology integration challenge: case from three urban elementary schools* [J]. Journal of Research on Technology in Education, 2005, 37 (3): 285-311.

61. Suebsin, C. & Gerdsri, N. *Key factors driving the success of technology adoption: case examples of ERP adoption*[R]. PICMET 2009 Proceedings, August 2-6, Portland, OregonUSA.

62. Surry, D. W., Ensminger, D. C. & Haab, M. *A model for integrating instructional technology into higher education* [J]. British Journal of Educational technology 2005, 36: 327-329.

63. Surry, D. W. & Ely, D. P. *Adoption, diffusion, implementation, and institutionalization of educational technology* [EB/OL]. http://www.southalabama.edu/coe/bset/suury/papers/adoption/chap.htm.

64. Surry, D. W., Ensminger, D. C. & Haab, M. *A model for integrating instructional technology into higher education* [J]. British Journal of Educational technology, 2005, 36(2): 327-329.

65. Thorburn, D. *Technology integration and educational change: is it possible*[EB/OL]. http://www.usask.ca/education/cousework/802.

66. Tondeur, J., Braak, J. V. & Valcke, M. *Curricula and the use of ICT in education: Two worlds apart*[J]. British Journal of Educational technology 2007, 38: 962-976.

67. Tondeur, J., Coopert, M. & Newhouset, C. P. From ICT coordination to ICT integration: a longitudinal case study[J]. Journal of Computer Assisted learning, 2010(26): 296-306.

68. Tsai, C. C. & Chai, C. S. *The "third"-order barrier for*

technology-integration instruction：*implications for teacher education*［J］. Australasian Journal of Educational Technology，2012，28（6）：1057-1060.

69. Underwood，J. *Research into Information and Communication Technologies*：*where now*［J］. Technology，Pedagogy and Education，2004，13（2）：135-145.

70. Valcarcel，A. G. *Integrating ICT into the teaching-learning process*［J］. British Journal of Educational technology，2010，41（5）：E75-E77.

71. Wang，Q. Y. *A generic model for guiding the integration of ICT into teaching and learning*［J］. Innovations in Education and Teaching International，2008，45（4）：411-419.

72. Watson，D. M. *Pedagogy before Technology*：*Re-thinking the Relationship between ICT and Teaching*［J］. Education and information technologies，2001，6（4）：251-266.

73. Wee，M. C. & Bakar，Z. A. *Obstacles towards the use of ICT tools in teaching and learning of information systems in Malaysian Universities*［J］. The International Arab Journal of Information Technology，2006，3（3）：203-209.

74. Yucel，C.，Acun，I. & Tarman，B. *et al*. *A model to explore Turkish teachers' ICT integration stages*［J］. The Turkish Online Journal of Educational Technology，2010，9（4）：1-9.

75. Zi-Yi Lin，B. A. The Current State of Technology Integration in a Middle School of Taipei，Taiwan［A］. 章伟民. 全球视阈中的教育技术：应用创新［C］. 上海：华东师范大学出版社，2006：214-218.

中文部分

（一）著作

76. ［美］阿尔文·托夫勒. 第三次浪潮［M］. 黄明坚，译. 北京：中信出版社，2006.

77. ［美］埃弗雷特·M. 罗杰斯. 创新的扩散［M］. 辛欣，译. 北京：中央编译出版社，2002.

78. ［美］阿兰·柯林斯，理查德·哈尔弗森. 技术时代重新思考教育：数字革命与美国的学校教育［M］. 陈家刚，程佳铭，译. 上海：华东师范大学出版社,2013.

79. [美]安德鲁·基恩.网民的狂欢:关于互联网弊端的反思[M].丁德良,译.海口:南海出版社,2010.

80. [美]艾伦·贾纳斯泽乌斯基,迈克尔·莫伦达.教育技术:定义与评析[M].程东元,王小雪,刘雍潜,译.北京:北京大学出版社,2010.

81. [英]艾薇儿·拉夫莱斯.教育技术与课堂教学[M].宋旸,译.北京:北京师范大学出版社,2006.

82. [日]坂元昂.教育工艺学简述[M].钟启泉,译.北京:人民教育出版社,1980.

83. [美]比尔·盖茨,内森·迈哈沃德,彼得·里尼尔森.未来之路[M].辜正坤,译.北京:北京大学出版社,1996.

84. [美]比尔·盖茨.未来时速:数字神经系统与商务新思维[M].蒋显璟,姜明,译.北京:北京大学出版社,1999.

85. 陈桂生.教育原理[M].上海:华东师范大学出版社,1998.

86. 陈琦,刘儒德.信息技术教育应用[M].北京:人民邮电出版社,1997.

87. 董纯才,刘佛年,张焕庭.中国大百科全书·教育[M].北京:中国大百科全书出版社,1985.

88. [英]大卫·霍克里奇.教育中的新信息技术[M].王晓明,王伟廉,译.北京:中央民族学院出版社,1986.

89. [日]大前研一.直面群体弱智的蔓延:低智商社会[M].千太阳,译.北京:中信出版社,2010.

90. 傅维利,刘民.文化变迁与教育发展[M].成都:四川教育出版社,1988.

91. 傅统先.世界电化教育概况[M].上海:上海教育出版社,1979.

92. 国务院发展研究中心技术经济研究部译校.经济合作与发展组织信息技术展望[M].北京:中国财政经济出版社,2007.

93. [美]Gary R. Morrison& Deborah L. Lowther.计算机技术与课堂教学的整合[M].顾小清,等译.北京:中国轻工业出版社,2005.

94. [加]哈罗得·伊尼斯.传播的偏向[M].何道宽,译.北京:中国人民大学出版社,2009.

95. 何克抗,李文光.教育技术学[M].北京:北京师范大学出版社,2004.

96. [美]吉纳·E.霍尔,雪莱·M.霍德.实施变革:模式、原则与困境[M].吴晓玲,译.北京:中国人民大学出版社,2011.

97. ［美］加里·G.比特，简·M.莱格西.课堂中的技术应用［M］.余泰，刘娜，王其冰，译.杭州：浙江教育出版社，2004.

98. 经济合作与发展组织.面向未来的学校［M］.李信，曹娟，译.北京：教育科学出版社，2009.

99. 经济合作与发展组织.学会变革：学校中的信息技术［M］.王晓华，彭欣光，译.北京：教育科学出版社，2008.

100. 经济合作与发展组织.学会跨越数字鸿沟［M］.任仲伟，曲因因，译.北京：教育科学出版社，2009.

101. ［美］嘉格伦.网络教育——21世纪的教育革命［M］.万小器，程文浩，译.北京：高等教育出版社，2000.

102. ［美］杰弗里·斯蒂伯.我们改变了互联网，还是互联网改变了我们［M］.李昕，译.北京：中信出版社，2010.

103. ［美］凯文·凯利.科技想要什么［M］.熊祥，译.北京：中信出版社，2011.

104. ［美］柯蒂斯·J.邦克.世界是开放的：网络技术如何变革教育［M］.焦建利，译.上海：华东师范大学出版社，2011.

105. 梁林梅，郑旭东.领域开创者学科奠基人——美国教育技术专业群英谱［M］.天津：天津大学出版社，2010.

106. 李康.教育技术学概论——基本理论的探索［M］.广州：广东教育出版社，2005.

107. 刘太昌，焦蜂，袁庆濮，郎金秀.时代发展与教育变革——写给中小学教师［M］.北京：中国经济出版社，2006.

108. 吕千飞，张曼真，等译.世界教育概览［M］.北京：知识出版社，1980.

109. 联合国教科文组织国际教育发展委员会.学会生存［M］.上海：上海译文出版社，1979.

110. 联合国教科文组织.学会教育——财富蕴藏其中［M］.北京：教育科学出版社，1996.

111. ［加］迈克·富兰.中央教育科学研究所，加拿大多伦多国际学院译.变革的力量：透视教育改革［M］.北京：教育科学出版社，2000.

112. ［加］迈克·富兰.教育变革新意义［M］.赵中建，陈霞，李敏，译.北京：教育科学出版社，2005.

113. ［加］M.麦克卢汉.人的延伸——媒介通论［M］.何道宽，译.成都：四川人民出版社，1992.

114. [加]马歇尔·麦克卢汉.理解媒介——论人的延伸[M].何道宽，译.北京：商务印书馆，2000.

115. [加]马歇尔·麦克卢汉.机器新娘[M].何道宽，译.北京：广西师范大学出版社，2009.

116. 缪蓉，赵国栋.教育技术研究的方法与策略[M].北京：北京师范大学出版社，2003.

117. [美]尼尔·波兹曼.娱乐至死[M].章艳，译.桂林：广西师范大学出版社，2007.

118. [美]尼尔·波兹曼.童年的消逝[M].吴燕莛，译.桂林：广西师范大学出版社，2004.

119. [美]尼古拉斯·卡尔.浅滩：互联网对我们的大脑有何影响[M].刘纯毅，译.北京：中信出版社，2010.

120. [美]尼尔·波兹曼.技术垄断[M].何道宽，译.北京：北京大学出版社，2009.

121. [美]Norton，P. & Wiburg，K. M.信息技术与教学创新[M].吴洪健，倪男奇，译.北京：中国轻工业出版社，2002.

122. [美]尼葛洛庞帝.数字化生存[M].胡泳，范海燕，译.海口：海南出版社，1997.

123. 瞿葆奎.教育学文集（教育与教育学卷）[M].北京：人民教育出版社，1993.

124. 单美贤.论教育场中的技术[M].北京：教育科学出版社，2011.

125. 孙晓凤.网络改变生活——突飞猛进的计算机网络与通信技术[M].上海：上海交通大学出版社，2004.

126. 桑新民.呼唤新世纪的教育哲学——人类自身生产探秘[M].北京：教育科学出版社，1993.

127. [美]Smaldino，S. E.，Russell，J. D. & Heinich，R. et al. 教学技术与媒体[M].郭文革，译.北京：高等教育出版社，2008.

128. [美]Spector，J. M.，Merrill，M. D. & Merrienboer，J. V. et al. 教育传播与技术研究手册[M].任友群，焦建利，刘美凤，等译.上海：华东师范大学出版社，2012.

129. 王运武，陈琳.中外教育信息化比较研究[M].北京：电子工业出版社，2008.

130. 王帮俊.技术创新扩散的动力机制研究[M].北京：中国经济出版

社,2011.

131. 王昌海,陶斐斐.中国教育信息化研究[M].贵阳:贵州人民出版社,2009.

132. [英]维克托·迈尔-舍恩伯格,肯尼思·库克耶.大数据时代:生活、工作与思维的大变革[M].盛杨燕,周涛,译.杭州:浙江人民出版社,2013.

133. 徐福荫,孟祥增.挑战、机遇与发展:应用教育技术促进教育创新[M].济南:山东人民出版社,2009.

134. 熊才平.教育在变革——论信息技术对教育发展具有革命性影响[M].北京:科学出版社,2013.

135. 叶澜.教育概论[M].北京:人民教育出版社,1995.

136. 岳剑波.信息环境论[M].北京:节目文献出版社,1996.

137. 颜士刚.技术的教育价值论[M].北京:教育科学出版社,2010.

138. [美]约舒亚·梅罗维茨.消失的地域:电子媒介对社会行为的影响[M].肖志军,译.北京:清华大学出版社,2002.

139. 张立国.虚拟学习社区交互结构研究[M].北京:教育科学出版社,2009.

140. 赵勇.传统与创新——教育与技术关系漫谈[M].北京:北京师范大学出版社,2006.

141. 张立新.教育技术的理论与实践[M].北京:科学出版社,2009.

142. 章伟民.全球视阈中的教育技术:应用与创新[M].上海:华东师范大学出版社,2006.

143. 张豪锋,葛晨光.信息技术及其教育应用[M].北京:科学出版社,2008.

144. 张俐蓉.信息技术与学校教育关系的反思与重构[M].北京:科学出版社,2007.

145. 邹家纬.信息技术教育实用教程[M].广州:华南理工大学出版社,2001.

(二)期刊及其他

146. 安涛.信息技术在教育中应用效果的研究[D].石家庄:河北大学,2006.

147. 崔保国.技术创新与媒介变革[J].当代传播,1996(6):23-33.

148. 程军,徐芳.浅谈WEB2.0带来的教育变革[J].科技信息,2008(19).

149. 程琳.2012地平线报告:值得关注的6项技术[J].上海教育,2012

(3):6-13.

150. 储朝晖.超链接文本话语系统中教育的嬗变[J].教育评论,2006(1).

151. 陈韬.重构教学新空间:未来课堂的六大特征与应用[J].上海教育,2013(7B).

152. 陈曦.交互式电子白板的课堂应用研究[D].上海:华东师范大学,2010.

153. 陈亚兵,李敏强,王以直.基于信息技术的组织模式变革[J].系统工程理论与实践,1999(10):1-7.

154. [波]切斯诺夫·库皮谢维奇.学校和大众交流工具[J].教育展望(中文版),1984(1).

155. 冯菲,刘莎,汪滢等.下一代的学习:愿景、创新与可能性——第七届亚洲地区数字化学习国际研讨会纪实[J].远程教育杂志,2012(4):30-36.

156. 范胜英.中美教育信息技术应用的比较研究[D].保定:河北大学,2004.

157. 高德胜."不对称性"的消逝——电子媒介与学校合法性的危机[J].高等教育研究,2006(11).

158. 高德胜.电视的教育哲学——论电子媒介对学校教育理念的冲击[J].华东师范大学学报(教育科学版),2007(1).

159. 高德胜.电子媒介与旁观者的产生——论道德教育在电子媒介时代的选择[J].华东师范大学学报(教育科学版),2007(4):25-30.

160. 郭绍青,张筱兰,吴宏伟.关于英国的ICT教育与中国信息技术教育的比较研究[J].电化教育研究,2001(6):67-71.

161. 柯贤根.高中信息技术的应用与对策——以阳新一中为例[D].上海:华中师范大学,2009.

162. 何克抗.e-learning的本质——信息技术与学科课程的整合[J].电化教育研究,2002(1).

163. 何克抗.从B-learning看教育技术理论的新发展[J].电化教育研究,2004(3).

164. 何克抗.信息技术与课程深层次整合的理论和方法[J].中国信息界,2006(2):47-56.

165. 花洁.新环境下的"课堂创新"是一种系统变革[J].上海教育,2013(6B).

166. 黄雪勤.媒介变革对教育的影响——透视网络时代浅阅读[J].传承,2008(9).

167. 黄德群.美国中小学教育技术应用研究[J].电化教育研究,2002(4):67-72.

168. 黄德群,毛发生.美国国家教育技术计划"变革美国教育:技术推动的学习"及其启示[J].中国远程教育,2011(1):40-43.

169. 姜新华.对中小学课程整合的思考[J].中国电化教育,2004(11).

170. 黎加厚,赵英芳,潘洪涛.美国国家教育技术计划——迈向美国教育的黄金时代[J].中国电化教育,2005(4):76-81.

171. 刘磊.云中漫步:云计算创新学习方式[J].上海教育环球教育时讯,2013-4-10.

172. 刘儒德.计算机在学校中应用的未来展望[J].中国电化教育,1996(8).

173. 鲁昕.全面推进教育信息化建设,建立和完善全国教育系统信息化管理和公共服务体系[J].中国教育信息化,2009(7):41-45.

174. 鲁洁.网络·人·教育[J].江苏高教,2000(1).

175. 兰鸿涛,孟亚玲,魏继宗.关于教育技术与信息技术的思考[J].中国电力教育,2013(10B).

176. 罗阳.数据"导航"成长——信息技术助推教育转型的闵行案例[J].上海教育,2008(5).

177. 李芒.关于教育技术的哲学思考[J].教育研究,1998(7):69-72.

178. 李芒.对教育技术"工具理性"的批判[J].教育研究,2008(5).

179. 李芒.论教育技术视阈中"人与技术"之关系[J].中国电化教育,2008(7).

180. 林莉.建构主义思潮下美国中小学多媒体教学技术研究[D].杭州:浙江大学,2001.

181. 孟琦.课堂信息化教学有效性研究——教育技术之实用取向[D].上海:华东师范大学,2006.

182. 苗逢春.信息技术与中小学教学的整合[J].北京师范大学学报(社会科学版),2003(4):87-96.

183. 毛祖恒.论信息技术对传统教育模式的影响[J].北京科技大学学报(社会科学版),1999(2):74-78.

184. 丘林.谈传播媒介变革对教育的影响[J].教育理论与实践,2009

(7).

185. 秦炜炜. 翻转课堂:课堂教学改革的新范式[J]. 电化教育研究,2013
(8).

186. 任莉莉. 教育技术与信息技术的比较与教育信息技术的发展[J]. 教育信息化,2006(9).

187. 宋新芳,刘成新. 伊德技术哲学思想及其对教育技术研究的启示[J]. 现代教育技术,2005(6):14-17.

188. 孙莹,吴磊磊,黄照翠. 教育技术与信息技术的比较研究[J]. 现代教育技术,2007(6).

189. 桑新民. 从印刷时代到信息时代:人类学习方式与教育模式的历史性变革[J]. 职业技术教育,2001(12).

190. 桑新民. 当代信息技术在传统文化——教育基础中引发的革命[J]. 教育研究,1997(5):17-22.

191. 桑新民. 技术—教育—人的发展(上)——现代教育技术的哲学基础初探[J]. 电化教育研究,1999(2):3-7.

192. 唐晓勇. "翻转课堂":数字技术引发的学习革命[J]. 中小学管理,2013(7).

193. 陶增乐,黄国兴,殷群,孙强. 欧洲三国信息技术教育分析与启示[J]. 全球教育展望,2001(11):22-27.

194. 王红,赵蔚,孙立会,刘红霞. 翻转课堂教学模型的设计——基于国内外典型案例分析[J]. 现代教育技术,2013(8).

195. 王珠珠,刘雍潜,黄怀荣,赵国栋,李龙. 中小学教育信息化建设与应用状况的调查研究报告(上)[J]. 中国电化教育,2005(10).

196. 王珠珠,刘雍潜,黄怀荣,赵国栋,李龙. 中小学教育信息化建设与应用状况的调查研究报告(下)[J]. 中国电化教育,2005(11).

197. 王运武. 对国外教育信息化研究的回顾与展望[J]. 现代教育技术,2008(4).

198. 王飞虹,王志文. 英国 ICT 学校教育与应用[J]. 中小学电教,2005(1).

199. 王子平. 教育技术支持下的学校系统整体变革——FutureMind 项目解读[D]. 保定:河北大学,2010.

200. 王春蕾,刘美凤. 美国影响信息技术在学校教育中有效应用的因素分析[J]. 开放教育研究,2004(2).

201. 吴遵民,张媛.教育技术与人的主体关系之辨析[J].电化教育研究,2007(3).

202. 向江.电子书包推动教育信息化革命[J].上海教育,2013(9B).

203. 徐江,郑莉.美国网络特许学校:争议与发展前景[J].上海教育科研,2013(1).

204. 徐倩.洛川:数字化学习改变以一所学校[J].上海教育,2013(3B).

205. 徐倩.慕课能否撼动课堂[J].上海教育,2013(10A).

206. 徐倩.慕课:一场正在到来的教育变革——专访华东师大国际慕课研究中心主任陈玉琨[J].上海教育,2013(10A).

207. 徐倩.iPad课堂之旅——探访嘉定实小数字化学习应用班[J].上海教育,2013(6B).

208. 徐晶晶,计琳.在线学习就像涨潮一样能抬起所有的船——专访edX创始人Anant Agarwal[J].上海教育,2013(10A).

209. 徐晶晶,计琳.追求一种科学而高效的教育形态——专访Coursera创始人Andrew Ng[J].上海教育,2013(10A).

210. 严先元.大众传播与学校教育[J].教育研究,1985(11).

211. 叶成林,徐福荫,许骏.移动学习研究综述[J].电化教育研究,2004(3):12-19.

212. 杨瑛霞,田爱奎,夏天,张际平.从技术哲学看教育技术的内涵与本质[J].电化教育研究,2007(3):17-21.

213. 詹艺.TPACK:信息技术与学科教学整合的新视角[J].上海教育,2013(6B).

214. 张倩苇,朱广艳.教育中的ICT国际比较研究——荷兰特温特大学教授普郎普访谈[J].中国电化教育,2011(1).

215. 张倩苇.发达国家和地区教育信息化的新进展[J].比较教育研究,1998(6).

216. 张春铭.传统教育如何面对慕课挑战[J].上海教育,2013(11A).

217. 张际平.未来课堂,到底要改变什么[J].上海教育,2013(7B).

218. 张育桂,舍燕云.2010年美国国家教育技术计划及启示[J].远程教育杂志,2010(4):47-50.

219. 张渝江.大数据时代,如何赢得教育的未来[J].上海教育环球教育时讯,2013-6-10.

220. 张渝江.让教育"云"起来[J].上海教育环球教育时讯,2013-4-10.

221. 张舒予.英国英格兰教育改革与学校信息技术教育[J].外国教育研究,2003(2):33-36.

222. 张俐蓉.信息技术与学校教育关系的反思[D].上海:华东师范大学,2004.

223. 张俐蓉.信息技术应用于教育的问题与策略[J].外国中小学教育,2001(3).

224. 张诗潮,吴丽君.《地平线报告》:创新技术推动教育发展[J].中国教育网络,2012(12):33-35.

225. 张诗潮,吴丽君.《地平线报告》:教育信息化新技术[J].中国教育网络,2012(11):36-39.

226. 张诗潮,冉花,吴丽君,等.2004—2012地平线报告技术分析及教育潜力[J].中小学信息技术教育,2012(8):13-18.

227. 赵国栋,缪蓉,费龙.关于教育信息化的理论与思考[J].中国电化教育,2004,04.

228. 赵秀琴.日本教育的信息化[J].现代日本经济,1991(2).

229. 赵呈领,李青,闫莎莎.地平线报告(K-12)对基础教育改革与发展的启示[J].远程教育杂志,2012(1):68-73.

230. 赵勇,雷静,肯尼斯·弗兰克.计算机技术在学校环境中传播的生态学分析[J].教育技术通信,2006(3):23-27.

231. 郑太年.应用信息技术推进学校革新为何效果有限[J].现代远程教育研究,2010(5).

232. 郑太炎.应用信息技术推进教学革新为何效果有限——系统观的分析与思考[J].现代远程教育,2010(5):23-27.

233. 郑永柏.从技术的发展看教育技术过去、现在和未来[J].电化教育研究,1996(4).

234. 郑少艾.美国中学信息技术课程[J].课程·教材·教法,1998(7):56-58.

235. 祝智庭.中国基础教育信息化进展报告[J].中国电化教育,2003(9).

236. 祝智庭.教育信息化新发展:国际观察与国内动态[J].现代远程教育研究,2012(3).

237. 祝智庭.我国基础教育信息化新发展:从"班班通"到"教育云"[J].中国教育信息化,2011(14).

238. 祝智庭. 信息技术改变教育[J]. 教育与职业,2006(3):104-106.

239. 祝智庭. 教育信息化:教育技术的新高地[J]. 中国电化教育,2001
(2).

240. 宗秋荣. 基于现代信息技术的教育改革与创新[J]. 教育研究,2001
(5).

241. 袁克定. 中日韩三国教育信息化状况比较[J]. 中国电化教育,2007
(12).

后 记

谨以本书纪念 2020 年的这场新冠肺炎疫情。如果没有 2020 年初突然爆发的新冠肺炎疫情，我可能无法最终完成本书的写作。

2015 年，我从浙江大学获得博士学位后，一直在寻找信息技术与学校教育融合的成功案例，希望进一步推进博士论文的研究。期间，我分别考察了嘉兴市实验小学与温州实验初中、嘉兴市南溪中学，这三所学校都是我省信息技术应用的典范，但我考察后发现，信息技术在这三所学校的应用同样遭受巨大阻力，信息技术的应用仍是局部和有限的。这些阻力部分来自教师或者家长，但根本上还是来自教育系统内根深蒂固的偏见与抵制。因此，后继的研究被不断地推迟，总有许多事情不经意地中断我的研究，总有许多借口让我暂时放下手头的研究，当然最根本的原因可能是我正逐步丧失对信息技术应用前景的信心。

这一切最终因不期而至的新冠肺炎疫情而改变。疫情强行按下了时间的暂停键，让我有机会放下手头的工作，安心居家隔离。同时，疫情也让我看到了线上教学的威力，疫情让全国中小学开学时间不断推迟，线上教学异军突起，全国各地大中小学纷纷引入线上教学，无论在一线城市，还是在偏远山区，家长和孩子们都努力捕捉信号，开展线上学习。这一切似乎让我重新看到了信息技术应用的美好场景，也重新激发起我对信息技术应用研究的信心。

因此，能够最终完成本书的写作与出版，我要感谢许多事、许多人：

首先，我要感谢疫情带来的时间空挡。春节期间，疫情肆虐，我们自觉响应国家号召，居家隔离。因为疫情，我可以"国家的名义"推掉所有的应酬，所有的聚会，安心居家，享受平静而温馨的家庭生活，重新开始本书的写作。

我要感谢我的妻子方凌雁。她是我的同学，是我的挚友，也是我相濡以沫的爱人。虽然她对我"蜗牛般"的写作进度多有抱怨，但仍在背后默默地支持我，她总是不经意地给我提供各类案例以及相关的研究文章，并在精神上不断地鞭策我，给我灵感。如果没有她的支持，我可能难以完成本书的写作。

我要感谢导师方展画教授，在我书稿即将完成之际，方老师仍在国外含饴弄孙，远离疫情，享受悠闲的退休生活。我实是不忍心去打扰方老师的清静，但内心又是非常期盼方老师能为我作序。怀着忐忑的心情，我给远在国外的方老师发了问询邮件，没想到方老师一口应允，并不顾路途劳顿，在疫情稳定回国后的第一时间给我作序，为我的书稿点睛。

我要感谢师母李玲如老师，李老师多次提醒我写作的进度，在出国期间仍记挂我的书稿，并热心引荐傅百荣老师来接继对我书稿的编辑工作。如果没有李老师的热心帮助以及傅百荣老师的细心校对，我难以想象我的书稿有多少细微的错误，也难以想象我的书稿能顺利出版。

我要感谢我的领导和同事。朱永祥院长、王健敏副院长莫不对我的研究与工作给予极大的关心和支持，我部门的多位同志替我分担了许多事务性的工作，使我在书稿写作的最后阶段能集中精力。最后，我要感谢所有关心和支持我的师长、家人和兄弟姐妹，没有你们的支持，我难以为继，更无法想象能最终完成书稿的写作与出版。

2020 年的新冠肺炎疫情是百年来全球发生的最严重的传染病大流行，是新中国成立以来我国遭遇的传播速度最快、感染范围最广、防控难度最大的重大突发公共卫生事件。它给世界人民以及中华民族带来了巨大的灾难，同时也进一步凸显了中国社会主义制度的优越性，彰显了中华民族伟大的抗疫精神，它在世界发展史以及中华民族发展史上必将刻上了浓重的一笔。它同样令我刻骨铭心、永生难忘。

庞红卫

2020 年 6 月 10 日于杭州